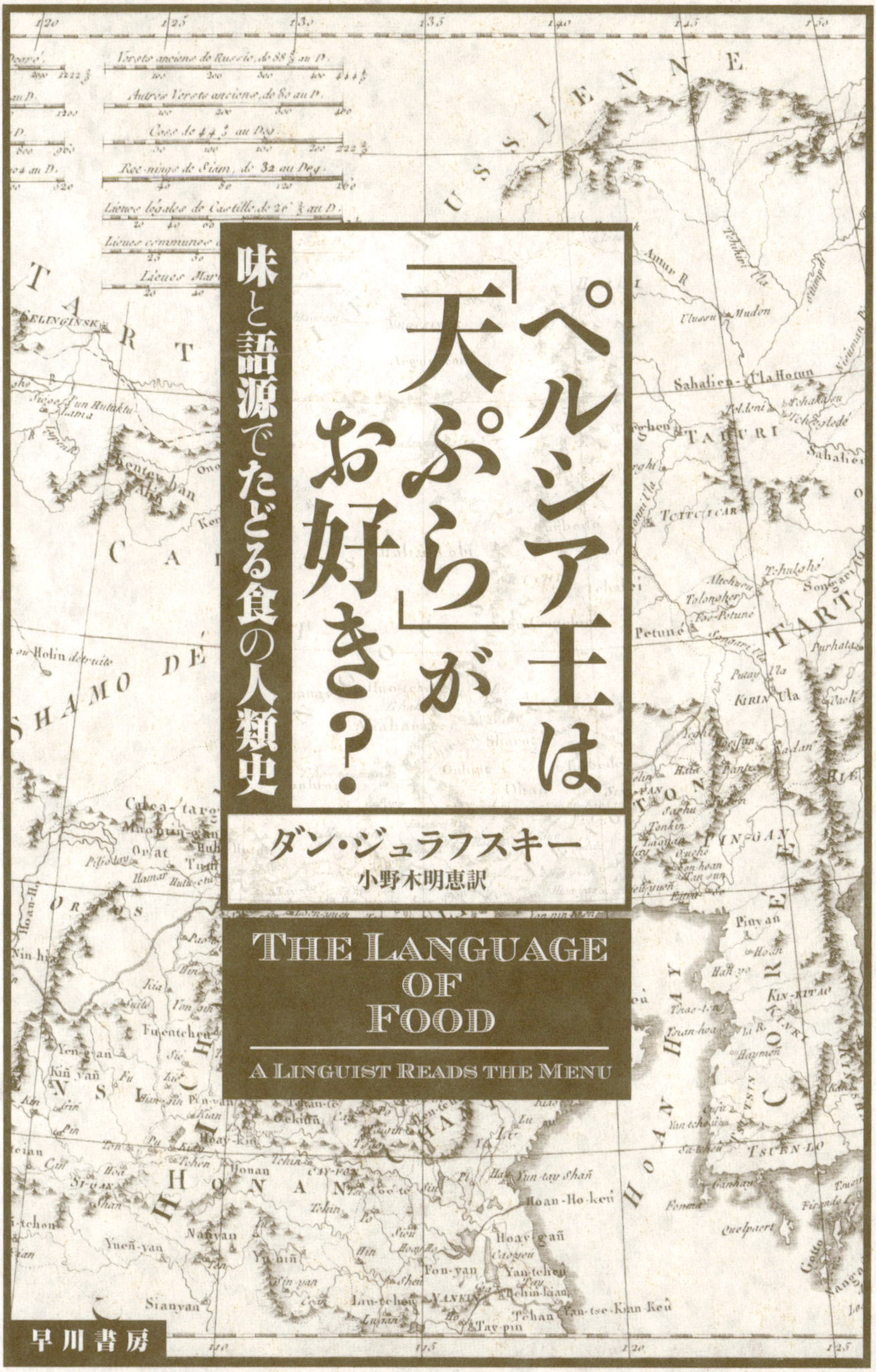

ペルシア王は「天ぷら」がお好き？

味と語源でたどる食の人類史

ダン・ジュラフスキー
小野木明恵訳

THE LANGUAGE OF FOOD

A LINGUIST READS THE MENU

早川書房

ペルシア王は「天ぷら」がお好き？

――味と語源でたどる食の人類史

装画／冨永祥子
装幀／早川書房デザイン室

ジャネットに

目次

本書に登場する主な単位のメートル法換算値

重量

1 ポンド = 453.59 グラム

1 オンス = 28.35 グラム

体積

1 パイント = 0.5682 リットル

1 クォート = 1.1364 リットル

1 ガロン = 4.5456 リットル

また、本文中の［　］は原注、〔　〕は訳注を示す。

序章

本書は二つの疑問がきっかけで始まった。最初の疑問は、旧友のジムとリンダの娘で、観察力の鋭い七歳のケイティーから投げかけられた。ケチャップのラベルにはなぜ「トマト・ケチャップ」と書いてあるの、と聞いてきたのだ（実物を見て確かめてほしい。ほとんどがそうなっているはず）。これってくどくない、というのだ。もっともな疑問だった。つまり、バーに入ってマルガリータを注文するとき「テキーラ・マルガリータ」をくれとは言わない。マルガリータはテキーラで作るものだからだ（そうでなければダイキリかギムレット、はたまたコスモポリタンになってしまう）。マルガリータで十分わかるはず。

だったらなぜ、ケチャップにトマトを付けるのか。

二つ目の疑問は、香港出身の友人、シャーリーから聞いたものだ。私が若い頃、香港で広東語を勉強していたとき、ケチャップ *ketchup* という言葉はもともと中国語なのだとみんなから教えられた。ケチャップの後半部分 *tchup* が、まさに「ソース」を意味する広東語で、前半の *ke* が「トマト」を意味する広東語の単語の一部なのだ。ケチャップが中国語だと信じ込んでいたシャーリーは、アメリカでマクドナルドに入ったとき、*ke-tchup* は英語で何というのかと友人に尋ねて混乱させた。でも、いったいどうしてケチャップが中国語なのか。

じつは、ケイティーの疑問とシャーリーの疑問にたいする答えは同じものだ。今日《こんにち》、私たちが口にするケチャップは、何世紀も前に作られたオリジナルのケチャップとは似ても似つかぬものなのだ。もともとは福建省（テー〔茶〕という言葉が生まれた土地でもある）で作られた、魚を発酵させた中国のソースであるケ‐チャップ *ke-tchup* と、現代のケチャップとのつながりを知る人は今ではほとんどいないだろう。一四世紀から一八世紀にかけて、中国人商人たちが東南アジア諸国の港町に住みついて中国流の発酵手法をもたらした。彼らは地元で獲れる魚を発酵させて、ケ‐チャップを作った。すなわち、現在のベトナムの魚醬《ぎょしょう》「ニョクマム」に似たソースである。また、大豆を発酵させて醬油《しょうゆ》を作ったり、米と廃糖蜜《モラセス》とパームシュガーを赤色酵母で発酵させて蒸留し、アラック *arrack* と呼ばれるラム酒の原型を作ったりもした。アラックは、ラムやジンが考案されるずっと以前に、初めて広く生産された蒸留酒である。一六五〇年頃にイギリスやオランダの船乗りや商人たちが絹や磁器、茶の交易を行なうためにアジアを訪れたとき、アラックを大量に買い込んで、自国の海軍向けに世界初のカクテル「パンチ」を作った（パンチはその後、ダイキリやギムレットやマルガリータなど、現代のカクテルに発展した）。こういった過程で、彼らは刺激性のある魚醬の味にも慣れていった。

商人たちはケ‐チャップをヨーロッパに持ち帰り、その後の四〇〇年のあいだにこの調味料は西洋人の舌に合うように変化して、もとの原料である発酵させた魚が使われなくなった。初期のレシピでは魚の代わりにイングリッシュ・マッシュルームや、ジェーン・オースティンの描く家庭にあるようにクルミが使われた。一九世紀初めのイギリスにはケチャップの作り方が何通りもあった。そのなかでもっとも好まれたレシピがトマトを使ったもので、それがアメリカに渡り、砂糖が加えられるようになった。その後砂糖の分量がさらに増え、ついにはアメリカの国民的な調味料となって香港や世界中に輸出されるようになったのだ。

ケチャップにまつわる驚くべき歴史は、東洋と西洋が遭遇して私たちが毎日口にする食べ物を生み出し、船乗りや商人を介しながら一〇〇〇年かけて西洋人と東洋人の味の好みが融合した結果、今ある料理が完成するにいたった経緯を教えてくれる。しかし、この偉大なる過程から生み出されたのはケチャップだけではない。それは現代の言語のあちこちに認められる証拠からも説明できる。イギリスの国民食であるフィッシュ・アンド・チップスは、シクバージ *sikbāj* という、六世紀のペルシアの王たちが好んだ酢と玉ネギで作る甘酸っぱい煮込み料理に由来する。この料理の足跡は、フランス料理のアスピック *aspic* や、スペイン料理のエスカベーチェ *escabeche*、ペルー料理のセビーチェ *ceviche* など、シクバージから様々な言語へと派生してできた名前に残されている。それとともにこの物語も、中世バグダードの金色の宮殿から地中海の船乗りが乗り込んだ木造船へ、中世にキリスト教徒が行なった宗教上の断食から一四九二年にスペインを旅立ったユダヤ人が安息日に食べる冷製の魚料理へと移り変わっていく。

マカルーン *macaroon*、マカロン *macaron*、マカロニ *macaroni* はどれも、もっと以前に存在した甘い生地の食べ物に由来する。ペルシアで食べられていたラウジーナージ *lauzīnaj* という名のアーモンドのペーストリーが、アラブ諸国のパスタやローマ帝国の穀倉地帯だったシチリア島で栽培されていたデュラム小麦と混じりあい、それらの食べ物が誕生したのだ。

また、科学や政治、文化にかかわる様々な疑問についても考えていこう。塩と氷で包んだ容器にクリームや果汁を入れてシャーベットやアイスクリームを作ることを思いついたのは誰なのか。それはどのように、現在のコーラやペプシのもととなった特許商品の薬用シロップと関係するのか。その答えは、シャーベット *sherbet* やソルベ *sorbet*、シロップ *syrup* など、アラビア語の語源から派生した飲料やシロップを意味する単語のたどった冒険のなかにある。

なぜメキシコ原産のターキー *turkey*〔シチメンチョウ〕に、地中海東部のイスラム教を信仰する共和国にちなんだ名前が付けられているのか。これは、ポルトガル人たちが一五世紀から一六世紀にかけてひた隠しにしていたことと関係する。海の向こうにある金や香辛料や珍しい鳥の産地を他の国々に知られまいとしたために、シチメンチョウと、マムルーク朝が輸入していたまったく異なる鳥とが混同されるようになったのだ。

なぜ結婚式でトーストtoastをする〔祝杯を挙げる〕のか。結婚祝いにトースターを贈る習慣との関係はないが、二つはなんと、トーストしたパンにまつわる驚くべき歴史を共有している。

なぜ私たちは、食事の後に甘いものを食べたがるのか。中国ではフォーチュン・クッキーを別として「デザート」にあたる言葉すらないというのに、アメリカの中華料理店ではデザートが出されるまでになった。そこでデザートの歴史を探り（起源はアンダルシア、バグダード、ペルシアにある）、料理の文法という考え方を提示したい。つまり食事の後（たとえば食事の最初ではなく）に甘い物を食べるおきまりの構成は、各文化の現代料理を規定しており、それは文法規則に言語を定義する役割があるのと同じである。

食べ物の言語は、文明の相互関係や大規模なグローバル化の起源を理解することに一役買っている。グローバル化といってもおそらく私たちが思いつくような最近のものではなく、何百年前、何千年前に起きたことだ。それらはすべて〝おいしいものを見つけたい〟というもっとも根本的な人間の欲求からもたらされた。本書で扱うこの側面を「EATymology」〔「語源学（etymology）」のもじり〕と名付けてもよいだろう。だが食べ物の言語は、過去をひもとく語源学的な手がかりにとどまらない。食べ物について語る際に使われる言葉は、現在をよりよく理解し読み解くための暗号《コード》でもあるのだ。

私たちスタンフォード大学言語学研究室では、人間のありようへの理解を深めることを目的に、言語学的なツールを用いて、あらゆる種類のオンラインテキストやデジタルテキストを研究している。

スピードデートの記録を調べ、デートがうまくいっているかそうでないかを示す意識下の言語的な信号を読み取る研究も行なった。その結果、デートのマニュアルにあるアドバイスはまったくの逆効果だということがわかった。インターネット上の百科事典、ウィキペディアの記事を検証し、記事作成者の隠れた偏見を指し示す微妙な言語的手がかりも発見した。礼儀正しさについての言語理論を用いて、インターネット上で人々が互いにどの程度礼儀正しくふるまうかを自動的に計測した。その結果、残念ながら権力や地位が向上するほど礼儀正しさが失われることがわかった。

本書では、コンピュータを用いたこれらの言語学的ツールを食べ物の研究に応用していく。インターネットの出現により入手可能になった豊富なデータベースを利用して、ネット上にある無数のレストランの感想や、同じくネットにアップロードされている何千ものメニューを調べ、食べ物の広告や食品ブランドの言語学的な側面を考える。

これらのツールや言語学と経済学の交差点にあるツールを使い、今日《こんにち》の食べ物の宣伝文句に隠された微妙な言語学的手がかりを見つけていく。メニューを読んだりポテトチップの袋の裏側にある宣伝文を見たりするたびに、私たちが狙い撃ちにされている驚くべき手法を明らかにする。また、メニューにあるそれぞれの料理の値段を言語学的な手がかりから予測する方法も説明する。書かれていることだけでなく、意図的に触れられていないことからも、予測はできるのだ。

食べ物の言語を用いると、人間の知覚や感情の性質から、他人にたいする態度を扱う社会心理学的見地にいたるまで、人間の心理、すなわち自分がどういう人間なのかについても知ることができる。ネット上に書きこまれたレストランやビールについてのおびただしい数の感想を調べるソフトを用いると、人間の本質は肯定的で楽観的なものであるという心理学の概念、ポリアンナ効果の根拠を見いだすことができる。だからおいしい食べ物を、たとえば性的な快楽になぞらえたりするのだ。さらには人が心底嫌いなレストランについてどう語るか、つまり星ひとつだけの酷評についても研究した。人々が何からもっとも大きなトラウマを与えられるかを明らかにし、それらはみな他人とのつながりにかかわるものであることを確認する。

最後には健康について話すつもりだ。なぜ小麦粉*flour*と花*flower*が、かつては同じ言葉だったのか。そこから私たちが精製食品に不健康なまでに執着していることについて何がわかるのか。サラダ*salad*、サラミ*salami*、サルサ*salsa*、ソース*sauce*、塩漬け*soused*がもともとは同じものを指していたという事実から、食事のナトリウムを減らすことがいかに難しいかがどのようにわかるのか。

エドガー・アラン・ポーの「盗まれた手紙」に出てくる罪の証のように、これらの疑問への答えはどれも、食べ物について私たちが使うありふれた言葉の光景のなかに隠れている。

本書は食事の順序にのっとった構成になっている。まずはメニューに始まり、船乗りや海賊の話が満載の魚料理がきて、正式なディナーではロースト料理の前に出されるのが伝統だったパンチとトーストをはさんでからロースト料理について語る。短い幕間《まくあい》に軽食に触れ、最後はデザートへの欲求で締めくくる（ただし、各章をばらばらの順番で読んでも構わない。家族のあいだでは皆の総意を重んじる人として知られる私の母は、『戦争と平和』の章をひとつおきにしか読んでいない。だからトルストイの『平和』という本を読んだのだ、と家族には言われている）。

すべての革新は間隙《かんげき》において発生する。おいしい食べ物も例外ではなく、文化と文化が交わるところで生み出される。近隣の文化から取り入れたものに手を加え、改良を重ねるのだ。食べ物の言語という窓を通して、こうした「狭間《はざま》」で起こっていること、すなわち古代における文明の衝突、現代の文化のぶつかり合い、人間の認識力や社会や進化を読み解くための隠れた手がかりをのぞき込むことができる。感謝祭のためにシチメンチョウをローストするとき、結婚式で新郎新婦に祝杯《トースト》を挙げるとき、どのポテトチップやアイスクリームを買うかを決めるとき、私たちはつねに食べ物の言語を使って会話をしているのだ。

カリフォルニア州サンフランシスコ
二〇一四年四月

第1章　メニューの読み方

サンフランシスコでもっとも価格の高いレストランでは、メニューを見せてもらえない。いや、厳密に言うとそうではなく、親切な店員が料理の一覧をきれいにタイプしたものを、帰宅した客に記念として電子メールでちゃんと送ってくれる（「イクラ、ウニ、カルドン、ブラシカ〔アブラナ属の葉物野菜〕……」）。こういう店は、ミシュラン星付きの最高のレストラン「セゾン」だけではない。価格の高いレストランはこぞって「見えない《ブラインド》」コースを提供し始めている。テーブルに皿が置かれるまで、そのコースでどんな料理が出されるか見当もつかない。高級レストランでは、値段が高いほど選択の余地が少ないようなのだ。

かつて、レストランのステータスは違った方向に表現されていた。七〇年代に外食するなら、ライターのカルヴィン・トリリンが「ラ・メゾン・ド・ラ・カーサ・ハウス」または「コンチネンタル・キュイジーヌ」〔メゾンはフランス語、カーサはスペイン語、ハウスは英語でいずれも「家」を意味する。コンチネンタル・キュイジーヌは欧州各国の料理を融合させたスタイル〕と名付けた種類の店のどこかに行ったにちがいない。郷土料理やエスニック料理に早くから注目していたトリリンは、まさにこの名が表わす通り、フランス料理とイギリス料理が雅俗混交体《マカロニック》のようにごた混ぜになったメニューを出す、もったいぶったレストランをからかってこう呼んだ（マカロニックとはラテン語とイタリア語の方言が混ざった一六世紀の詩の様式で、後に説明するがマカロニにちなんだ名称である）。トリリンは、

「シェフではなくメニューの作成者にクリエイティブな主要スタッフがおかれているような、『コンチネンタル・キュイジーヌ』を提供する高級な御殿」に連れて行かれることに不満を表わしていた。当時のメニュー作成マニュアルには「メニューをコンチネンタル風にすること」というアドバイスが書かれており、実際にそういうメニューが多かった。次の例にあるように、フランス語が英語やイタリア語と無作為に混ざり合い、ときには英語の文にフランス語の冠詞「Le」が付いていたりもした。

Flaming Coffee Diablo, Prepared ***en*** *Vue of Guest*
Ravioli parmigiana, ***en*** *casserole*
Le *Crabmeat Cocktail*

炎のコーヒーディアブロ――お客様の目の前でお作りします
ラヴィオリ、パルミジャーノがけのキャセロール
カニ肉のカクテル

マカロニックなフランス語がたくさん使われたメニューは、一時の流行りではなかった。インターネットの驚異的な力のおかげで、ニューヨーク公立図書館のオンライン・メニュー・コレクションを一〇〇年以上もさかのぼることが可能になった（メニューに情熱を傾けた「小柄で地味な学者風の婦人」ミス・フランク・Ｅ・バトルフ［一八五〇〜一九二四年］の寄贈）。一万ものメニューの先頭にあるのは、一八四三年八月二五日にアスター・ハウスで開かれた婦人例会の朝食のメニューである

（クラムスープ、ゆでたタラ、羊肉のカツレツの「ソテー、きのこ添え《sauté with champignons》」、仔牛の頭、チキンパイ、マッシュポテト、ビーツ、カボチャ、ローストビーフ、仔羊、シギ、ガチョウ。まだお腹の空いている人のために、ブラックベリーパイ、クリームパイ、桃のアイスクリーム、マカロンのデザート。マカロンについては後ほど説明しよう）。一九〇〇年代初頭のメニューにはフランス語がたくさん混ざっている。高価格のレストランや中の上レベルの価格帯のレストランではそれが顕著であり、低価格のレストランに比べて、フランス語が五倍も使われている。

Flounder ***sur le plat***
Eggs ***au beurre noir***
Fried chicken ***a la*** *Maryland half*
Green turtle ***a l'anglaise***
Sirloin steak ***aux champignons***

焼き皿で焼いたカレイ
卵に焦がしバターをかけて
鶏半身唐揚げのメリーランド風
アオウミガメのイギリス風
サーロインステーキのきのこ添え

もはや一九七〇年代は過ぎ去り（一八七〇年代はもちろんのこと）、今ではこうした類のフランス語もどきは滑稽に映るだけだ。それでも、レストランのステータスや社会的階級へのこだわりは今なお存在する。現代の価格の高いレストランが、ステータスの高い最上級の場所であることを、あるいはそうありたいという願いを示す方法はまだまだある。実際メニューにある料理の名前を読むたびに、そのなかに潜んでいるあらゆる種類の言語学的な手がかりを私たちは目にしていることになる。富や社会的階級について私たちがどう考えているのか、この社会が食べ物をどのように見ているのか、あるいはレストランのマーケティング担当者たちが私たちに知ってほしくないと思っているであろう、ありとあらゆる事柄についての手がかりを。

高価格の一流レストランであることを示す今の指標は何だろう。おそらく、値段の高い店が提供する次のような三種類の料理の説明文からマーケティングの手法を見抜くことができる。

エリュシオンフィールズ農場の仔羊肉の香草焼き
ナスのポリッジ〔オートミールと牛乳を煮込んだ粥〕、チェリーペッパー
青空市場のキュウリと松の実のソースで

草で育てられたアンガスビーフのカルパッチョ
エリンギのフライパン焼き
ダーティガール農場のロマノいんげんの天ぷら
ペルシャード〔刻みパセリとニンニクのみじん切りを合わせたもの〕、エクストラバージンオリーブオイルをかけて

バイソンバーガー
ブルースター農場で草を食べ放牧により育てられたバイソン8オンス
とろけたゴルゴンゾーラと野菜のグリルを添えて

メニューの作成者が食べ物の産地に非常にこだわっていることに気づいただろう。農場の名前を出し（「エリュシオンフィールズ」「ダーティガール」「ブルースター」）、大牧場のイメージを喚起し（「草を食べ」「放牧」）、農産物の直売所に言及する（「青空市場のキュウリ」）。

ここまでこだわるのは、メニューの作成者だけではない。テレビ番組『ポートランディア』の第一話には、地産食材にこだわるフレッド・アーミセンとキャリー・ブラウンスタインがレストランで鶏肉の産地を質問する場面がある。ウエイトレスは、その鶏肉が「森のなかで伝統的な飼育方法で育てられ、羊の乳と大豆、ヘーゼルナッツを食べた」と請け合うが、アーミセンとブラウンスタインは満足せず（「そのヘーゼルナッツって、地元産？」）、自分の目で確かめるために鶏が育てられた農場に向かう。

彼らと同じく言語学者も、ディナーに同席するにはうっとうしい人間だろう。メニューを隅々まで読まれると料理の注文に時間がかかってしまう。メニューを一言一句吟味したところで何かのひらめきを得るのに役には立つかもしれないが、たいていの場合、微妙な違いを見分けるまではいかない。そこまでするには、もっとたくさんのデータが必要だからだ。

近頃ではレストランがメニューをデジタル化してインターネット上に載せているおかげで、厖大《ぼうだい》な数のメニューを調べたり、地理や料理の種類などを対照としつつレストランの言語と価格についての仮説を検証したりすることが可能になっている。

先ほどのような地産食材を好む傾向が実際にどれほど広まっているのか、レストランのメニューには他にどのような微妙な手がかりが隠れているのかを知るために、私はカーネギーメロン大学のヴィクトール・チョーナウ、ノア・スミス、ブライアン・ラウトリッジと共同研究を行なった。七都市（ニューヨーク、ボストン、シカゴ、フィラデルフィア、ワシントンD.C.、サンフランシスコ、ロサンゼルス）のレストランを対象に、ウェブサイトから集めた六五〇〇件の現代のメニューで構成された、とても大きなデータセットを用いた（合計で六五万種類の料理が記されている）。これにより都市、地域、料理の種類をはじめとする、経済学者がレストランの価格を研究する際に対照とする多数の要因（店が大通りにあるか、路地にあるかなど。この例は経済学者タイラー・コーエンの著書『*An Economist Gets Lunch*（経済学者がランチを食べる）』から学んだ）を抽出することができた。

それから、農場や大牧場、放牧地、森、庭園、農産物直売所、伝統的な方法で飼育された豚肉《ヘリテージ・ポーク》、伝《エア》統品種トマト《ルーム・トマト》といった表現がレストランのメニューに出てくる回数を数えるソフトを作成した。レストランの価格帯は、ドル記号ひとつの安い店［$］からドル記号四つの高い店［$$$$］までに分類した。この厖大なデータセットにおいて、価格の非常に高いレストラン［$$$$］は低価格のレストランと比べて、食品の産地に言及する回数が一五倍も多かった。産地にこだわることは、価格の高い高級なレストランであることを示す強力な指標なのだ（あるいは後で説明するように、まったく同じ戦略で市場に出回っている、高価なジャンクフード商品を私たちが買っていることを示す指標でもある）。

これ以外にも、経済的な含意をもつ言語学的特性を多数発見した。たとえば高価格のレストランが客の食べる物をあらかじめ選ぶ傾向は、「セゾン」のようなミシュランの星を獲得した一流店以外にも広く認められた。価格の高いレストランでは、単品料理のメニューでもプリフィクスのコース（主菜などが選べる一定価格のコース〕が提示されていたり、次の例のように「シェフのお好み」や「シェフのお薦め」が書かれていたりする場合が多い。

刺身おまかせ：シェフのお好み一〇種
前菜盛り合わせ：シェフの今日のお薦め

反対に、安いレストランでは食事をする側の選択肢が多い、と言語学者のロビン・レイコフが指摘している。まず安価なレストランのほうが料理の品数がはるかに多く、平均して二倍はある。最近行った中華料理店のメニューや食堂のメニューが、最近行った高級レストランと比べてどうだったか考えてみてほしい。低価格のレストランでは量（大中小）を選べたり、メインの料理〔鶏肉、エビ、豆腐〕を選べたりする場合が多い。安いレストランのメニューであることを示すもうひとつの言語学的手がかりとして、「お客様のお好み」や「お客様流」のように、お客様という言葉がより頻繁に使われる。以下に例をいくつか挙げよう。

ベビーラムチョップをお客様のお好みの焼き加減で
フランクマリネステーキ、お客様お好みの卵料理添え
キッシュに加えてハウスサラダかスープ、お客様のお好きなほう
ビスケット＆グレービー〔スコーンのようなビスケットに肉入りホワイトソースをかけた料理〕、お客様お好みの卵料理添え

高価格のレストラン［$$$$］は、料理の数が低価格のレストラン［$］の半分であり、客の選択肢について語る頻度は三分の一、シェフの薦めについて語る頻度は七倍であることがわかった。

高級なレストランでは、当然ながら高級な言葉が使われる。五〇年から一〇〇年前のメニューではフランス語の長い単語が使われていたが、今では高級なメニューにそれ以外の外国語もたくさん使われている。現代の高価なメニューの例には、トンナレッリ *tonnarelli*〔断面が正方形のパスタ〕、チョクロ *choclo*〔トウモロコシを意味するスペイン語〕、バスティラ *bastilla*〔薄いパイ生地を使ったモロッコのパイ料理〕、カタイフィ *kataifi*〔小麦の細麵を使ったギリシアや中東の菓子〕、ペルシャード *persillade*、親子 *oyako* などの単語がある（順に、イタリア語、ペルーで使われるスペイン語、アラビア語、ギリシア語、フランス語、日本語）。

英語にも高級な単語はある。私の父が五〇セント硬貨を意味する古い言い回しをもじって「ツー・ビット・ワード」と呼んでいた、アルファベットが一一や一二も並んだ多音節の長い単語がそうだ。長いからというだけで、どうして高級な単語になるのだろうか。長い単語の多くはフランス語やラテン語といった、歴史的に見てステータスの高い言語から英語に入ってきた。また、長い単語は使われる頻度が低い。実際、長いものほど使われる回数は少なくなる。こういう例を考えてみればすぐわかる。短い単語（of、I、the、a など）はいたるところに現われる文法的な単語だが、とても長い単語（accompaniments など）が使われる場面ははるかに少ない。

単語の長さと使用頻度の関係は、イスラム世界において成し遂げられた多数の科学革命と発明のひとつに数えられる、八世紀のペルシア人文法学者シーバワイヒの業績によって明らかにされた。シーバワイヒは、バグダードが建設されたすぐ後に現在のイラクに移り住んだ。バグダードはアッバース朝の伝説的な首都であり、中世における学問と科学の最大の中心地であったとされている（後の章で説明するが、バグダードではカリフ〔イスラム国家の最高権威者〕のための見事な料理が考案され、そこから現代の食べ物の多くが生まれた)。

シーバワイヒはもともと法律を学ぶためにペルシアから出てきたが、ある日、大声で暗唱している最中にアラビア語の発音を間違えて恥をかき、仲間の学生から人前で言語能力を侮辱された(八世紀の法学生も、今の法学生に劣らず容赦なかったのだろう)。少なくとも一説によれば、これが原因でシーバワイヒは専門を変更し、残りの人生を言語学の研究に費やした(現在の大学では、学生に専攻を決めさせるために人前で恥をかかせることは、通常推奨されない。もちろんそうすることで、学生に言語学への興味が芽生えるのであれば別の話だが)。

シーバワイヒの理論は一二〇〇年後に再発見され形を整えられた。一九三〇年代に言語学者のジョージ・ジップが、頻繁に使われる単語は、コミュニケーションの効率を高めるために短縮されるのではないかと考えた。頻出単語が短ければ、少ない空間や時間のなかにより多くの単語を詰め込んで相手に渡すことができるからだ。ジップのこの見解がきっかけとなり、その一〇年後、クロード・シャノンがベル研究所で情報理論の構築という素晴らしい成果を上げた。これらの理論がなければ、今あるようなメニューのデジタル情報(あるいは録音材料や写真など)を収集することは不可能だっただろう。

いずれにせよ、高価格のレストランで多く使われる長くて珍しい高級な単語とは、*decaffeinated*〔カフェイン抜き〕、*accompaniments*〔付け合わせ〕、*complements*〔付け合わせ〕、*traditionally*〔伝統的な〕、*specifications*〔詳述〕、*preparation*〔調理〕、*overflowing*〔あふれ出る〕、*magnificent*〔素晴らしい〕、*inspiration*〔ひらめき〕、*exquisitely*〔絶妙な〕、*tenderness*〔柔らかい〕などである。これとは対照的に、低価格のレストランではもっと短い形が使われる。*decaffeinated* の代わりに *decaf*、*accompaniments*

や *complements* の代わりに *sides* というように。

このように高級な単語とは、〝ここは高級なレストランです〟と指し示すものである。そればかりか料理の説明に高級な単語が使われていると、もっと具体的なことがわかる。なんと料理の実際の値段がわかるのだ。

この点について私の研究チームは、六五〇〇件のメニューにある六五万種類の料理すべての価格を調べた。統計手法を用いて、どの単語が高いあるいは低い価格と結びついているのかを明らかにした。料理の価格に影響するもっとも重要な要因は、食品の種類である。ロブスターは鶏肉より高く、鶏肉は付け合わせのトーストよりも高い。私たちは食品の種類、料理の種類（中華料理、イタリア料理、ステーキハウス、食堂、カフェ）、レストランの価格帯、レストランのある都市や地域といった条件を統計学的に対照とした。これらの条件コントロールを済ませてから、さらに個々の単語が価格にどう影響するかを調べた。

そこで発見したのは、料理の説明に長い単語を使うほど、その料理の値段が高くなるということだ。料理の説明に費やされる単語の平均的な長さが一文字増えると、価格が一八セント高くなる。つまり平均して三文字長い単語が使われているローストチキンやパスタには、五四セントを余分に支払うということになる。驚いたことに「ツー・ビット・ワード」という表現は、じつのところメニューに長くて高級な単語を使えば一品当たり五〇セント高くなるということを（偶然ではあるが）まさに文字通り意味しているのだ。

文字数を数えることは、レストランの経営者がメニューに忍ばせた情報を見つけるひとつの手法である。もうひとつには、食べ物がどれだけ異国風《エキゾチック》か、あるいはスパイシーかが強調されているかどうかを調べるという手もある。もしもそういう表現が使われているなら要注意だ。「インドのスパイスをエキゾチックにブレンドし」「エキゾチックなエチオピア産スパイス」「エキゾチックな野菜入りのタマリンド・フィッシュ・スープ」といった表現を探してみよう。私たちの研究から、「エキゾチック」や「スパイス」という単語が使われるたびに料理の価格が上がることが明らかになった。たぶんその理由は、これらの食べ物が本物のエチオピア人やインド人にとってはエキゾチックでもなんでもないからだ。レストランとしては自国で食べ慣れている人に向けて宣伝しているのではない。毎日食べている人は、その料理の適切な価値を知っている。エキゾチックさを強調したり東洋通を気取ったりすることは、そうした料理を食べ慣れていない人たち、すなわち私のように何か違うものを食べたくて、当然ながらより多くのお金を払う人に向けられているのだ。

　五種のスパイスの鴨料理：エキゾチックな五種のスパイススープで煮込み骨を取り除いた若鴨、スパイシーなヴィネグレットソース添え

　ビンディマサラ：エキゾチックに調合されたインドのスパイスを使った、オクラと玉ネギとトマトの炒めもの

　メニューの行間を読むための三つ目のコツを紹介しよう。いわゆる「言語学的な埋め草」を探すのだ。たとえば *delicious*〔おいしい〕やその同義語の *tasty*〔おいしい〕、*mouth-watering*〔よだれが出そうな〕、*flavorful*〔風味がよい〕、*scrumptious*〔素晴らしくおいしい〕、*savory*〔味わいある〕、あるいは *terrific*〔素晴らしい〕、*wonderful*〔見事な〕、*delightful*〔心地よい〕、*sublime*〔このうえない〕のような、肯定的ではあるが曖昧な単語について考えてみよう。これらの単語を見ると、これから食べる一品に

ついて何か特別なものを約束するような印象を受けるが、レストラン側は主観的な表現をすることで何らかの現実的な義務が生じないようにうまく逃れている（タラの幼魚の料理がおいしいと感じなかったからといって、告訴はできない）。別の種類の埋め草に、私の同僚のアーノルド・ツウィッキーが「興味をそそる形容詞」と名付けたものがある。*zesty*〔ぴりっとした〕、*rich*〔濃厚な〕、*golden brown*〔きつね色〕、*crispy*〔かりかりした〕、*crunchy*〔ザクザクした〕などがそうだ。これらの単語は情報をまったく与えないというわけではないが（*golden brown* の意味合いは *crunchy* とは少し違う）、ある食べ物が *zesty* であるかどうかは意見の分かれるところだ。

この二種類の言語学的埋め草として働く単語は、低価格と結びついている。先述の要因（食品の種類、料理の種類、価格帯、レストランのある場所）を対照とすると、メニューに使われる単語と価格との関係が見えてきた。*delicious*、*tasty*、*terrific* のような、肯定的だが曖昧な単語ひとつにつき料理の平均価格は九パーセント低くなる。*rich*、*chunky*、*zesty* のような興味をそそる形容詞ひとつにつき、価格は二パーセント低くなる。

こうした調査結果は、因果関係というよりも関連性を示すものである。レストランが料理を *delicious* と形容した回数にもとづいて価格を実際に決めているのか、あるいは価格を見てからその料理を *delicious* と形容することに決めたのか、はたまた他の未知の要因（「外因的な」要因という専門用語がある）によって価格と単語が決まるのか、はっきりとはわからない。確かに言えるのは、低価格と埋め草的単語が連動しているということだけだ。それでも何がどうなっているのかについての仮説は立てた。内容のない単語が低価格と結びついているのは、そうした単語が実際カニやポーターハウス〔T字型の骨付き肉のステーキ〕など、本当に有益な話の種がないときに料理を描写するために使う埋め草となるからではないか、と私たちはにらんでいる。スティーヴン・レヴィットとスティーヴン・ダブナーの著書『ヤバい経済学（*Freakonomics*）』〔望月衛訳、東洋経済新報社〕には、これと同じ原則が不動産の広告にも当てはまると書かれている。宣伝に*fantastic*〔夢のような〕や*charming*〔魅力的な〕といった単語が入っている家は低価格で販売される傾向があり、*maple*〔カエデ材〕や*granite*〔みかげ石〕といった単語が宣伝に入っている家は高価格で販売される傾向にあることを二人は発見した。そして、不動産業者は家に具体的で有益な性質がないことを隠すために*fantastic*のような曖昧ではあるが前向きな単語を使う、という仮説を立てた。なるほどレストランの場合でも、高価格と関連する単語は*fantastic*のような内容のない単語ではなく、ロブスターやトリュフやキャビアなど実際に価値のある食品を描写する単語だった。

埋め草が使われた文章の例を挙げてみよう。次の三つの料理に、埋め草がいくつあるかわかるだろうか。

BLTサラダ：風味のよい色とりどりのおいしいサラダ。かりかりのみじん切りベーコンとレタス、トマト、赤玉ネギ、青ネギ、ニンニク味のクルトンのブルーチーズ・ドレッシングあえ

自家製ミートローフ・サンドイッチ：風味がよくジューシーでおいしいサンドイッチ。バーベキュー・ケチャップ、あめ色玉ネギ、とろけたアメリカンチーズと一緒に温めてお出しします

マンゴーチキン：きつね色においしく揚げた白身のチキンナゲットを、薄切りにした新鮮なマンゴー、ニンジン、シシトウガラシと一緒に味わいある甘いソースでソテーしました

少なくとも一三個の埋め草が見つかった。「おいしい *delicious*」（三個）、「風味がよい *flavorful*」（二個）、「色とりどり *colorful*」、「かりかりの *crispy*」、「ジューシー *juicy*」、「温かい *warm*」、「きつね色に *golden*」、「甘い *sweet*」、「味わいある *savory*」、「新鮮な *fresh*」。

これらの埋め草的な単語から、レストランについての他の事柄もわかる。たくさんの埋め草的な単語を使ったくだくだと長いメニューを置いているレストランがあるとしよう。こうした店は、メニュー作成を担当するとても有能なマーケティングコンサルタントを擁する、非常に価格の高いレストランなのだろうと見当をつけるかもしれない。あるいは、価格のとても低いレストランがさほど高級ではない食べ物を補うために埋め草的な単語を用いているのかもしれない。

実際にはそのどちらでもない。埋め草的な単語をたくさん使ったくだくだと長いメニューがあるのは、価格帯が中間あたりのレストランなのだ。「ルビー・チューズデイ」「ＴＧＩフライデーズ」「チーズケーキ・ファクトリー」「カリフォルニア・ピザ・キッチン」などのチェーン店や、地方の店などがそうだ。

新鮮な *fresh*、濃厚な *rich*、スパイシーな *spicy*、かりかりした *crispy*、ザクザクした *crunchy*、風味の強い *tangy*、ジューシーな *juicy*、ぴりっとした *zesty*、塊の入っている *chunky*、スモーキーな *smoky*、塩気のある *salty*、チーズ味の *cheesy*、ふわふわした *fluffy*、さくさくした *flaky*、バターの入った *buttery* などの記述的な形容詞は、こうした中間価格帯のレストランにあるメニューにかなり頻繁に出現する。

きつね色にぱりっと焼いたベルギーワッフル：新鮮な果物を添えて

マッシュルームオムレツ：新鮮なマッシュルームをたっぷり使ったふわふわオムレツ、マッシュルームとシェリー酒の濃厚なソースをかけて

チキンマサラ：柔らかい鶏胸肉に新鮮なマッシュルームとマルサラ・ワインの濃厚なソースをかけて

田舎風リンゴのガレット：厚み五インチのバターを入れたさくさくのフランス風パフペーストリーを使った自家製タルト。新鮮な完熟リンゴを重ねて、こんがりと焼きあげました

なぜ高価格のレストランではなく中間価格帯のレストランが、こうした形容詞を多く使うのだろうか。

この疑問にたいする答えを知るには、これらの形容詞の機能について考える必要がある。「おいしい delicious」の字義通りの意味は、味がよい、というものだ。「熟した ripe」の字義通りの意味は、リンゴが熟す前のまだ青い時期に摘み取られたものではない、というものだ。しかしレストランが、熟していないリンゴを出したり味のよくない料理を作ったりするだろうか。料理がおいしい、あるいはリンゴが熟していると言わずに済ますことはできないのか。

二〇世紀の重要な言語哲学者のひとり、H・ポール・グライスが、この疑問への回答を提示した。グライスは、人は話者を理解しようとするとき、相手が合理的にふるまっていることを仮定すると指摘した。何かが新鮮だと話者が言うなら、それが新鮮だと口にする何らかの理由があるはずだ。相手は単語をランダムに発しているわけではない（グライスはこれを「量の公理」と名付けた。他の公理

に、話者は関連性のある事柄を言おうとしているという「関連性の公理」もある）。したがって何かが熟している（あるいは新鮮だ、ふわふわしている、こんがりとした）という表現を耳にすると、熟していることに言及する目的があるのか、とすぐに疑う。熟していないこととの比較を暗黙のうちにしているから、熟しているという言葉を口にするのだ。それは次のように言っているのと同じだ。この果物が熟していないのではと心配しているかもしれないが、その必要はない、私がここで熟していると請け合うから。つまり熟していると言うことで、熟していないのではと思う人がいるという可能性が持ち上がるため、そういう人たちを納得させるために熟していると言っておこう、ということだ。

言語学者のマーク・リーバーマンは、こうした過度の言及は「状態への不安」という症状とみなされると述べている。価格の高いレストランは、熟しているべきものは熟していてすべては新鮮であると当然のように想定されているため、「熟している」という表現（あるいは新鮮、ぱりぱりするなど）は使わない。中間価格帯のレストランは一流店ではないため、それが当然と思われないのではと不安になってわざわざ安心させるようなことを言う。ちょっとムキになりすぎだろう。

グライスの言うような言外の含みは、メニューにおける *real*〔本物の〕という単語の使われ方にも認めることができる。この単語はたくさんのメニューで使われているが、レストランがどの料理について「real」と言うかは価格帯によってはっきりと変わってくる。安いレストランは本物のホイップクリームや本物のマッシュポテト、本物のベーコンを出すと確約する。

チョコレートチップ・パンケーキ：本物のホイップクリーム添え

自家製ミートローフ：本物のマッシュポテト、野菜、グレービーソース添えチキンカツレツ：とろけたスイスチーズをかけ、レタス、トマト、ロシアン・ドレッシング、みじん切りにした本物のベーコンを添えて

もう少し価格の高いレストラン［$$］では、「real」は主にカニやメープルシロップを形容するために使われる。

カリフォルニアロール：本物のカニとアヴォカド

ブルーベリー全粒粉パンケーキ：本物のメープルシロップがけ

これとは反対に、「real」が高価なレストラン［$$$］や［$$$$］で使われることはめったにない。こうしたレストランで出されるベーコンが本物でないからではなく、客は最初からベーコンやホイップクリームやカニが本物であると想定しているからだ。価格の高いレストランがカニを「本物」と形容するとしたら、本物であることが疑われる可能性に備えて牽制しようとしているのだと受け取られる。ここでもグライスの原則が働いている。何かが本物だとわざわざ言う場合のたいていの理由は、そう言うだけの理由があるはずだ。レストランが自分の店のバターは本物だと言うのなら、相手がそれを偽物だと考えているのではないかと心配して、安心させようとしているからだ、ということになる。価格の高いレストランは、客の誰かが店のバターを偽物だと思っているかもしれないなどとは匂わせたくないに決まっている。

メニューでどういう食品が「real」や「genuine」〔まがいものではない、本物の〕と形容されているかを知るために歴史をさかのぼると、どういう食べ物の模造品を製造すると儲かったのかがだいたいわかる。一九九〇年代には本物のベーコンという言い方があった（「ベーコンビッツ」〔商品名〕ではなく）。七〇年代と八〇年代には本物のホイップクリーム、本物のサワークリームという表現が使われていた（それぞれ「クールホイップ」「ＩＭＯ」〔ともに商品名〕ではなく）。六〇年代には本物のバターとメニューに記されていた（マーガリンではなく）。四〇年代と三〇年代には本物の仔牛のレバーと書かれていた。

一九〇〇年頃にもっとも頻繁に「real」や「genuine」と形容されていた食品は、先に挙げたどれでもない。当時の人々が懸念していたのは、偽のビールや偽のウミガメだった。その頃のメニューには「本物のドイツビール」や「本物のウミガメ」などと得意気に書かれていた。ドイツのペールラガービールは、一九世紀のドイツ人大量移民とともにアメリカにやってきた（ハンバーガー、フランクフルト・ソーセージ、セルツァー炭酸水、自家製のフライド・ポテト、ポテトサラダ、デリカテッセンもそう）。それ以前にアメリカ人が飲んでいたのは、色の濃いイギリス風のエールビールだけだった。一九世紀の終わり頃には、ミラー、パブスト、シュリッツ、ブッシュといった、海を渡ってきたドイツ人企業家が低温発酵で醸成させたペールラガーが人気を集めるようになり、レストランはこうした新しい人気商品を置いていることを宣伝した。ウミガメのスープも当時人気を集めた珍味であり、あまりの評判の高さに、脳みそや仔牛の頭を材料にしたまがいもののウミガメのスープが安い代替品として出回っていた（ただし、ルイス・キャロルが何と言おうと偽ウミガメが材料ではない）。実際、ジェーン・ジーゲルマンが著書の『*97 Orchard: An Edible History of Five Immigrant Families*（オーチャード・ストリート九七番地）』で、ニューヨークのレストランが本物の緑ウミガメのスープを提供している印として「本物のウミガメの甲羅をしょっちゅう扉の側柱に打ち付けていた」と書いている。

今日《こんにち》高級の印として使われるものは、当時のウミガメの甲羅ほどわかりやすいものではないが、それでもメニューに載っている。もちろん今ではラテン語混じりのフランス語は使わない。現在の高級なメニューは軽やかで簡潔であり、安っぽい埋め草的な形容詞や、これこれが「本物」だという申し立てを延々と並べることはない。ステータスの高さを見せつけたいなら、言葉でも食べ物でも過ぎたるはなお及ばざるがごとし。高級店のメニューは昔とは違うもので軽い味付けがされている。入念に選ばれた意味不明な食べ物の名前や、緑の牧草地やエアルーム野菜といった牧歌的なイメージで。そもそも見せてくれるメニューがあればの話だが。

ただし、客の心をつかもうと必死になりすぎているメニュー作成者が書いた、かりかりした *crispy* やザクザクした *crunchy*、風味の強い *tangy*、ジューシーな *juicy*、ぴりっとした *zesty*、塊の入っている *chunky*、スモーキーな *smoky*、ふわふわした *fluffy* などといった言語学的な埋め草が満載のメニューは避けるべきだろう。「エキゾチック」という単語を見かけたなら、それが暗示する追加料金は支払わないこと。代わりにカルヴィン・トリリンがやりそうなことをしてみよう。その店から静かに立ち去って、本物を使っているからこそそこまで声高に言う必要のない店に入るのだ。

第2章　アントレ

サンフランシスコに住むということはお客が訪れてくるということで、お客がやってくるとなるとバーナル・ヒルをぶらぶら歩いてミッション・ストリートに立ち並ぶおいしいレストランを物色する口実ができる。私の家の客はたいていどんなものでも食べるが、妙なものを見つけて文句を言うこともある。偏屈なイギリス人の友人ポールは、この界隈のカフェで質問攻めにあってうんざりしている（「シングル、それともダブル？　スモール、ミディアム、ラージのどれ？　ここで召しあがりますか、それともお持ち帰り？　牛乳、豆乳どちらにしますか？　全乳それとも無脂肪乳？」）。「ただのコーヒーで結構」とポールは答える。アメリカ人は人のことを細かく支配したがる、とうんざりしながら。実際には先に触れたように、カフェや食堂、ファストフードなどの価格の安い店で豊富な選択肢が提供される分、価格の高いレストランではみずからメニューを選ぶ権利は放棄される。

ポールはまた、アメリカ人がこの国独特の言葉の使い方をすることにも苛立ちを感じている。たとえばアントレ *entrée* という単語はアメリカでは主菜を指すが、フランスやイギリスではアメリカ人が前菜《アペタイザー》と呼ぶものになる。したがってフランスの食事は、アントレ、主菜（*plat*《プラ》）、デザートからなるのにたいし、アメリカでは同じコース料理がアペタイザー、アントレ、デザートとなる。アントレという単語がもともとはフランス語に由来し、文字通り「入口《エントランス》」（entrance）という意味なのだから、アメリカ人はどこかの時点でこの単語の意味を台無しにしてしまったにちがいないと、ポールがある晩の夕食の席で言っていた。
ポールの仮説はもっともらしく聞こえるうえに、私のフォークとナイフの使い方にも文句をつけてきたので（食べ終えたことを知らせるためにフォークとナイフを皿の上にそろえて置くのだが、その位置が間違っていたらしい）、私はこのごろ自分のことが、開拓時代のアメリカ西部からやってきた無教養な植民地住人のように思えてならない。
故アラン・デヴィッドソンが権威ある著書『*Oxford Companion to Food*（オックスフォード食物事典）』で、（たとえポールの言うことが正しかろうとも）アントレの意味を究明する価値はないと述べている〔アラン・イートン・デヴィッドソン（一九二四〜二〇〇三年）はイギリスの外交官、歴史家。美食についての著書多数〕。

アントレ *entrée*、アントルメ *entremet*: これらのフランス語の用語は、フランスの古典的な伝統の恩恵を受けているホテルやレストランのコース料理を食する人にとっては、きっといまだに関心事であるだろうが、もはや使う価値はまったくなくなっている。ひとつには、これらの単語が何を意味するかほとんどの人が忘れてしまったからであり、もうひとつには、時とともにこれらの単語が変化を遂げたため地域によって意味が異なるからである。これらの単語は忘れてよし。

しかし、畏怖すべきデヴィッドソンがたとえ他のことならほとんどすべてにおいて正しいとしても、この点では見当違いを犯している。食べ物の言語は、私たちの歴史や社会、私たち自身について、厖大な事柄を教えてくれるはずだからだ。したがって私は、デヴィッドソンではなく、歴史家の故フェルナン・ブローデル〔一九〇二～一九八五年〕を支持する。ブローデルはかつて、これらのフランス語の単語は食べ物の文化史を理解する手がかりとなるかもしれないと述べた。

今なお使われているが、その意味が何回か変わってしまったいくつかの単語の歴史を解明することで、食べ物の流行を追うことができるかもしれない。その単語とは、アントレ *entrées*、アントルメ *entremet*、ラグー *ragoûts*〔肉や魚をベースにして野菜と煮込んだ料理〕などである。

また別の理由からも、アントレ *entrée* は食べ物の言語の探索における次のステップとしてぴったりである。なぜなら食べ物そのものを指す単語というよりも、それらをまとめた食事の構造を描写する単語であるため、前章で触れたメニューの言語についての研究と、次章以降の主菜からデザートにいたる個々の食べ物についての記述とを橋渡ししてくれるからだ。

現代フランス語におけるアントレの使われ方が元来の意味だったとするポールの仮説にたいしては、とんでもない《オ・コントレール》！　と反論したい。では、その現代フランス語の定義から見ていこう。

Mets qui se sert au début du repas, après le potage ou après les hors-d'œuvre.

〔食事の最初かスープの後、あるいは前菜《オードブル》の後に出される料理〕

パリの「オー・リヨネ」とサンフランシスコの「フランセス」（いずれもミシュラン一つ星のレストラン）のメニューの用例を見ると、異なる使い方をしていることがわかる。フランスの *entrée* は前菜、アメリカの *entrée*（もしくは *entree*）は主菜となる。

オー・リヨネ

ENTRÉES（前菜《アントレ》）

Planche de charcuterie lyonnaise

（リヨン風ハムとソーセージの盛り合わせ）

Terrine de gibier, condiment coing/poivre

（ジビエのテリーヌ、マルメロ〔西洋カリン〕またはコショウのコンディマン〔薬味〕添え）

Jeunes poireaux servis tièdes, garniture mimosa

（温かい若ポロネギ、ミモザの付け合わせ）

Fine crème de laitue, cuisses de grenouille dorées

（レタスのきめの細かいクリームスープ、きつね色に焼きあげたグルヌイユ〔カエルのもも肉〕）

PLATS（主菜《プラ》）

Saint-Jacques en coquille lutée, salade d'hiver

（ホタテ貝のリュテ〔貝殻を小麦粉と水を合わせた生地で密封し旨みを閉じ込めた料理〕、冬のサラダ）

Quenelles à la lyonnaise, sauce Nantua

（リヨン風クネル〔すりつぶした肉・魚に卵・小麦粉などを加えて成形し、ゆでてからオーブンで焼いた料理〕、ナンチュアソース〔甲殻類のソース〕）

Vol-au-vent du dimanche en famille

（家族と日曜日に食べるヴォロヴァン〔ヴォロヴァンとは、ソースでからめた具材を風で飛ぶほど軽い

サクサクとしたパイに詰めた料理〕）

Notre boudin noir à la lyonnaise, oignons au vinaigre

（リヨン風ブーダンノワール〔豚の血と脂のソーセージ〕、玉ネギの酢漬け）

フランセス

APPETIZERS（前　菜《アペタイザー》）

Lacinato Kale Salad-Pecorino, Grilled Satsuma Mandarin, Fennel, Medjool Date

（ラシネートケールサラダ――ペコリーノ、サツママンダリン〔温州みかん〕のグリル、ウイキョウ、マジュールデーツ）

Squid Ink Pappardelle & Shellfish Ragoût-Green Garlic, Dungeness Crab, Gulf Prawn

（イカ墨のパッパルデッレと貝のラグー――葉ニンニク、アメリカイチョウガニ、ガルフエビ）

Salad of Spring Greens-English Pea, Poached Farm Egg, Crisp Shallot and Potato

（春野菜のサラダ――イギリスえんどう豆、農場の卵のポーチドエッグ、かりっとしたエシャロットとジャガイモ）

ENTRÉES（主菜《アントレ》）

Five-Dot Ranch Bavette Steak-Butter Bean Ragoût, Foraged Mushrooms, Bloomsdale Spinach

（ファイブドット牧場のバベットステーキ――バター豆のラグー、採りたてマッシュルーム、ブ

ルームズデールのホウレンソウ）

Sonoma Duck Breast-Charred Satsuma Mandarin, Lady Apple, Cipollini Onion

（ソノマの鴨の胸肉――サツママンダリンの焦がし焼き、レディアップル、チポリーニオニオン）

Market Fish-Green Garlic, Full Belly Potatoes, Salsify, Roasted Fennel Purée

（市場の魚――葉ニンニク、フルベリー農場のジャガイモ、セイヨウゴボウ、ローストしたウイキョウのピューレ）

こうした意味の違いはどのように生じたのか。アントレという単語は、一五五五年にフランスで初めて使われた。一六世紀の宴会の食事は、*entrée de table*（「テーブルに入る」）と呼ばれる一品で始まり、*issue de table*（「テーブルを出る」）と呼ばれる一品で終わった。中期フランス語で書かれた二つのメニュー（昔の作法と綴りの変化を説明したもの）を紹介しよう。料理史研究家のジャン＝ルイ・フランドランが優れた著書『*L'Ordre de Mets*（料理の順序）』に、一五五五年刊行の『*Livre Fort Excellent de Cuysine Tres-Utile et Profitable*（とても有用で有益な、もっとも優れた料理書）』から抜粋したものだ。

Cest que fault pour faire ung banquet ou nopces après pasques

復活祭後の宴会や結婚式で必要なもの

メニュー1

メニュー2

Bon pain［パン］
Bon vin［ワイン］
Entrée de table［テーブルの入口《アントレ》］
Potages［スープ］
Rost［ロースト］
Second Rost［二番目のロースト］
Tiers service de rost［三番目のロースト］
Issue de Tables［テーブルの出口《エグジット》］

Bon pain［パン］
Bon vin［ワイン］
Entrée de table［テーブルの入口《アントレ》］
Aultre entrée de table pour yver［冬のための別のテーブルの入口《アントレ》］
Potaiges［スープ］
Rost［ロースト］
Issue de Tables［テーブルの出口《エグジット》］

これらのメニューからわかるように、アントレは食事の最初に供される一品であり、複数のアントレが出される場合もある。アントレの次にはスープがきて、その後にローストが一、二品出てから最後の一品となる。一四世紀から一六世紀にかけてのフランスにおけるアントレは、ソースのたっぷりかかった肉料理（牛の口のグズベリーソース、モリバトとザクロの実、鶏肉のフリカッセ〔細切り肉のホワイトソース煮込み〕とブドウ果汁、鹿のサーロイン、仔羊の脚の細切《こまぎ》れ）、辛口のペーストリー（温かい小さな鹿肉のパイ）、あるいは内臓肉（仔牛のレバーのロースト、仔羊の舌の塩漬け、焼いた仔ヤギの頭）だった。

それから一〇〇年のあいだにスープの順番が早くなり、一六五〇年頃にはスープがつねに最初で、その次にアントレが出るようになっていた。一六五一年に刊行されたラ・ヴァレンヌの有名な料理書『フランスの料理人（*Le Cuisinier François*）』〔森本英夫訳、駿河台出版社〕では、アントレはまだ温かい肉料理であり、ロースト料理とは区別されていた。ロースト料理は通常、家禽類、ときにはウサギや他の哺乳動物の串焼きだった。アントレはもう少し手の込んだ肉料理で、たいていはソースがかかり、厨房で手間をかけて作られたものだった。ヴァレンヌの料理書にはこのように魅力的な一七世紀のアントレとして、鴨のラグー、ヤマウズラの白身肉のソーセージ、羊の脚のドーブ〔赤ワインで煮込んだ料理〕、鶏肉のフリカッセが挙げられている。アントレは冷製ではなく、野菜や卵の料理でもなかった（冷製料理や野菜や卵の料理はアントルメと呼ばれた）。したがって一六五一年時点でのアントレは、スープの後、ローストの前に食べる温かい肉料理だった。

それから一〇〇年後の一八世紀には、フランスやイギリス（およびアメリカの植民地）の宴会料理は、フランス風 *à la Française*、もしくはときにイギリス風 *à l'Anglaise* と呼ばれる型が標準となっていた。たいていは二つのコースに分かれて料理が出され、それぞれのコースでテーブル一杯に料理が並べられた。すべての料理がテーブルに置かれ、もっとも重要なものが中央に、スープや魚料理はおそらくテーブルの端に、アントレは分散して、小さな料理の皿（オードブル *hors d'œuvres*、文字通りの意味は「主要な作品以外」）はテーブルの縁に並べられた（つまり、主要な物の「外側」に）。

スープを食べた後には皿が下げられ、そこに別の皿が置かれた。これはフランス語ではルルヴェ *relevé*、英語ではリムーブ *remove* と呼ばれた。ルルヴェ／リムーブは魚料理や肉の塊、仔牛肉などだった。スープ以外の料理（アントレやアントルメ）はテーブルに載ったままだ。ときには魚料理の空き皿がスープと同じように下げられることもあった。それから肉の塊を切り分けたり、アントレやオードブルの皿を回したりしたのだろう。この第一のコースが終わると皿がすべて片づけられ、第二のコースが運ばれた。中心となる料理は野ウサギかシチメンチョウ、ヤマウズラ、鶏などの家禽肉のローストで、それに添えて他の料理が並べられた。

次ページの図は、フランス風の二つのコース料理の配膳方法を示している。これは、アメリカの植

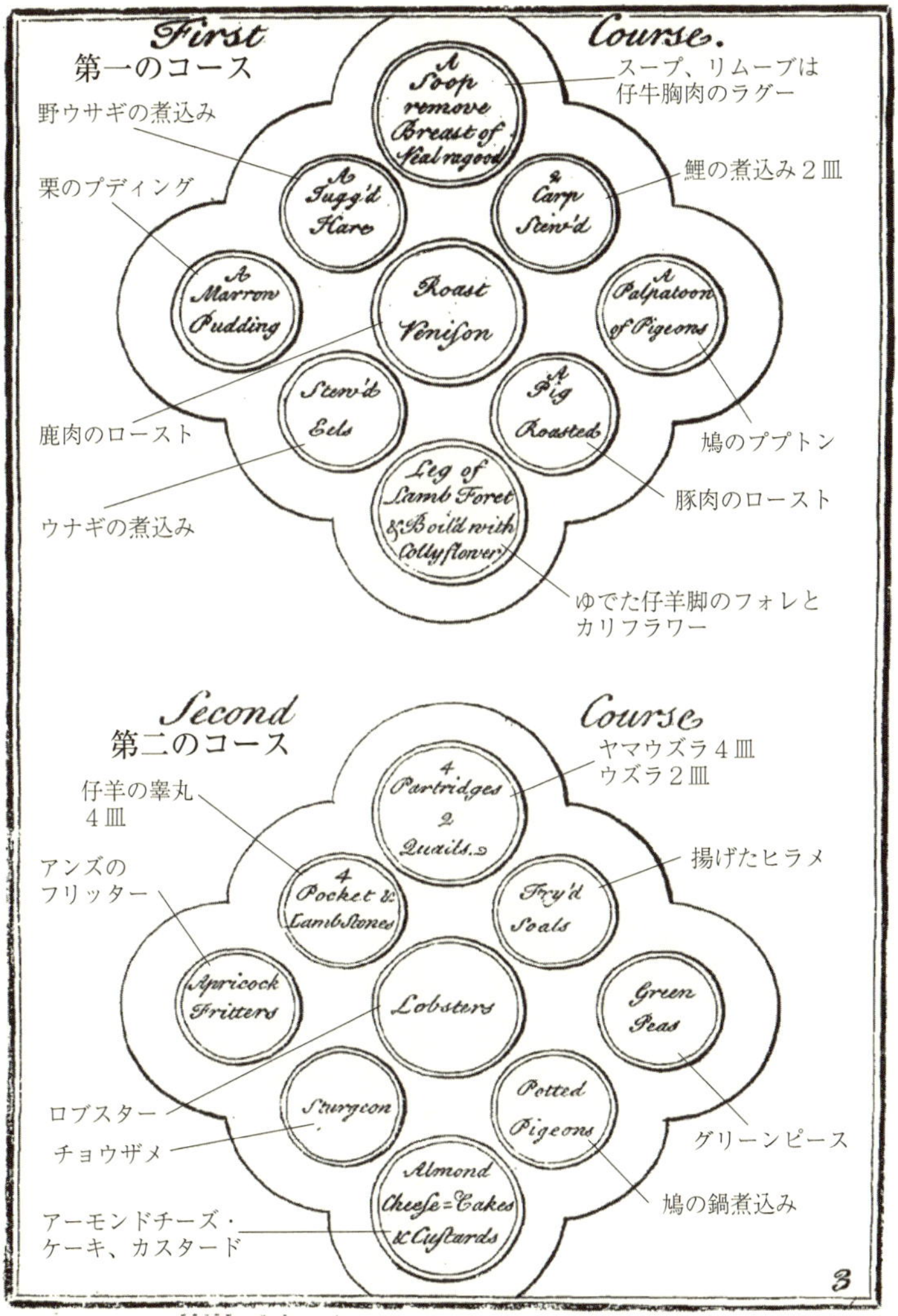

二つのコースの配置。エリザ・スミス著、1758年刊行の
『*The Compleat Housewife*（完璧な主婦）』（第16版）より。

民地で初めて出版された料理書からの抜粋である。エリザ・スミスが書き、一七二七年にイギリスで出版されとても有名になった英語の料理書『*The Compleat Housewife: or, Accomplished Gentlewoman's Companion*（完璧な主婦）』が、一七四二年にアメリカの植民地でも刊行されたのだった。

「スープ」とそのリムーブである仔牛胸肉の「ラグー」があり、仔羊の脚や二皿の鯉の煮込み料理、豚肉のローストがある。フランス料理の典型的なローストは、家禽のローストだったことを思い出してほしい。それに相当するのは第二のコースにある四皿のヤマウズラと二皿のウズラだろう。牛肉や豚肉のローストは、第一のコースでアントレもしくはリムーブとして出される。また、*entrée* という単語が英語ではまだ使われていなかったことに注目してほしい。少なくともエリザ・スミスの著書には出てこない。『オックスフォード英語辞典』に最初の用法として収録されたのは、この数十年後、一七五九年刊行のウィリアム・ヴェラル著『*A Complete System of Cookery*（料理法の完全体系）』内の用例であり、そこでは新しい外来語としてイタリック体で記されている。

次に食事の順序が変わるのは、これからまた一〇〇年後の一九世紀のことで、現代のコース料理にかなり近いロシア風 *à la Russe* と呼ばれる方式となる。すべての料理を一度にテーブルに並べて冷ましてしまうのではなく、一度に一皿ずつ客の前にじかに運ばれる。だからたとえば肉は主人がテーブルで切り分けるのではなく、横の台や厨房で使用人が切り分ける。テーブルはもはや皿で埋め尽くされず花などで飾られた。さらに、客はテーブルを見ただけでは次に何が出されるかわからないため、料理名を一覧にした小さな紙が席ごとに添えられた。この紙の名前には「細かく分かれた、小さい、詳細な」を意味するラテン語の単語 *minūtus* を短縮したものが借用された（最初はフランス語、その後は英語で）。これがメニュー *menu* である。

このロシア風の給仕法は一九世紀のフランスで一般的になり、イギリスとアメリカでは、だいたい一八五〇年から一八九〇年のあいだに普及した。今日《こんにち》の食事ではロシア風に一品ずつ料理が出されるようになっている。しかし、すべての料理を一度に並べて主人がテーブルで肉を切り分ける古いスタイルの名残が、アメリカでは感謝祭のディナーのような伝統的な食事にまだ見られる（感謝祭はこの他のあらゆる面でも古風なのだが、それについては後で触れよう）。

一九世紀にはオードブルがもっと早い段階、つまりスープよりも前に出されるようになり始めた。したがってこの時点（一九世紀後半から二〇世紀前半）での伝統的な食事の順序は次のようなものだった。

1　オードブル
2　スープ
3　魚（この後にリムーブが出される場合もある）
4　アントレ
5　小休止（シャーベット、ラム酒、アブサン、パンチなど）
6　ロースト
7　他の料理が入る場合もある（サラダなど）
8　デザート

第一次世界大戦が終わってしばらくしても、イギリスやフランス、アメリカでは、アントレという単語に〝スープまたは魚料理の後、そしてローストの前に出される十分な量のある肉料理〟という意味があった。次ページの一九〇七年のメニューは、オファレル・ストリートに当時新しく建てられた、

..Menu..
メニュー

Oysters 牡蠣

Toke Points, Half Shell
半殻のトークポイント・オイスター

Blanco's Sauterne
ブランコスのソーテルヌ（白ワイン）

Soup スープ

Consommé Molière
コンソメのモリエール風

Relishes 前菜

Shrimp Saladé
エビのサラダ

Anchovies
アンチョビ

Queen Olives
クイーンオリーブ

Celery en Branch
白いセロリ

Fish 魚

Striped Bass à la Marguery
シマスズキのマルグリィ風

Blanco's Zinfandel
ブランコスのジンファンデル（赤ワイン）

Entree アントレ

Filet de Boeuf à la Parissienne
牛ヒレ肉のパリジェンヌ風

PISCO PUNCH
ピスコ・パンチ

Roast ロースト

Teal Duck
コガモ

Hominy
ひき割りトウモロコシ

Celery Salade
セロリのサラダ

Champagne White/Seal
シャンパン白ラベル

Dessert デザート

Bombe Flombiére
ボンブ・プロンビエール

Fruits
果物

Assorted Cakes
ケーキ各種

Cheese
チーズ

Black Coffee ブラックコーヒー

レストラン「ブランコス」のメニュー。1907年、サンフランシスコ。

今では伝説のレストラン兼売春宿「ブランコス」のものだ。この店の美しい大理石の柱やロココ調のバルコニーは、深酒や賭け事、売春など、バーバリー・コーストと呼ばれた時代のサンフランシスコにあふれていた様々な悪行の巣窟だったが、それと同時に一九〇六年の地震で灰となったこの町の復興の象徴でもあった。「ブランコス」は後に「ミュージック・ボックス」と名を変え、サンフランシスコで人気のファン・ダンサー、サリー・ランドの経営するバーレスク劇場となった〔ファン・ダンスとは、大きなダチョウの羽の扇を使ったダンスのこと〕。この建物は現在、この町のもっとも美しいコンサート劇場のひとつであるグレート・アメリカン・ミュージック・ホールとなっているが、裏通りに回れば、ブランコスというかすれた文字がレンガに残っているのが見えるだろう。このメニューに、前の章で触れたフランス語もどきがあるのに注目してほしい（「Celery en Branch」や綴りに間違いのある「Parissienne」、突飛なアクセント記号など）。

アントレとローストのあいだにあるピスコ・パンチとは、一九世紀のサンフランシスコを象徴する飲み物だった。ピスコ・ブランデー、レモン果汁、パイナップルのシロップからできていて、「知らぬ間に効いてくる飲み物で、当時はこのせいで南米諸国の政治家たちが免職されたり、女性たちが様々な興味深い活動分野で世界記録を樹立したりした」と、カクテルの歴史研究家デイヴィッド・ウォンドリッチが後の著書で描写している。ピスコ・パンチは、モンゴメリー・ストリートとワシントン・ストリートの交差点にある、かつて「バンク・エクスチェンジ」と呼ばれたバーで考案され人気となった。この店は一九〇六年の地震を生き延びたが、今ではトランスアメリカ・ピラミッドというビルがこの地に建っている。

それから三〇年がたつ頃には、アントレという単語の意味範疇が少し広くなっていた。一九三〇年代のアメリカのメニューでは、この単語はまだ、ローストとは異なる十分な量の「手の込んだ」肉料理という古典的な意味で使われていた。今では魚料理が含まれることもあるが、その時点で特定の順序で出てくる料理という意味は失われた。

第二次世界大戦後にはアントレの指す範疇がまたもや広がり、〝ローストや魚料理とは別物〟という意味が失われ主菜全般を指すようになった。太平洋を見下ろすランズエンドの絶壁に建つ「ワールド・フェイマス・クリフ・ハウス」の一九四六年の主菜メニューを見ると、「スズキの切り身のグリル、パセリバター添え」がアントレのひとつに挙がっている（「クリフ・ハウス」はまだその場所にあるが、その下にある、海水を引いた巨大なスイミングプール施設として一八九六年に富豪で人民主義者のアドルフ・スートロが建築したスートロ・バスの跡地には、今では波が打ち付けている。私たちは若い頃、ロマンチックな霧の立ちこめる真夜中にこの跡地をこっそりと散策し、断崖へと抜け出る長い真っ暗なトンネルを歩いたものだった）。一九五六年には、アントレは肉の入っていない料理にも使われるようになった。実際その年、フィッシャーマンズ・ワーフにある「アリオトス」では、カニ肉のカクテル、スープまたはサラダ、アントレ、デザートからなる「フィッシュ・ディナー」が提供されていた。

一九五〇年頃のアメリカの食事は、アペタイザー、アントレ、デザート、場合によってはサラダかスープを追加した現代風の三品からなるコースが標準的になっていた。

フランスではどうだろう。アントレという単語のフランス語での使われ方を見てみると、エスコフィエの一九二一年刊『料理の手引き（*Le Guide Culinaire*）』（『エスコフィエフランス料理』柴田書店）では、なおも伝統に沿った使い方がされていた（標準的な順序にのっとりローストの前に出される「調理した」温かい肉料理）。エスコフィエは、アントレには今なら主菜とみなすような獣肉や家禽肉料理のほぼ全般が入るとしている。具体的には、ステーキ（牛のロースかヒレ肉、トゥルヌドー

（牛ヒレ肉に脂を円筒形に巻き付けて糸でしばり焼いた料理）、カスレ（豚肉や羊肉などと白インゲンの煮込み料理）、仔羊や仔牛のカツレツ、ハム、ソーセージ、仔羊脚（もも肉）の煮込み、鶏の煮込みまたはソテー、ハトかシチメンチョウ、ガチョウの煮込み、フォアグラとなる。エスコフィエはアントレのレシピを五〇〇ページ以上にわたり記している。ローストの項目に分類されるのは家禽と小型の狩猟獣だけで、わずか一四ページに収まっている。

　したがってアントレがフランスにおいて、古典的で量がたっぷりある主要な肉料理から現代風の最初に出てくる軽い一品に変化したのは、一九二一年から一九六二年のあいだにちがいない。一九六二年にはジュリア・チャイルドが、キッシュ、スフレ、クネルなど軽い料理のレシピをアントレとして書いていたからだ。フランス料理の百科事典である『ラルース料理大事典（*Larousse Gastoronomique*）』（『新ラルース料理大事典』同朋舎メディアプラン）の現在の版にも、これと同様の軽い料理が典型的なアントレとして掲載されている。

　じつは『ラルース料理大事典』の古い版、それも一九三八年初版をひもとくと、アントレの定義についてより深く理解できる。

> この単語は、多くの人が考えるような食事の最初に出てくる料理を意味するものではない。食事の順序で言えば、アントレは魚料理の後（あるいは魚料理に代わる料理の後）に出されるルルヴェ *relevé* の次の料理であり、したがって全体の三番目にくるものである。

まるで言葉の変化に難癖をつける「言語通」ではないか（武器を取れ《オザルム》！　フランスの大衆は、*entrée* を間違って使っているぞ！）。こうした言語通は、かなりたくさんいたと思われる。なぜなら、言語の専門家のみならず料理の専門家までもが、語彙や発音、文法に文句をつけていたからだ。こういう人たちのおかげで言語史家はとても有益な情報を得られる場合がある。文法学者は言語の変化が広く浸透するまでは文句を言わないからだ。ともあれアントレの一般的な用法について言えば、一九三八年当時のフランスでは、たいてい「最初の一品」を指していたと確信できるだろう。

ここでおさらいしておこう。アントレという単語はもともと（一五五五年）、食事の最初に出される一品で、量のたっぷりある温かい「調理された」肉料理で通常はソースがかかっていた。その後、スープと魚料理の後で家禽のローストの前、つまり三番目に出される料理を指すようになった。アメリカでは十分な量のある肉料理という意味は残っていたが、ローストや魚料理とは別物という概念が消えていった。アメリカにおけるアントレという単語はもはや魚料理やローストとは別の物を指すことはなく、単なるひとつの主菜を意味するようになった。

フランスでこの単語は、一九三〇年代には卵や魚介類の軽い料理を意味するものへと変化し、もっぱらオードブルやアントルメなどの以前からある用語の意味にどんどん近くなっていった。この変化の背景にはおそらく次のようなことがあったのだろう。フランス語の文字通りの意味（「入る、入口」）が、フランス語を使う人たちにはまだはっきりと透けて見えていた。そのため、多くのフランス人たちが複数の品が出されるコース料理を食べるようになるにつれ、この単語そのものが、最初の一品、入口の一品という意味合いを帯びるようになったのかもしれない。そういうわけで、フランスとアメリカのどちらにも、この単語の元来の意味の一部が残っている。フランスでは「最初の一品」という側面が（実際には一六五一年にはすたれたのだが）、アメリカでは「主要な肉料理」という側面が残り、五〇〇年間この単語の主要な意味であり続けている。

こうした移り変わりから、言語の変遷についての深い教訓が引き出せる。私たちは言語の変遷を厳しく取り締まるよう執拗に教え込まれている。まるで新しい言葉遣いを、無知な人が愚かさから、あるいは悪意から使うようになった不自然なものだとでもいうように。しかし言語学の研究によって、言語が時間をかけて徐々に変化していくと、その言語の明快さや効率性の著しい向上につながることがままあると実証されている。アントレの場合もまさしくそうだった。フランスとアメリカの人々はどちらも『ラルース料理大事典』の一九三八年版に書かれた文句を上手に無視した。アントレの意味を、昔の貴族の食事様式において三番目に出される料理という曖昧なものから、前菜（フランス）もしくは主菜（アメリカ）という有用な用語へと変えていったのだ。

現在のアントレの用法はどうだろう。サンフランシスコの家の間口の狭さや密集具合の利点のひとつに、レストランがたくさん集まっていて、ミッション・ストリートを少し歩けばこの疑問にすぐに答えられるということがある。そこで私は、自宅から数区画内にある五〇のレストランのメニューを調べ上げた（メキシコ料理、タイ料理、中華料理、ペルー料理、日本料理、インド料理、エルサルバドル料理、カンボジア料理、サルデーニャ料理、ネパール料理、イタリア料理、ヨルダン料理、レバノン料理、バーベキュー、南部料理、さらには、中華料理とペルー料理を融合させたローストチキン、日本風とフランス風を混ぜ合わせたパン屋、インド風ピザなど）。アントレという単語が使われていたレストランは、わずかに五つだけだった。当然ながらアジア料理やラテンアメリカ料理ではなく、主にヨーロッパ風アメリカ料理の店だった。

エスニック料理のレストランの数が膨れ上がり、アメリカにおいてアントレなどのフランス語から社会的な高級さを示す標識としての意味合いが薄れていくことは、社会学者たちが「文化的雑食性（cultural omnivorousness）」と呼ぶ、食べ物、音楽、芸術に見られる一般的な傾向の一部である。以前のハイカルチャーはもっぱらクラシックやオペラ、高級フランス料理やワインなど、限られた

「アントレ」が使われる頻度

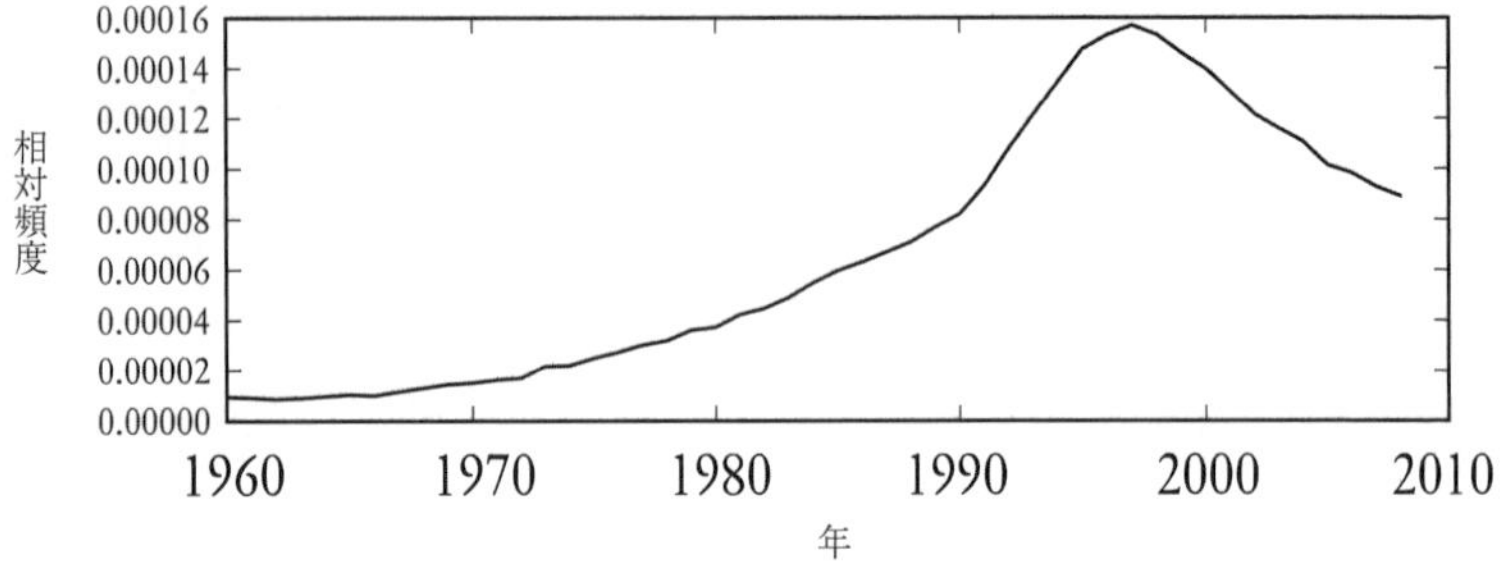

「本格的」なジャンルのものと定義されていた。しかし現在のハイカルチャーの雑食者は、一九二〇年代のブルースや一九五〇年代のキューバのマンボ、あるいはカルヴィン・トリリンなどの作家が擁護するエスニック料理や郷土料理の愛好家でもある。ステータスの高さを示すものは今や特別なフランス語を知っていることだけではなく、様々な種類のイタリアのパスタの名前が言えることや、本物のエスニック料理の良さがわかること、最高の魚醤がどこで見つけられるかを知っていることなのだ。ポテトチップの宣伝でさえ、こうした本物志向をくすぐってくる。

文化的雑食性という概念は、前の章でくわしく説明したような、メニューの高級さを示すためにフランス語もどきを使う慣習が衰退していった理由を明らかにしてくれる。この雑食性の影響によりアントレという単語は、メニューだけでなく本や雑誌でも使われなくなりつつあるのだろう。インターネット上のリソースであるGoogleのN-gramコーパスは本や雑誌、新聞における単語の頻出度を時系列的に計測するのにとても有用である。それによると、「アントレ」が使われる頻度が一九七〇年代から一九八〇年代にかけて上昇し、一九九六年からは下降していることがわかる〔上のグラフ〕。

アントレが使われなくなっているのなら、その代わりに何が使われているのだろう。「主菜」が使われるメニューもあれば、イタリア料理の店では「セコンディ」〔secondi、二番目という意味〕がよく使われ、フランス料理の店では「プラ」〔plat、皿・料理の意味〕となるのだろう。しかし新しいレストランでもっとも多く見られる答えは、何もない、だ。アペタイザーやアントレは何の説明もなしに料理名だけが書かれており、客のほうが見当をつけなければならない。第1章にあったような、情報が少ないほどよいという暗黙の了解と同じことだ。高級レストランでは料理がアペタイザーなのかアントレなのか、ぱりっとしているのかふんわりしているのか、さらには何の料理が出てくるのかさえ、文字通り、あえて言うまでもないことなのだ。

アントレからは、アラン・デヴィッドソンが思うよりも多くのことがわかる。ルネサンス時代の豪勢な食事の構造から、ステータスの高さを示す標識としてのフランス語の初期の役割、さらには最近になってフランス語が料理の格式を示す唯一の言語としての地位を失い、文化的雑食性や語らないことで巧みにステータスの高さを示すという手段に取って代わられた点まで、料理のステータスにかんする歴史の全容が簡潔に要約されている。

だが、フランス語のステータスの高さがまったく失われたわけではない。ポールと私は無意識のうちにフランス語の意味こそが「正しい」と決めつけていた。実際に正しいのは、アントレという単語を借りてきて、量の多い肉料理というルネサンス時代における意味を保ち続けたアメリカのほうなのに。

次の章では、何千年も前の意味の一部を保ちつつも、意味の移り変わりが社会のさらに大きな変容を映し出している、ある単語について考えよう。

第3章　シクバージから天ぷらへ

ネイティブアメリカンのオーロニ族が、湾内で繁殖していた豊富な牡蠣やアワビ、カニを獲って食べていた時代から、サンフランシスコは魚介類に恵まれた土地だった。ここに最初にできたレストランは主に中華料理を出す店で、リンコン・ヒルの南にある浜辺の中国人漁師村から漁に出た、セコイア材でできた漁船のサンパン〔中国や東南アジアで用いられる小型の木造平底舟〕で獲った魚を調理していた。「タディッチ・グリル」（一八四八年にクロアチア移民が開いた店）は二〇世紀の初めから、メスキート・グリル〔メスキートという名の木を材料とした薪やチップでグリルする手法〕というクロアチアの調理法で魚を料理しており、バーナル・ヒルのふもとにある「オールド・クラム・ハウス」は、まだここが海岸沿いの土地で、街中と桟道でつながっていた一八六一年からクラム・チャウダーを出していた。サンフランシスコに住むイタリア人家庭では、一九世紀からアメリカイチョウガニが感謝祭やクリスマス・イブのチョッピーノ〔魚介類をトマト、赤ワイン、香辛料などで煮込んだ料理〕に使われていた。

それからセビーチェ *ceviche* だ（seviche、cebiche などの綴りもある）。魚介類をライムと玉ネギでマリネにしたぴりっとした味の料理で、ペルーの国民食となっている。ペルー人がこの味をサンフランシスコにもたらした。彼らはまた、ピスコ・パンチの材料であるピスコも持ち込んだ。ペルー人は一八五〇年代からサンフランシスコに住んでいる。テレグラフ・ヒルの南側のふもとにある、今ではジャクソン・スクエアと呼ばれる地区が当時はリトル・チリと呼ばれており、ゴールドラッシュでこの地に引き寄せられたチリ人やペルー人、ソノラ出身の人々が集まっていた。まだ大陸横断鉄道が敷設される前のことで、バルパライソ〔チリ中部の港市〕やリマ〔ペルーの首都〕を出た船が、金鉱地へと男たちを送り込み始めた頃のことだった。チリ人やペルー人の鉱夫たちは、アンデス山脈の広大な銀鉱山で習得した乾式採鉱法や「チリ・ミル」〔二つの臼を回転させて鉱石を粉砕する機械〕のような技術を導入した。アンデスの銀山では、初の国際通貨であるスペイン銀貨、別名「ピース・オブ・エイト」〔当時のスペイン・レアル硬貨の八倍の価値があったことから、八枚分の硬貨を意味する名称〕が製造されていた。現在のサンフランシスコにはセビーチェを出す店がたくさんある。近所のこぢんまりとした名店から、海を見下ろす白い外壁のダイニングルームまで、どの店が一番かを楽しく議論して自力で見つけた店ばかりだ。

セビーチェとはどんな料理なのか。スペイン王立アカデミーの辞書『*Diccionario de la lengua española*』には、*cebiche* が次のように定義されている。

> 生の魚介類をさいの目に切り、ライムまたはサワー・オレンジの果汁、さいの目に切った玉ネギ、塩、トウガラシでマリネした料理

ペルーではアジアマリロ（ペルー産の黄色いトウガラシ）を使い、トウモロコシと、ジャガイモかサツマイモを添えることが多い。

じつはセビーチェについては、イギリスのフィッシュ・アンド・チップスから日本の天ぷら、スペインのエスカベーチェまで、多数の国々の魚介料理と歴史的なつながりがあることがわかっている。

この後に出てくる料理も含めて、これらの料理はすべて外国から伝わったものであり、一五〇〇年以上も前にペルシアの王が好んだ料理から直接派生したものであることが判明している。

物語は六世紀中頃のペルシアに始まる。ホスロー一世アヌーシールワーン（五〇一〜五七九年）は、ササン朝ペルシア帝国のシャーハーンシャー（王の王）だった。ササン朝はイランとイラクを中心とし、西は現在のアルメニア、トルコ、シリアから、東は現在のパキスタンの一部にまで広がっていた。この時代はペルシア文明が隆盛を極めていた。メソポタミア（今のイラク、古代バビロニア）のチグリス川岸にある首都クテシフォンはおそらく当時世界一の大都市であり、壁画が有名で音楽と詩、絵画の中心地だった。国教は厳密にはゾロアスター教だったが、この都市ではユダヤ人の学者がタルムード〔ユダヤの律法と解説〕を執筆したり、プラトンやアリストテレスの著書がペルシア語に翻訳されたり、バックギャモンのルールが初めて記述されたりしていた。

この肥沃な三日月地帯は広範な運河によって灌漑《かんがい》され、さらにホスロー一世がこれを大幅に拡大した。ペルシアは世界経済の中心であり、自国の真珠と織物を輸出し、中国の紙や絹、インドの香辛料、チェスの原型となるインドのゲームを持ち帰り、ヨーロッパに輸出していた。

ホスロー一世の時代にインドからもうひとつ取り入れたのが『パンチャタントラ』〔古代インドのサンスクリット説話集〕である。紀元前二〇〇年頃にサンスクリット語で書かれた動物の寓話集で、ペルシア人医師ブルズーヤが持ち帰り、ペルシア語に翻訳した。この物語を下敷きにして『千夜一夜物語』や、フランスのジャン・ド・ラ・フォンテーヌの寓話などが書かれた。ブルズーヤのインドへの旅そのものにも逸話があり、ペルシア民族の叙事詩「シャーナーメ」〔岡田恵美子訳、岩波文庫『王書』に抄訳あり〕に記されている。ブルズーヤがホスロー一世に、死体に振りかけると生き返るという薬草を魔法の山から採取したいのでインドへの旅を許可してほしいと申し入れた。ところがインド

ホスロー王と学者のブルズーヤ。『パンチャタントラ』の、カプトのヨハネによるラテン語訳を1483年にドイツ語に翻訳した『*Das buch der weißhait*（知恵の書）』より。

に到着したブルズーヤは、賢人から、死体は「無知」であり、薬草は「言葉」であり、山は「知識」であると明かされた。無知を治せるのは書物に記された言葉だけというわけで、ブルズーヤは『パンチャタントラ』を持ち帰ったのだ。

クテシフォンははるか昔に消失したが、これから説明するように、ホスロー一世の好物は今なお残っている。彼はシクバージ *sikbāj* と呼ばれる、甘酸っぱい牛肉の煮込み料理が好きだった。*sik* は「酢」を意味する中世ペルシア語である。シクバージはものすごくおいしかったにちがいない。なぜなら歴代の王や妾たちが三〇〇年以上ものあいだこれを好み、様々な物語で讃えたからだ。ある言い伝えでは、ホスロー一世が大勢の料理人をそれぞれの厨房に送り込み「各人にて最高の料理を作れ」と命じたという。全員が王の好物であるシクバージを作ったと聞いても驚きはしないだろう。

イスラム勢力の拡大とともにササン朝は崩壊し、七五〇年にはアッバース朝が、メソポタミアのかつてペルシア帝国があった場所に成立した。アッバース朝は、クテシフォンから三〇数キロメートルの距離にあった以前はバグダードと呼ばれた市場町に、「平和の都市」を意味するマディナ・アル・サラームという名の都市を建設した。ササン朝文化の影響を色濃く受けたアッバース朝では、ペルシアで修行を積んでシクバージの作り方に精通した料理人が雇い入れられた。この料理は、ハールーン・アッ＝ラシード（七八六〜八〇九年）など新しい支配者たちに好まれるようになった。私は『千夜一夜物語』のハールーン・アッ＝ラシードの物語が好きだ。なかでも夜中に変装してバグダードの町を大臣のジャアファルとともに忍び歩き、民衆の不平不満に耳を傾ける話が気に入っていて、こうした冒険のいくつかはシクバージを心ゆくまで食べた後の出来事なのだろうと想像している。実際、アッ＝ラシード王の食したシクバージなどの料理のレシピが、イブン・サッヤール・アル＝ワッラクが九五〇年から一〇〇〇年あたりに編纂した、アラビア語で書かれた現存する最古の料理書『*Kitāb al-Tabikh*（キターブ・アッ＝タビーハ）』〔料理の書〕に記されている。ホスロー一世が食べていたとアル＝ワッラクが伝える、六世紀のペルシアのレシピを紹介しよう。ナワル・ナスラッラーによる翻訳を多少短くしてある。

肉の酢の煮込み（シクバージ）

牛肉4ポンドを洗い、鍋に入れ、甘酢をかけ、おおむね煮えるまで三回沸騰させる。酢を捨て、仔羊肉4ポンドを加え、新鮮な稀釈していない酢を肉が隠れるくらい入れ、再び沸騰させる。

鶏肉1羽を洗い、ばらばらにして鍋に加える。新鮮なクレソン、パセリ、シラントロ、ヘンルーダの欠片少々、シトロンの葉20枚を入れる。肉に火がほぼ通るまで煮込む。葉はすべて捨てる。

太ったひな鶏4羽をよく洗って加え、もう一度沸騰させる。挽いて粉にしたコリアンダーとタイム、ミントを3オンス、1オンスのニンニクを丸ごと（つまようじに刺して）加え、すべてが煮えるまで火にかける。

最後に、ハチミツか砂糖シロップ（先に使った酢の四分の一の量）、挽いたサフラン6グラム、挽いたラビッジ2グラムを加える。火を止め、鍋の中身がふつふつと煮え、泡が収まるまで待つ。

鍋をコンロから下ろし、大匙ですくう。神のおぼしめしがありますように。


シクバージの詳細はレシピによって異なるが、いずれにしても具だくさんの牛肉の煮込み料理だ。鶏や仔羊が入ることも多く、たくさんの種類の香草と、ときにはいぶした木のチップで風味付けをして、必ず大量の酢で漬けてある。ぴりっとした風味のある酢は、バビロニアの時代から優れた保存料としても知られていた（酢酸には抗菌力があり、サルモネラ菌や大腸菌を殺す）。シクバージは実際に、さらに古い時代に同じ地域で作られていた酸っぱい肉の煮込み料理が形を変えたものであるようだ。一九八〇年代、アッシリア学者のジャン・ボテロが世界最古のレシピ集を翻訳した〔『最古の料理』松島英子訳、法政大学出版局〕。そのレシピは、バグダードから南にわずか九〇キロメートル弱のところにあったであろうバビロンで、紀元前一七〇〇年にアッカド人によって何枚もの粘土板に書き記されていた。イエール料理タブレットと呼ばれるこれらの粘土板に書かれた肉の煮込み料理のレシピでは、酢やいぶした木片、ヘンルーダのような香草などを同様に使っている。このことから、シクバージは数千年にわたってメソポタミア南部で作られていたこの地方特有の煮込み料理のひとつである可能性が高い。

シクバージは速やかにイスラム世界を席捲した。おそらく船乗りたちが好んだ食べ物だったからだろう。彼らはふつうの人々よりも保存食に頼ることが多いからだ。九世紀のカリフ、アル＝ムタワッキルが、あるとき廷臣や歌手たちを従えてバグダードの運河を見下ろすテラスに座っていると、近くの船からシクバージを料理するおいしそうなにおいが漂ってきた、という言い伝えがある。カリフは料理の入った鍋を持ってくるように命じ、そのシクバージにたいそう満足したため、鍋にお金をぎっしり詰めて船乗りに返したという。

肉ではなく魚のシクバージを最初に作ったのは、こうした船乗りだったのかもしれない。魚のシクバージについて初めて言及したものが、ペルシア人船長のブズルグ・イブン・シャフリヤールの集めた物語集『インドの不思議（*Kitāb 'Ajā'ib al-Hind*）』〔藤本勝次ほか訳注、関西大学出版・広報部〕にある。これにはイスラム帝国（アッバース朝）やインド、中国で交易に携わっていた、イスラム教徒やユダヤ人の商船乗組員たちの空想物語が収められている。ある物語の舞台は九一二年で、ユダヤ人商人のイサク・ビン・イェフダが支配者への贈り物にしようと、黒く美しい磁器の壺を持ってオマーンに帰国した。「中国からシクバージを持ち帰りました」とイサクは言った。支配者が保存のきくシクバージでもそこまで長くもつことはあるまいと疑うと、イサクは蓋を開け「第一級品の麝香《じゃこう》に包まれた」金色の体をして真紅の目をもつ魚がびっしり詰まっている中身を見せた。

この物語から、一〇世紀にはすでに魚のシクバージが作られていたらしいとわかる。魚のシクバージの最初のレシピはもう少し後の一三世紀、中世の時代にエジプトの料理書『*Kanz Al-Fawa'id Fi Tanwi' Al-Mawa'id*（様々なテーブル構成のための有用な助言の宝庫）』にようやく現われた。ここに書かれたシクバージは、小麦粉をまぶしてから揚げた魚に、酢とハチミツと香辛料で味付けをしたものだ。リリア・ゾウアリが優れた著書『*Medieval Cuisine of the Islamic World*（イスラム世界の中世の料理）』に英訳して収めたレシピを紹介しよう。

魚のシクバージ、一三世紀エジプト

新鮮な魚数尾と、酢、ハチミツ、アトラーフ・ティブ［香辛料のミックス］、コショウ、玉ネギ、サフラン、ゴマ油、小麦粉を準備する。

魚を洗い何切れかに切り、小麦粉をまぶしてゴマ油で揚げる。揚げあがったら、油から取り出す。玉ネギを薄切りにし、ゴマ油であめ色になるまで炒める。

すり鉢でコショウとアトラーフ・ティブをすりつぶす。酢とハチミツにサフランを溶かし香辛料に加える。［ソースが］できたら魚にかける。

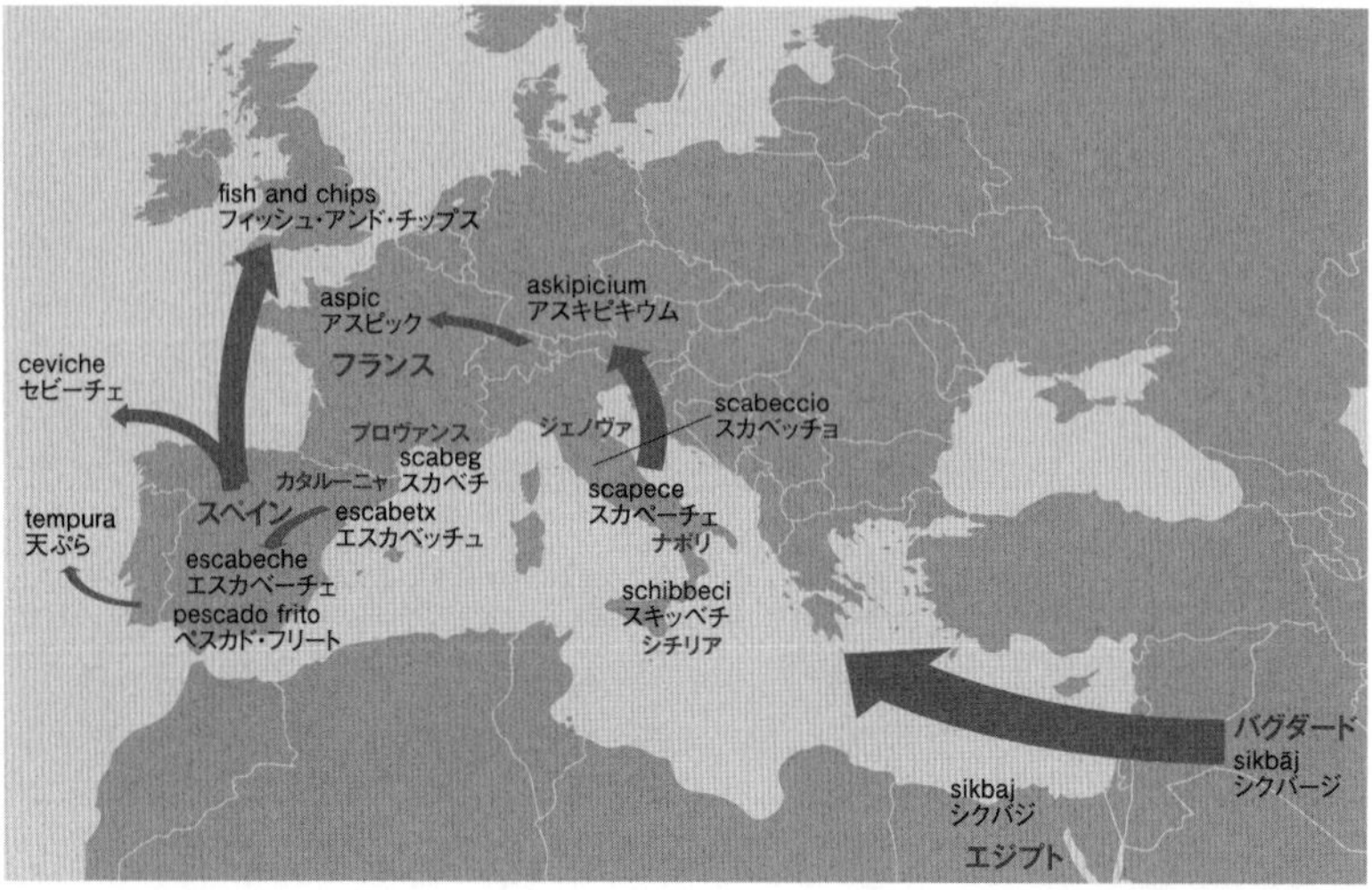

シクバージのたどった旅路

レシピは地中海の港をつたって西へと広がり続け、それにつれ、料理の名前とレシピも変容していった。一四世紀初期には、カタルーニャ語でエスカベッチュ *escabetx* というレシピがあった。カタルーニャ語は、スペイン北東部で話されているロマンス語である。一四世紀の終わり頃には、フランスの南西部にスカベチ *scabeg* のレシピがあった。これはフランス南部のプロヴァンス地方で話されていた中世の言語、オクシタン語だ。その後イタリアでは、シチリア語（スキッベチ *schibbeci*）、ナポリ語（スカペーチェ *scapece*）、ジェノヴァ語（スカベッチョ *scabeccio*）というそれぞれの方言に、同様のレシピの名前が認められた。

　これらの地域のいずれにおいても、この料理名は魚を揚げたものを指している。たとえば一三〇〇年代前半にカタルーニャ語で書かれた料理の本『セント・ソヴィ（聖ソフィア）の書』には、*Si fols fer escabetx*（エスカベッチュを作りたいなら）という名のレシピがあり、細かく刻んで団子状に丸めた魚を揚げ、玉ネギと酢と香辛料で作ったソースをかけて冷たくして食べると書かれている。一方、バグダードやスペインなどイスラム教の地域では、『キターブ・アッ＝タビーハ』などの料理書でシクバージはたいてい、肉を酢で煮込んだ料理と記されていた。

　なぜロマンス語の地域では、肉よりも魚のシクバージがこれほど広まったのだろうか。ひとつの手がかりは地理にある。スカペーチェやスカベチなどはどれも、地中海の港で使われていた名称であり（フランスなら北部ではなく南部、イタリアなら内陸部ではなく沿岸部）、シクバージを広めていっていたのが船乗りだとする説と一致する。

　だが一方ではイタリアとフランス、もう一方ではスペインとバグダードという地域を比較すると、イタリアやフランスでシクバージを食べるのはキリスト教徒だったという大きな違いがあった。中世のキリスト教徒には、とても厳しい食事の制限が課せられていた。四旬節《レント》（復活節の準備として四〇日間行なわれる断食や改悛）の期間中に加え、毎週金曜日、ときには土曜日や水曜日、さらには四季の斎日など多数ある断食の日には、肉、乳製品、卵を口にしない。中世の食べ物を研究するメリッタ・アダムソンは、中世における断食の日数はほとんどのキリスト教徒にとって一年の三分の一以上にのぼったと推定している。料理の本にはこうした長く続く断食の期間中に食べる魚料理のレシピがたくさん収められていた。時代は下り一六五一年になっても、ラ・ヴァレンヌの有名な料理書『フランスの料理人（*Le Cuisinier François*）』は、肉料理のレシピ、四旬節のレシピ、金曜日など四旬節以外の断食日向けの「脂肪の少ない」レシピの三部に分かれている。

　シクバージから派生した魚料理が港から港へと旅をしているあいだ、キリスト教徒が引き継いだ煮込み料理のシクバージはさらに形を変えた。一四世紀にアラビア語で書かれた料理書や医学書がラテン語に翻訳され、イタリア人学者のアンナ・マルテロッティが解説するように、アッ＝シクバージ

*al-sikbāj*というシクバージの略さない名称がアシクピキウム*assicipicium*やアスキピキウム*askipicium*などと訳されるようになってきた。中世の医学書では、しばしばブロス〔肉や魚を煮出して作ったスープ〕の薬効性について書かれており、ラテン語の医学書では冷製シクバージのスープがとりわけ注目されていた。シクバージが冷めると、酢の入ったスープがゼリー状になる。アシクピキウム*assicipicium*がフランス語でアスピック*aspic*になり、これは現在でもゼリー状に固まった冷たい煮汁を意味する。

一四九二年には、国土回復運動《レコンキスタ》によってキリスト教の影響がスペインやポルトガルにまで拡大した。一五二〇年に出版されたロベルト・デ・ノラの『*Llibre del Coch*（料理の本）』など、キリスト教圏に隣接したカタルーニャの料理書がスペイン語に翻訳されるようになり、多数の魚介類を指す単語やその他の料理用語がスペイン語に取り入れられた。そのなかのひとつが、新しいスペイン語の単語エスカベーチェ*escabeche*だったと思われる。一方シクバージから派生した他の料理が、スペインで出版されたアラビア語の料理書に別の名前で登場した。そのなかには一二世紀のエジプトで食べられていたシクバージにとても近い、これもまた揚げた魚のレシピがあった。「衣つき魚」と呼ばれる、香辛料を混ぜた卵の衣を魚につけて油で揚げ、酢と油をからめて食べる料理だ。

こうして一五〇〇年代初めのスペインとポルトガルには、様々な種類のシクバージから派生して近しい関係にある、揚げた魚に酢をかけ通常は冷たくして食べる料理が数多くあった。エスカベーチェならパン粉や衣はつける場合もつけない場合もあるが、まずは魚を揚げて酢と玉ネギに漬ける。ペスカド・フリート*pescado frito*なら玉ネギは使わず、必ず衣をつけてから魚を揚げ、酢をかけ冷たくして食べる。

シクバージはこうしてヨーロッパの西端に到達した。だがその旅は終わらなかった。一五三二年から一五三三年にかけて、スペインのエストレマドゥーラ出身の征服者、フランシスコ・ピサロ・ゴンザレスが軍隊を率いてペルーを征服した。ピサロの兵士たちは玉ネギや柑橘類（ライム、レモン、サワー・オレンジ）など多くのヨーロッパの食べ物をペルーに持ち込んだが、同時にジャガイモやトウモロコシなど、現地の食べ物もたくさん発見した。彼らはおそらくエスカベーチェの一種である、酢の代わりにオレンジ果汁を用いた料理を現地にもたらした（初期のスペイン語の辞書である、スペイン王立アカデミーの『*Diccionario de la lengua castellana*』の一七三二年版には、柑橘類がエスカベーチェでの代替材料として使われることがあると書かれている）。

　エスカベーチェ。魚などの珍味を保存するために白ワインもしくは酢、ベイリーフ、切ったレモン、その他の材料を使ったソースもしくはマリネ液。

スペイン人たちは、魚とカタツムリのような軟体動物を食べるモチェ族など、沿岸部に住む土着の民族に遭遇した。ピサロの兵士のひとり、グティエレス・デ・サンタ・クララ（一五二二〜一六〇三年）は、「この沿岸部のインディアンは（中略）川や海で獲った魚をどれも生のまま食べる」と記録している。

　ペルーのある地方の言い伝えによると、モチェ族は生の魚にトウガラシで味付けをしていたらしい。したがって現在のセビーチェ（魚、ライム果汁、玉ネギ、トウガラシ、塩で作る。次のレシピを参照）はおそらく、モチェ族の伝統からトウガラシと生の魚を、スペインのエスカベーチェから玉ネギとライムまたはサワー・オレンジを引き継いで組み合わせた混血料理なのだろう。たいていの学者（ペルー人歴史家のファアン・ホセ・ヴェガや、スペイン王立アカデミーの辞書）はセビーチェ

*ceviche*という単語を、確かなことはわからないが*escabeche*を短縮したものに由来するとみなしている。この単語が記録に登場するのはそれから三〇〇年近くたった一八二〇年のことで、歌の歌詞に*sebiche*という綴りで記されていた。

セビーチェ

魚1ポンド（レッドスナッパーかオヒョウ）を½から¾インチ角に切る
赤玉ネギ½個を薄く切る
とれたてのキーライムの果汁を⅓カップと大さじ1
魚の煮汁¼カップ
アジアマリロ（ペルー産の黄色いトウガラシ）のソースを小さじ2
刻んだシラントロの葉を小さじ2
みじん切りにしたハバネロ1個
塩小さじ¼（好みに応じて）

中くらいのボウルのなかで玉ネギをライム果汁に漬け、冷蔵庫で冷やす。そのあいだに魚の煮汁、アジアマリロのソース、挽いたコショウ、塩、シラントロを小さな瓶のなかで混ぜてそのままにしておく。食卓に出す一五分前に、切った魚をライム果汁と玉ネギとしっかり混ぜてマリネにして、冷蔵庫で一〇分から一五分寝かす。それからライム果汁と魚の入ったボウルに魚の煮汁を混ぜたものを加え、しっかり混ぜる。薄く切ったサツマイモ、ゆでたチョクロ〔ペルー産の巨大トウモロコシ」の粒、もしくはカンチャと呼ばれるペルー産トウモロコシを乾燥させて炒ったものなどを添える。

ピサロがエスカベーチェをペルーにもたらした頃、シクバージから派生したもうひとつの料理であるペスカド・フリートが、ポルトガルのイエズス会によって日本に持ち込まれた。ポルトガル人は一五四三年に初めて日本に到来し、長崎ににぎやかな居留地を作った。ここにイエズス会の宣教師らが暮らし、ポルトガル人商人たちが植民地のマカオから仕入れた中国の品物を売買した。一六三九年頃に完成した、ポルトガル料理とスペイン料理のレシピが日本語で書かれた『南蛮料理書』に、衣をつけて揚げた魚のレシピが載っていた。この本には砂糖菓子や焼き菓子のレシピもあり（日本語の「パン」や様々なケーキ、砂糖菓子の名前はポルトガル語に由来するものが多い）、明らかにペスカド・フリートの一種と見られる次のレシピもあった。

魚料理

どの魚を使ってもよい。魚を薄く筒切りにする。小麦粉をまぶして油で揚げる。その後、クローヴの粉末とすりつぶしたニンニクをちらす。好みのだし汁を作り、とろ火で煮込む。

一七五〇年頃、この料理は日本語で天ぷらと呼ばれていた。日本食研究家のエリック・C・ラスは、この名前は *temporari* からきているのではないか、と述べている。これは一六三九年の『南蛮料理書』に掲載された類似の料理の名前であり、六種類の香辛料（黒コショウ、シナモンとクローヴの粉末、ショウガ、ニンニク、玉ネギ）を使って揚げた鶏肉をだし汁に漬けて食べるものだ。この単語はポルトガル語の名詞 *tempero*（調味料）と、それに関連した動詞の *temperar*（調味する）から作られたもののようである。

スペインやポルトガルの征服者《コンキスタドール》やイエズス会の修道士、商人たちがアジアや新世界へと旅していた頃、もうひとつの集団がスペインとポルトガルを出発した。それは両国から追放されたユダヤ人だった。こうしたセファルディム〔スペイン・ポルトガル系ユダヤ人〕の多くは、まずはオランダに移動し、それからイギリスに渡った。一五四四年、ユダヤ人であることを隠して暮らすポルトガル人医師のマヌエル・ブルードが、ヘンリー八世時代のロンドンでポルトガル人移民たちが揚げた魚を食べていたと書き記している。一七世紀と一八世紀にイギリスでユダヤ人追放令が廃止されると、ユダヤ人社会が拡大し、揚げた魚の料理がユダヤ人とともに広まっていった。

一七九六年にはイギリスで出版されたハンナ・グラッセの『*The Art of Cookery, Made Plain and Easy*（平易で簡単な料理の技法）』に、衣をつけて揚げた魚に酢をかけた冷製の料理が収録された。そのレシピを紹介しよう。

The Jews Way of preserving Salmon, and all Sorts of Fish.

ユダヤ人による、サケとその他あらゆる魚の保存法

サケやタラなど大きな魚の頭を落とし、きれいに洗って薄く切る。布で水気をよく拭き取り、小麦粉をまぶして卵黄に浸し、十分な量の油でこんがりと火がよく通るまで揚げる。油から取り出し、十分に油が切れて冷めるまで置いておく。（中略）最高の白ワインビネガーで作った漬け汁を準備し、よく冷ましてから魚にからめて、最後に油を少したらす。これで一二カ月は十分にもつ。油と酢をからめて冷たいまま食べる。東インド諸島まで持っていっても保存がきく。

レシピの最後の文から、もともとこの料理が船乗りに好まれて、地中海沿岸にこれほど速やかに広まった理由が思い起こされる。魚のシクバージとそれから派生した料理は、海で容易に手に入る材料で作られ、長期間保存できたのだった。このレシピの場合、酢に含まれる酢酸の抗菌力で保存されていた。酢は冷蔵庫が発明されるまでの時代にはとても便利なものだった。次の章で見るように、船乗りという要素と食品保存の必要性が同じ方向に働いて、アジアの塩漬け魚がケチャップと鮨《すし》へ、さらには間接的にカクテルへと発展していった。

一九世紀初めには、ユダヤ人がこの冷たい揚げた魚をロンドンの街角で売り始めた。一八三八年に連載の始まった『オリヴァー・ツイスト』で、ディケンズはロンドンのイーストエンドにある揚げた魚の店について描写している。「フィールド・レーンの界隈《かいわい》は狭かったが、床屋もコーヒー店も、ビアホールもフライド・フィッシュの店もあった。ここ自体が商店街であり、けちな盗みの中心地なのだ」

一八五二年、ロンドンのグレート・シナゴーグ〔ユダヤ教の礼拝堂、一九四一年に爆撃により倒壊〕の記事を担当した《タイムズ・オブ・ロンドン》紙の記者が、なじみのない「フライド・フィッシュのにおいの染み込んだ」ユダヤ人街を通らなくてはならないと不満を書いていた。一八四六年に出版された『*A Jewish Manual*（ユダヤの手引き）』は、レディ・ジュディス・コーエン・モンテフィオレによる英語で書かれた初めてのユダヤ料理の本だ。グラッセの本と似たレシピが収められていて、ユダヤのフライド・フィッシュと「イギリスのフライド・フィッシュ」とが区別されている。モンテフィオレの説明によれば、「イギリス」のレシピでは魚にパン粉をまぶし、バターで揚げて（もしくはラードかもしれない。モンテフィオレはそこまでくわしく述べていない）熱いまま出す。「ユダヤ」のフライド・フィッシュはこれとは違い、卵と小麦粉の衣をつけ、油で揚げて冷ましてから出す。

酢をかけて冷まして食べるだいたい同じようなフライド・フィッシュのレシピが、一八五五年のアレクシス・ソワイエ著の『*Shilling Cookery for the People*（庶民のための一シリング料理）』でも「ユダヤ」のフライド・フィッシュとして記されていた。

75　フライド・フィッシュ、ユダヤ風

これもまたイスラエルの民がよく行なっている魚を揚げる優れた方法であり、強く推奨したい。人々があまり好まない様々な魚もこの方法なら上手に調理できる。（中略）冷まして食べるとおいしく、油と酢、夏ならキュウリを添えて食べると体をよく冷やしてくれる。

一九世紀半ばには、肉の脂で揚げたジャガイモが、おそらくはイギリス北部かアイルランドからロンドンに伝わってきた。現在のフィッシュ・アンド・チップスは、アシュケナージ・ユダヤ人〔ヨーロッパ系ユダヤ人〕がロンドンに移住し始め、セファルディム〔スペイン・ポルトガル系ユダヤ人〕の食べ物や習慣を取り込んでいく過程において、遅くとも一八六〇年には誕生していた。知られているなかでもっとも古いフィッシュ・アンド・チップスの店のひとつに、アシュケナージ・ユダヤ人事業家のジョセフ・マリンが開いたものがある。マリンは、新しく入ってきたフライド・ポテトにユダヤ風の

フライド・フィッシュを組み合わせて、冷ましてからではなく、どちらも温かいうちに出していた。

前回ロンドンに行ったとき、フードライターのアンナ・コフーンと言語学者のマット・パーヴァーが、ダルストンにある昔風のフィッシュ・アンド・チップスの店に連れて行ってくれた。そこでは、いまだにマッツォー〔小麦粉と水を練り焼きあげた、種を入れないパン〕をくだいたものをパン粉代わりに用いて揚げた、おいしいハドック〔北大西洋産のタラの一種〕が食べられる。その料理法は、ユダヤの主婦や私の母がやっているものだ。（私は二〇代になって初めて、仔牛のパルメザンチーズ・カツレツの他の家のレシピでは、マッツォーが主な材料として使われないことを知った）

このように人々が好む食べ物がよその国からやってきたのは、人種のるつぼのアメリカだけではないようだ。多くの国が自国文化の宝と自慢する料理の数々（ペルー、チリ、エクアドルのセビーチェ、イギリスのフィッシュ・アンド・チップス、日本の天ぷら、スペインのエスカベーチェ、フランスのアスピック）は、豊穣の女神イシュタルを崇拝する古代バビロンの人々によって予示され、ゾロアスター教を信仰するペルシア人によって発明され、イスラム教徒のアラブ人によって完成され、キリスト教徒によって改良され、ペルー人のモチェ料理と融合し、ポルトガル人によってアジアに、ユダヤ人によってイギリスにもたらされたのだ。そして今ではシクバージから派生したこれらすべての料理を、サンフランシスコや世界中の活気に満ちた都市に立ち並ぶエスニック料理のレストランで、ときにはたった一区画のなかに見つけることができる。

ここで得られる教訓は、私たちは誰もが移民であり、島国文化のように孤立した文化などなく、異なる文化や民族や宗教が接する混沌としてときに痛みを伴う境界でこそ美が生まれるということだと思いたい。どこでセビーチェを食べるかという論争以上に重要な戦いはないという日がくるのを、楽しみに待ちたい。

第4章　ケチャップ、カクテル、海賊

ファストフードはアメリカの代表的な輸出品であり、もっとも世界に浸透している商品のひとつである。毎日ヨーロッパやアジアで新しい店がいくつか開店し、アメリカ独特の食べ物が世界中に広がっていく。イギリスのフィッシュ・アンド・チップスや日本の天ぷら、スペインのエスカベーチェが派生してできた料理であるのと同様に、アメリカのハンバーガーやフレンチ・フライ、ケチャップがもともとはアメリカの食べ物ではないというのは皮肉な話だ。呼び名を見ても、よそから借りてきたものであることは明らかだ。なかでもハンバーガー *hamburger*、フランクフルト・ソーセージ *frankfurter*、デリカテッセン *delicatessen*、プレッツェル *pretzel* などの単語を見ると、ドイツ料理がアメリカ料理に大きく貢献していることがはっきりわかる。一方フレンチ・フライ *French fries* という名前からは、これがフランス系ベルギーの発祥であることがよくわかる。

もちろんケチャップ *ketchup* は中国の食べ物だ。

サンフランシスコでは以前から、中国の食べ物の影響力が強かった。この地域に住みついた広東人たちは広東の南部沿岸にある漁業の盛んな地方の出身で、一九世紀のサンフランシスコ湾には中国人の漁村や小エビ漁の村が点在していた。しかしケチャップが中国からアメリカに渡ってきた経路には、サンフランシスコはまったく関係していない。ケチャップ *ketchup* はもともと、中国南部でも広東とは異なる沿岸地域、山がちの福建省で使われる「魚醤」という意味の方言である。福建省からは茶

tea（福建語の「テー」に由来）という単語も伝えられている。アメリカへの福建人移民は近年増加しており、今では、東海岸のいたるところにあるチャイナタウンで、この地方の特産品である自家製の赤い米の発酵酒（福建老酒）とともに福建料理を味わうことができる。赤米酒の歴史はケチャップの歴史と深いかかわりがある。酒のほうは何世紀ものあいだあまり変わっていないが、ケチャップはかなりの変化を遂げてきた。

物語は数千年前に始まった。東南アジアや現在の中国南部あたりの海岸や川沿いに住んでいた人々が、地元で獲れた魚やエビを塩漬けにしたり発酵させたりして、ぴりっとした辛口のペーストにして保存するようになった。こうした人々は文字の記録は残さなかったが、三種類の古代の言葉を話していたらしい。言語学者はそれらの言語を、モン・クメール語族（現在のベトナム語やカンボジア語の原型）、タイ・カダイ語族（現在のタイ語やラオ語の原型）、ミャオ・ヤオ語族（現在のミャオ語の原型）と呼んでいる。これら三つの言語はそれぞれの足跡を、中国南部にある多くの川と山の旧名や方言にとどめている。

とりわけ深南部の内陸では、モン・クメール族とタイ族が、雨季の水田に豊富に生息する淡水魚を食べていた。乾季を切り抜けるために、彼らは高度な保存方法を編み出した。壺のなかに地元で獲れた魚と炊いた米、塩を層にして重ね、笹の葉で覆い発酵させる。魚の酵素が米の澱粉《でんぷん》を乳酸に変え、塩漬けの魚ができる。食べるときには発酵したべたべたの米をこすり落とす。すでに五世紀に中国の歴史家がこのレシピを記録しており、現在でもカム族がまったく同じ手法を使っている。カム族は丘陵に住みタイ語を話す民族で、パー・ソム *pa som*（酸っぱい魚）と呼ばれるこの料理を広西壮族自治区の丘陵地帯で作っている。ちなみに私の妻ジャネットの父親はこの地方で育った。カム族とともに生活していた人類学者のクリス・ヒルトンは、三〇年物のパー・ソムを口に入れると〝文字通り溶け、「パルマハム」のように塩気はあるが柔らかい「独特な酸味」を感じた〟と描写している。

はるか北方の黄河沿岸からやってきた中国人たちは、こうした南方の民族を「イ族」や「百越《ひゃくえつ》」などと呼んだ。紀元前二〇〇年頃に漢の武帝が、新たに統一した中国を南東の沿岸部にまで拡大しようと、現在の福建省と広東省の沿岸部に相当するモン・クメール族やタイ族の住む地域へと侵入した。中国兵や入植者たちがこれらの地域に大量に流れ込み、モン・クメール族を現在のベトナムとカンボジアにあたる南部へ、タイ族を現在のタイとラオスにあたる南西部へと押しやった。カム族などの少数民族は、西部にある現在の広西壮族自治区の丘陵地帯に残った。古い歴史資料に、中国人がこの時代に魚醬を作り始めたとする証拠がある。次に五世紀の記述を紹介しよう。

漢の武帝が野蛮なイ族を海岸へと追いつめていたとき、力強い美味な香りをかいだが、その出所が見つからなかった。そこで武帝は密偵を送り、調べさせた。ひとりの漁師が、香りのもとは、魚の内臓を何層にも重ねた溝だと明かした。土で覆っても、香気が漏れるのを防げなかったのだ。武帝はこれを味見し、その風味を気に入った。

福建省や広東省に残ったモン・クメール族とタイ族は民族間の結婚を経て同化していき、すっかり中国人になったが、彼ら独自の魚とエビのペーストを作り続けた。まもなくこの魚介類の発酵料理が中国全土で広く取り入れられ、他の食品も作られるようになった。そのなかには発酵させた大豆のペースト（日本の味噌の原型）も含まれる。そして後に醬油や酒造りの過程で発生する、発酵した汁のしぼり粕《かす》のペーストに発展し、保存料や調味料として近隣諸国に広まった。

たとえば七〇〇年には、日本人が魚を発酵させる東南アジアの手法を取り入れて、それに米を合わせ鮨《すし》と名付けた。この初期の発酵させた魚を使ったものが現代の鮨の原型であり、熟鮨《なれずし》と呼ばれている。一八世紀になり乳酸発酵から酢を使う方法に変わると、鮨は現代の新しい形態へと発展していった。一九世紀には魚を発酵させてから食べるのではなく、獲れたてを食べるようになっていった。

一方、福建省や広東省の沿岸部に話を戻すと、魚やエビのペーストに加えて、古くからあるもうひとつの発酵調味料も地元の特産品として存続していた。それは発酵赤米（標準中国語では紅《ホン》・糟《ツアオ》と呼ばれる）、すなわち赤米酒の醸造過程で残った澱《おり》や粕（発酵米の残存物）である（この手法はおそらく遠くまで伝わったのだろう。酒の沈殿物、すなわち酒粕《さけかす》は、日本でも魚の粕漬などの料理で風味づけに使われている）。福建省の赤米酒と発酵赤米を用いて作った紅糟鶏肉《ホン・ツアオ・チー》（ショウガとニンニクを入れたゴマ油で鶏をこんがりと焼き、紅糟で煮込む）は中国全土で有名になった。みなさんの口にも合うかもしれないので、レシピを紹介しておこう。

福建料理の赤米酒の鶏肉煮込み　紅糟鶏肉《ホン・ツアオ・チー》

ゴマ油小さじ2
大きめのショウガひとかけを薄く切ったもの
ニンニク3かけの皮をむいてつぶしたもの
鶏もも肉3本。骨ごと三つに切る
紅糟小さじ3
福建赤米酒½カップ（あるいは紹興酒）
醤油小さじ2（好みに応じて）

黒糖小さじ1（あるいは中国の氷砂糖）
塩（好みに応じて）
干しシイタケ4枚を熱湯約½カップで戻し、薄く切る。戻し汁は取っておく。

ゴマ油を熱し、ショウガとニンニクを香りが立つまで炒める。鶏肉を入れ、焼き色がついたらひっくり返して裏面にも焼き色をつける。鶏肉を脇に寄せ、紅糟をさっと炒めて香りを立たせてから、酒、醤油、シイタケ、シイタケの戻し汁を加え、鶏肉にたれをからめる。弱火にして一〇分強、あるいは鶏肉に十分火が通りたれにとろみが出るまで、時々かき混ぜながらとろ火で煮る。

エビのペーストと赤米が食べられる福建地方は、一二〇〇年頃には中国の船乗りたちが行き交う活気あふれる一帯となっていた。泉州《せんしゅう》は世界でもっとも大きく裕福な港町のひとつであり、大勢のアラブ人やペルシア人の商人たちが町に七つあるモスクで祈禱をささげていた。泉州は海のシルクロードの出発地点であり、マルコ・ポーロは中国からペルシアに行く途中に通ったこの港で、おびただしい数の船を見て驚嘆した。一五世紀には福建人の船大工が武将鄭和《ていわ》のために巨大な宝船《ほうせん》を建造した。一行はペルシアを経て、はるかアフリカのマダガスカルまで航海した。こうして中国人の船乗りや移民が福建人の建造した船に乗り、東南アジア一帯の港に到達した。

東南アジアでは大豆よりも魚の発酵食品のほうが一般的な調味料として長らく使われており、ベトナム人、クメール人、タイ人が、洗練された魚介類の発酵食品を数多く考案していた。ベトナムのニョクマム、タイのナンプラーのようにきれいな赤褐色をした、ぴりっとした味の魚醤がそうだ。ヨーロッパや中東でも、おそらくアジアとは別々に発展して魚醤が作られていた。古代バビロニアにはシ

ック *siqqu* と呼ばれる魚醤が、古代ギリシアにはガロス *garos* と呼ばれる魚醤があった。ガロスはおそらく黒海沿いのギリシアの植民地で生まれたのだろう。この地域は今もなお、キャビアなど塩漬け魚の食品で有名だ。ガロスは古代ローマではガルムという名の魚醤となり、ローマ世界で広く作られ食された。とりわけイスパニア産のガルムが珍重された。バルセロナの道路の地下では、ガルム生産工場の遺跡を見学することができる。

現代の魚醤でもっとも珍重されるもののひとつが、タイランド湾のカンボジア沖合にあるベトナム領の島、フーコック島で生産されている。ジャネットと私は、新婚旅行でこの島の魚醤工場を訪れた。雨の中、スクーターに二人乗りをして島を横断し、川沿いに並ぶ波型のトタン屋根の古い小屋に向かった。湿った温かい空気には、魚が発酵した鼻を刺すような強いにおいが漂っている。何とも言えずロマンチックだった。高さ三メートルの巨大な古い木製の水槽のなかで、湾で獲れたアンチョビが塩と混ぜられていた。水槽はアジア特有の鮮やかな赤色に塗装されていたが、それさえなければ（少なくともサンフランシスコ在住の夫婦の目には）、とても現代的な止水栓がはめられ、発酵したソースを攪拌するホースがあちこちでうねっている様子は、ナパヴァレーのワイン醸造所にあるタンクのように映った。

一六世紀の福建人の商人や船乗りも、これと同じ工場を目にしていたのかもしれない。いずれにせよ彼らも魚醤を好み、福建南部と台湾で使われる福建語でケ-チャップ *ke-tchup*、すなわち「保存した魚のソース」と名付けた。（福建語と広東語、標準中国語は、たとえばイタリア語とフランス語のように言語的な違いがある。私は台湾で料理教室に通ったことがある。台湾では標準中国語が公用語だが、福建語が広く話されている。シェフがつい福建語で話してしまったときには、他の生徒たちに標準中国語に訳してもらっていた。そうしてなんとか客家《はっか》料理の豚ばら肉の蒸し煮の作り方と、中華

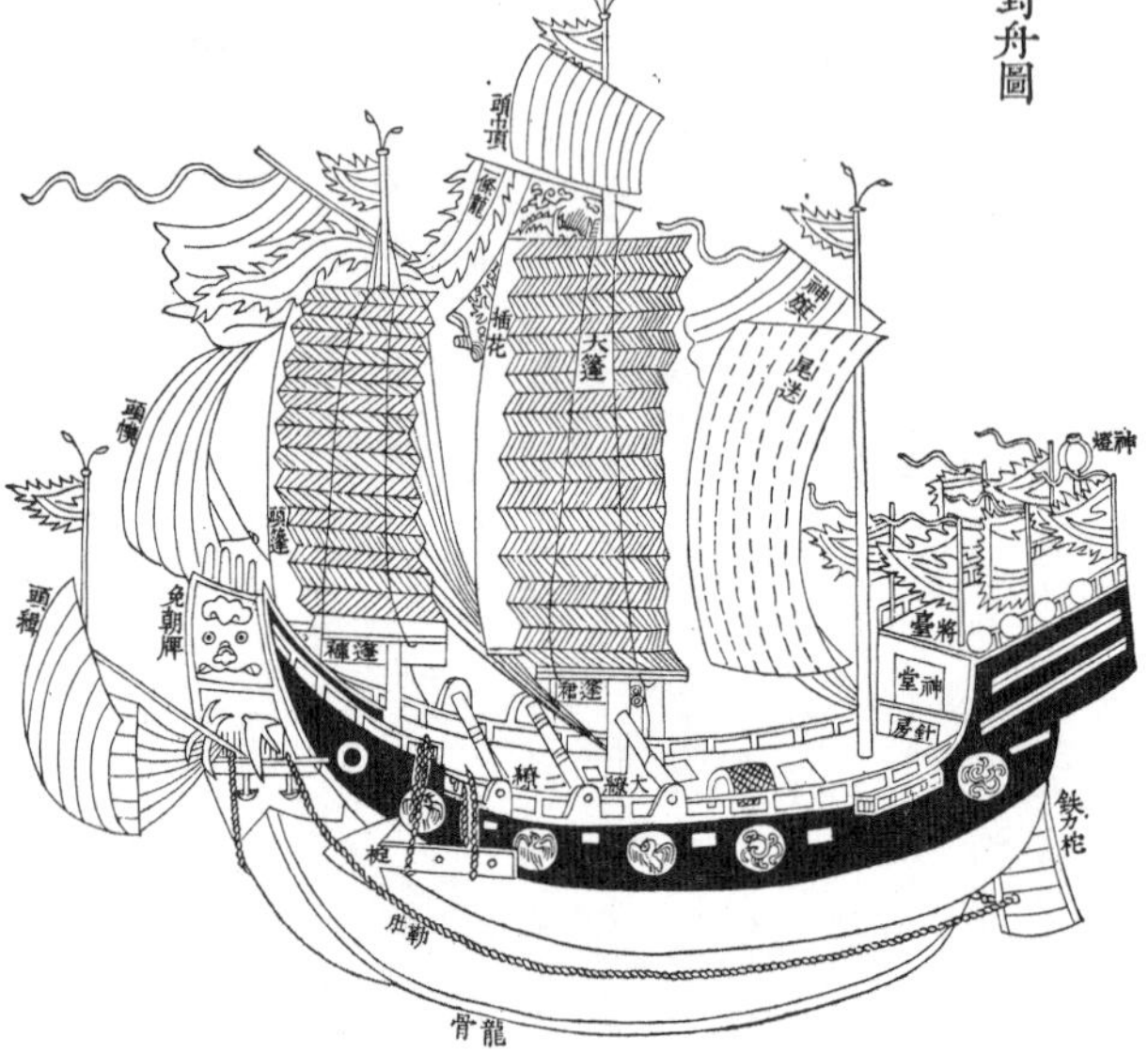

順風を受けて大海を進む中国の平底帆船。
周煌の『琉球國志略』（1757年）より。

鍋の洗い方を習得した）

もちろん福建語はローマ字で書かれるわけではないので、いろいろな綴りがある。*ke-tchup*、*catsup*、*catchup*、*katchup* はどれも、当時英語やオランダ語、ポルトガル語を話す人たちが中国語の音を書き表わしてみたものだ。*ke-tchup* という単語は現代の福建語から姿を消したが、一九世紀の宣教師が編纂した古い辞書のなかに見つけることができる。*tchup* という音節（標準中国語では汁《ジー》 *zhi* と発音される）は福建語や広東語では今でも「ソース」を意味する。*ke* という音節は、福建語で「保存された魚」のことだ。*ke* は広東語でトマトを意味する蕃茄《ファンケー》 *faan-ke* の一部のように見えるが、これは偶然の一致にすぎない。中国語の方言には *ke* に似た音をもつ単語はたくさんあり、トマトがソースに加えられたのは一世紀以上も後になってのことだからだ。
福建人移民たちはケ-チャップや大豆、発酵させた赤米をインドネシアやマレーシア、フィリピンに持ち込んだ。インドネシアでは、中国風のソース生産工場を建て家業とし、大豆や魚を発酵させたソースを作った。*kecap* という単語はすぐにインドネシア人に取り入れられた。もともとは、福建語で当初意味していた「魚のソース」に起源があるはずだ。しかし、現在までの四〇〇年のあいだに他のソースもたくさん生まれ、*kecap* の意味が一般化されたため、現在のインドネシア語で *kecap* は単なる「ソース」を意味している（甘い大豆のソースは *kecap manis* で、魚のソースは *kecap ikan* というように）。言語学者はこの種の一般化を「意味の漂白」と呼ぶ。意味の一部（〝塩漬けの魚〟の部分）が漂白されているからだ。（ほぼ同種の漂白作用が、英語の単語 *sauce* の歴史においても起こっている。この単語は、元の意味が「塩漬け」であるラテン語の単語 *salsus* に由来する。インドネシア語の例と同じように、塩辛いソースからソース全般へと意味が一般化したのだ）
紅糟も同じく変化し、その用途は料理の味付けだけではなくなった。移民たちが赤米酒からアラック *arrack* を作り始めたのだ。アラックは発酵した米を廃糖蜜とヤシ酒と一緒に蒸留させて作る、ラムの原型となる酒である。アラックという言葉はアラビア語の *'araq*（汗）に由来し、後から説明するが、アニスの風味をつけたレヴァント地方のアラク *arak* や、クロアチアにあるプラムのブランデー、ラキア *rakia*（八九ページ参照）など他の蒸留酒を指す単語と関連がある。アラックは、いかにも古い酒らしく少しひりひりとしたきつい味がする。バタヴィア・アラック（銘柄はファン・オーステン）がまだ輸入されているので、どうぞ味見してほしい。
中国人たちはジャワ島とスマトラ島にアラックを作る工場を建設した。工場では中国式の単式蒸留器が使われた。もろみ原料を沸騰させ、そこから生じたアラックの蒸気を管を通して濃縮させるという中国の伝統的な醸造法だ。アラックを買う客はおそらく、中国人や土着の住民であるジャワ人といった地元の人たちだったのだろう。もしくは、少なくともバタヴィア〔ジャカルタの旧称〕やバンタム〔ジャワ島西部の町の旧称〕に二つの集団が流れ着くまではそうだった。その集団とは、香辛料や織物、磁器を探しに東南アジアにやってきたイギリス人とオランダ人の商人たちだ。当時のイギリスでは、蒸留酒はまだあまり知られていなかった。ジンが発明される以前であり、アイルランドとスコットランドではウスケボー *usquebaugh* というウイスキーがすでに飲まれていたが、イギリス全般では蒸留酒はまだ純粋に薬として使われていた。だからジャワ島を訪れたイギリス人商人のエドモンド・スコットは、アラックを「この地域の大半でワインの代わりに飲まれている、温かい飲み物の一種」と記していた。熱帯地方を航海するイギリス人の船乗りたちは、たいてい酸っぱいワインや、さらに酸っぱいビールを飲んでいた。どちらの酒も、熱帯地方の暑さですぐだめになってしまうからだ（ホップの量を多くしたインディア・ペールエールでも同じだった。いずれにせよ、この種のビールが進化するのは二、三百年後のことになる）。

したがってスコットは、一六〇四年に隣に住む中国人の宿屋の主人から、お客に出すために裏庭の納屋でアラックを蒸留していると聞かされて驚いた。蒸留酒は熱帯の暑さのなかでも悪くならず、酸化もしない。アラックはイギリス人にとって歓迎すべき新事実だったが、スコット自身はあまりうれしくなかった。蒸留を行なう納屋のなかで生じる水が沸騰する音や、酒粕のたっぷり入った桶から出る大きな音に隠れて、隣の宿屋の中国人主人がスコットの倉庫の下まで穴を掘り、壺に隠していた財宝を盗んだからだ。ボリビアの鉱山から持ち帰ったスペイン銀貨「ピース・オブ・エイト」三〇〇〇枚。二五〇年後の一八四九年にチリ人やペルー人の鉱夫たちが、この銀山で習得した採掘技術をカリフォルニアの金山にもたらすこととなる。失礼、つい脱線してしまった。

イギリス人が費用をいとわずアラックを大量購入するようになるはるか以前から、イギリス人の船員を大勢抱えた海軍では酒を必要としていたが、ラムはまだ考案されていなかった。ジャワ島に移民した中国人たちはバタヴィアに集中しており、主だった酒の生産はその地で始まった。ほぼその直後の一六一〇年頃、アラックは、カクテルの歴史研究家デイヴィッド・ウォンドリッチが「混合酒の最初の皇帝」と呼ぶパンチの主要な原料となった。パンチは、アラックと柑橘類、砂糖、水、香辛料を合わせて作られる。ウォンドリッチはこの最初のカクテルを、イギリス人の船員たちが考案した可能性が高いと考えている。壊血病に効くことがわかり配給が開始されたレモンをうまく利用したのだろう。こうしてパンチはまたたくまに、アジア在住のあらゆるヨーロッパ人の「共通の飲み物」になっていった。

　イギリス人の船乗りたちは、アラックとパンチの味をおぼえるとともに、インドネシアで中国人の商人から買った別の味も好むようになった。それがケ-チャップだ。船上での食事は塩漬けの豚肉と堅パン《ハードタック》と呼ばれるぱさぱさしたクラッカーであまりに味気ないため、ケ-チャップで食欲を増進させたのだろう。それだけではなく、ケ-チャップは異国情緒あふれるアジアのソースとしてイギリスで売り出せるかもしれないと、商人たちが思いついた可能性もある。イギリス人たちは一六九〇年代にスマトラ島のブンクルに交易所を開いており、一七三二年に記されたケチャップのもっとも古いレシピのひとつには「ケチャップ：ペースト状のもの。東インドのベンクーリン産」とある。したがって、ジャワ島かスマトラ島にあるこうした交易所のどこかで *ketchup* という単語が初めて英語に入ったと思われる。

　一八世紀の初めには、魚醤とアラックは中国人商人と同様にイギリス人商人にとっても利益をもたらすものとなっていた。それは東インド会社の貿易商で、一七〇三年にインドネシアとマレーシア、

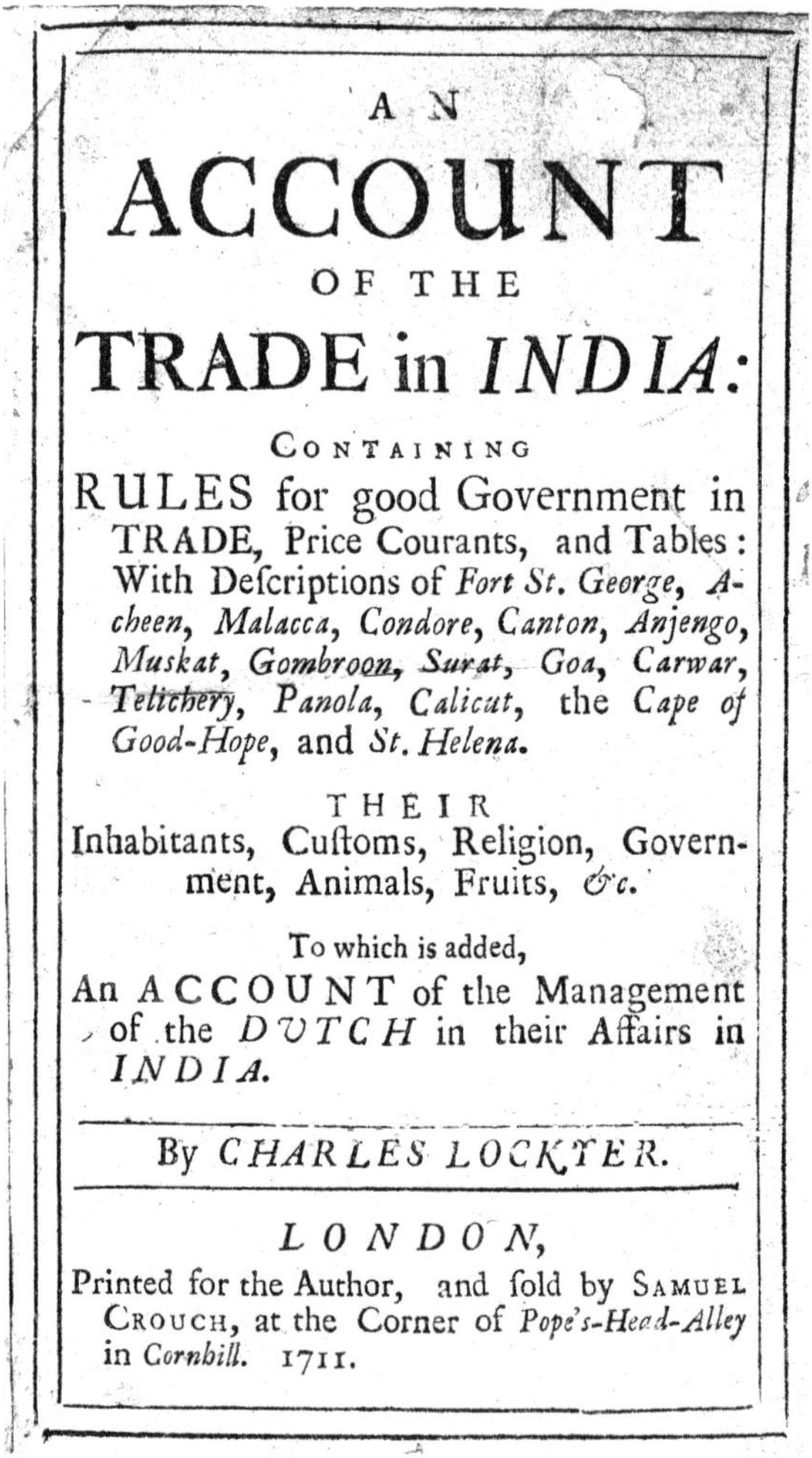

AN

ACCOUNT

OF THE

TRADE in *INDIA*:

CONTAINING

RULES for good Government in TRADE, Price Courants, and Tables: With Descriptions of *Fort St. George*, *Acheen*, *Malacca*, *Condore*, *Canton*, *Anjengo*, *Muskat*, *Gombroon*, *Surat*, *Goa*, *Carwar*, *Telichery*, *Panola*, *Calicut*, the *Cape of Good-Hope*, and *St. Helena*.

THEIR

Inhabitants, Customs, Religion, Government, Animals, Fruits, *&c.*

To which is added,

An ACCOUNT of the Management of the *DUTCH* in their Affairs in *INDIA*.

By *CHARLES LOCKYER*.

LONDON,

Printed for the Author, and sold by SAMUEL CROUCH, at the Corner of *Pope's-Head-Alley* in *Cornhill*. 1711.

1711年に出版されたチャールズ・ロッキアーによるアジア旅行回想録の表紙。

ベトナム、中国、インドを旅行したチャールズ・ロッキアーの報告から読み取れる。彼の著書『*An Account of the Trade in India*（インドにおける交易の記述）』は、資本家志望者の手引書のようなもので、アジアで築きうる巨万の富や、中国人やその他の外国人と交渉して金持ちになる方法が書かれている。

桶入りの醤油が日本から運ばれる。最高のケチャップはトンキン［ベトナム北部］産のものだ。しかしいずれの製品も、中国ではとても安く生産、販売されている。（中略）これほど儲かる商品は他にない。

ロッキアーは桶に入ったケチャップや醤油を買い、中身を瓶に移し替えて帰国していた。瓶入りの高価なケチャップは、イギリスですぐさま評判になった。多額の費用をかけてアジアから輸入されたこの商品のレシピは、まもなくイギリス、さらにはアメリカの料理書に収められるようになり、料理人たちは高価な輸入品の味をまねて、独自のケチャップを作ろうとした。アジアから輸入された贅沢品を模造しようとする試みは、ケチャップに限ったことではなかった。一九世紀にはベンガルから輸入したソースをまねてウスターソースが作られた。さらにアラックをまねた安い酒も、カリブ産の砂糖を使って作られた。みなさんもおそらく、こうしたアラックの模造品のなかでもっとも有名なものをご存じだろう。それは「ラム」と呼ばれている。

ここで、一七四二年にロンドンで出版された料理書からケチャップのレシピを紹介しよう。魚醤はすでに、エシャロットとマッシュルームを使った、まったくのイギリス風の味になっていた。

二〇年間日持ちするケチャップ《KATCH-UP》の作り方

気の抜けたアルコール度数の強いビール1ガロン、洗って内臓を取り除いたアンチョビ1ポンド、メース〔ナツメグの仮種皮を乾燥させた香辛料〕$\frac{1}{2}$オンス、クローヴ$\frac{1}{2}$オンス、コショウ$\frac{1}{4}$オンス、ショウガの太い根3本、エシャロット1ポンド、よく拭いてほぐしたマッシュルーム1クォート。これらをすべて弱火にかけ、半分ほど煮崩れたら、フランネル生地の袋に入れて濾《こ》す。十分に冷めるまで寝かせてから、瓶に詰め固く蓋を閉める。（中略）これは、インドから取り寄せたものよりも優れているだろう。

この初期のレシピで脇役を演じていたマッシュルームは、まもなく主要な材料となる。一七五〇年から一八五〇年のあいだにケチャップ *ketchup* という単語は、マッシュルームや溶かしバターに風味をつけるのに使われていたクルミを入れた、濃い色のさらさらしたソースを指すようになっていった。ジェーン・オースティンの家族はこの目新しいクルミのケチャップを好んでいたようで、ジェーンの友人マーサ・ロイドがチョートンで一家と同居していたときにつけていた家計簿に、まだ青いクルミと塩を一緒につぶしたものを、酢とクローヴ、メース、ショウガ、ナツメグ、コショウ、西洋わさび、エシャロットと煮込んで作ると書かれている。

おそらくイギリスで初めてケチャップにトマトが入ったのは、一九世紀になってからのことだった。次に示す一八一七年の初期のレシピにはまだアンチョビが使われており、原型が魚醤であったことを表わしている。

トマトケチャップ

質の良い、赤く熟したトマトを1ガロン用意して、塩1ポンドと一緒につぶす。これを三日間寝かせてから汁を搾り取り、1クォートにつきアンチョビ¼ポンド、エシャロット2オンス、挽いた黒コショウ1オンスを加える。これらを三〇分煮込み、ざるで濾し、以下の香辛料を叩いて混ぜたものを加える。メース¼オンス、オールスパイスとショウガを同量、ナツメグ½オンス、コリアンダーの種1ドラム、コチニール½ドラム。二〇分間ことこと煮てから、袋に入れて濾す。冷たくなったら瓶に詰め、一瓶につきブランデーをワイングラスに一杯入れる。これで七年間はもつ。

一八五〇年代半ばには味が変わり、アンチョビがレシピから消えていた。アメリカの製造業者は南北戦争後、需要の急増に応えてケチャップの生産量を増やし、イギリス人よりも多少甘くてどろっとしたケチャップを好むようになり始めたアメリカ人の舌に合わせてレシピを作り変えるようになった。一九一〇年あたりにはハインツなどの製造業者が、砂糖の量をさらに増やしたうえで酢をたくさん入れるとより長く日持ちするケチャップになることに気づき、現在の甘酸っぱいレシピが誕生した。綴りの違いもイギリスとアメリカではよくあることだ。双方ともに両国で使われてはいたが、*ketchup* はイギリスのほうで、*catsup* はアメリカのほうで広く使われた。今から三〇年前くらいに、アメリカでも *ketchup* が主流になった。（ハインツはもともと競合相手の使う「catsup」と自社製品を区別するために「ketchup」の綴りを使っていたが、やがて市場で優位に立ってくると他の製造業者らがハインツの綴りに乗り換えた）

アメリカの国民食とも言えるソースの起源が中国にあったことは、単なる料理の雑学にとどまらない。ケチャップの歴史をひもとくと、世界の経済史を新たな視点からとらえることができるようになる。中国は、明朝が開かれた一四世紀から内向きの政策を取るようになり、世界から孤立して交易を絶った。そのために経済が停滞し生活水準は下がったが、一九世紀や二〇世紀になってようやく西洋諸国がアジアを世界経済に引き入れた。これがアジア経済を従来の西洋的な視点からとらえた見方である。

しかし、一八世紀まで長く続いたケ-チャップの大量生産と交易からは(アラックや、織物や磁器などといったあまりおいしくない製品は言うまでもなく)、異なる事情がうかがえる。経済学者の故アンドレ・G・フランクや、ケネス・ポメランツ、ロバート・C・アレンらによれば、中国の朝廷が民間の海上貿易を禁じていた時期もあったが、そうした海禁令は何度も撤廃されていた。いずれにせよ福建人の船乗りたちは海禁令を無視して、大規模な航海と貿易を、それが違法行為であっても続けていたという。チャールズ・ロッキアーは回想録のいたるところで、中国人との激しい競合について不満を述べている。訪れるどこの国でも商品を山積みにした中国船で港はあふれかえっており、中国を出発した船は、東はインドネシア、西ははるかビルマまで、あらゆる海岸や島々で手広く商売をしている、と記されている。

福建人の海賊もこの交易で大きな役割を担っていた。中国人の役人たちは廈門《アモイ》島の町全体が海賊の支配下にあると幾度となく嘆いていた。福建人の軍人、鄭成功《ていせいこう》が率いた私的な海軍は、アジア最大規模を誇った。一六六二年にはオランダ東インド会社から台湾を奪還し、西洋との取引によって莫大な量の絹と磁器をスペイン銀貨に交換していた。

実際のところ、一七世紀後半にイギリス人の船乗りたちがケ-チャップをイギリスに持ち帰っていた頃の中国は、生活水準、寿命、一人当たりの国民所得のどの点をとっても、世界でもっとも豊かな国であり、全世界の総生産の大部分を生み出していた。中国がアジア内の貿易を支配し、優れた製造技術（織物、衣類、陶磁器、蒸留法）を有していたことは、すなわち、産業革命の時代までは中国が世界経済を支配していたということになる。

こうした事実から、ポルトガル人やイギリス人、オランダ人が、なぜあれほどアジアに到達しようとやっきになっていたかが理解できる。世界の貿易の大半はアジアのなかだけで行なわれていたからだ。一方ヨーロッパには一八〇〇年までアジアの製造基盤に匹敵するものが存在しなかった。ヨーロッパがアジアの相当に贅沢な品々と交換できる物と言えば、ボリビアやペルー、メキシコに築いた新しい植民地の鉱山で獲れた、金や銀だけだった。一六世紀に発見され、アンデス人やアフリカ人の奴隷たちが採掘した鉱山では、スペインの８レアル銀貨「ピース・オブ・エイト」が大量に生産されていた。中国政府が受け取るのは銀だけであり、スペインのレアル銀貨は世界初の国際通貨、いわゆる当時のドルになった。これでエドモンド・スコットが一六〇四年のジャワ島で、レアル銀貨の入った壺を倉庫の地下に埋めていた理由がわかる。

レアル銀貨を狙っていた人間は、隣の宿屋にいる手癖が悪い中国人主人だけではなかった。アカプルコからマニラへと銀を輸送していたマニラ・ガリオン船（一六世紀から一九世紀初頭までスペイン貿易船として用いられていた大型帆船）は、しょっちゅう海賊から攻撃された。そのなかには先述の福建人の海賊、鄭成功も含まれる（國姓爺《こくせんや》という名でも知られる武将）。鄭成功の大艦隊はオランダ人から台湾を奪還し、フィリピン侵攻の一歩手前まで行った。イギリス人やオランダ人の海賊たちもその後を追った。そのひとりに、サー・フランシス・ドレークがいる。ドレークは、スペインの財宝船やペルー、チリ沿岸部の町から大量の銀を奪った後、一五七九年にはサンフランシスコのすぐ北にあるドレーク湾に停泊し、この土地を「ノヴァ・アルビオン」〔新しい英国〕と命名してイギリスの領土であると主張した。逆の経路をたどりレアル銀貨や絹、磁器をベラクルス〔メキシコ東部の港〕からスペインへと運んだスペイン財宝艦隊は、カリブ海本来の海賊の標的にされた。カリブの海賊と言えば、幼い頃からなじみのある、スティーヴンソンの『宝島』の登場人物「のっぽのジョン・シルバー」だ。彼の飼っているオウムの「フリント船長」はいつも「ピース・オブ・エイト！ ピース・オブ・エイト！」と息が切れるまで叫んでいた。

レアル銀貨はイギリス植民地でも事実上の通貨であり、一九世紀に入ってもアメリカで広く流通していた。（私が『宝島』を読んでいた一九六〇年代でも、二五セント硬貨はまだ「ツー・ビット」と呼ばれていた。これは二五セント硬貨が、スペインレアル銀貨の八分の一の価値に相当する小さな銀貨だった時代の名残だ）

ヨーロッパ人たちは、アジアで生産された高品質の絹や綿、磁器、アラック、醤油、高級なケチャップを買うために、厖大な量のレアル銀貨をアジアに持ち込んだ。チャールズ・マンは著書『1493』において、ヨーロッパの国々が新世界の探検と植民地化にあれほどの勢いで突き進んだ原動力となるものは、中国人の銀への欲望と、ヨーロッパ人のアジア貿易への欲望だったと論じている。マンの表現を借りれば、西洋の食欲と東洋の製品との出会いによって、現代的な「世界全体に広がる、相互に結びついた文明」が作り出されたのだ。

中国と東南アジアで作られる発酵させた魚のソースから始まり、日本の鮨、さらには現代の甘いトマトのチャツネにいたるまでのケチャップの物語は、つまるところグローバル化と、世界の超大国による何世紀にも及ぶ経済支配の物語なのだ。ただしその超大国とはアメリカではなく、この数世紀を謳歌していたのもアメリカ人ではない。みなさんの車の座席の下に落ちている小さなケチャップは、これまでの一〇〇〇年間の大半にわたり、中国が世界経済を支配していたことを思い起こさせてくれるものなのだ。

第5章　トーストに乾杯

サンフランシスコはいつだって、誰かの健康を祝して乾杯するのにぴったりの町だ。すでに何度か話題にしているピスコ・パンチは、ピスコ・ブランデーとレモン果汁、パイナップルのシロップを混ぜ合わせた酒で、ゴールドラッシュ以降、みんながこれで乾杯をしてきた。私は最近、晴れた日の午後に、ミチェラーダのグラスをかちんと合わせて乾杯するのが気に入っている。ミチェラーダ *michelada* とはビールを使ったメキシコの夏向けのカクテルで、搾りたてのライム果汁とトウガラシ入りのホットソースを混ぜ、「サルサ・エン・ポルヴォ」（サルサのパウダー）と呼ばれるライム入りのチリパウダーが運良く手に入れば、これを少々振りかけて完成だ。

ミチェラーダ

キーライムの搾りたて果汁を1¼オンス
ホットソース小さじ½
ウスターソース小さじ½
チャモイ（果物入りチリソース）小さじ½
マギー調味料〔ブイヨン〕小さじ½

ネグラモデロ１本（あるいはとても暑い日ならパシフィコ）〔いずれもメキシコのビールの銘柄〕
背の高いグラス一杯の角氷
ライム入りメキシカンチリパウダー（タヒン〔商品名〕のような）（グラスの縁に塗っても可）

背の高い冷やしたグラスの縁をライムでぬらし、ライム入りチリパウダーをつける。小さな瓶かシェーカーに残りの材料を入れて混ぜ、氷の入ったグラスに入れ、最後にビールを注ぐ。

全米ではこのところ複数の種類のアルコール飲料に生のハーブと果物を加えた、珍しい味のカクテルが流行を呼んでいる。サンフランシスコ、ローワーヘイトのレストラン「メイヴェン」で出されるカクテル、カモミール・ハイ・クラブは、ホップの利いたインディア・ペールエールにバーボンを加え、レモンとカモミール、アンズの風味を添えたものだ（ホップは保存料代わりとなる。インディア・ペールエールにホップを多めに入れるのは、暑苦しい貨物倉庫に積み込まれてインドに輸送される長旅のあいだ、品質を保つのに有効だったからだ）。あるいは、これらすべての風味をフェルネット・ブランカの一杯で味わうこともできる。これはカモミール、ニワトコの花、コウリョウキョウ、アロエ、ミルラなどのハーブで風味をつけたイタリア産の苦味酒《ビターズ》であり、サンフランシスコのどのバーにも置いてある。

結婚式ではシャンパンのほうが主流だ。しかしジャネットと私は、クロアチア出身の友人マルタの結婚式でシャンパンではなくラキア *rakia* を手に、新郎新婦に高らかに乾杯した。ラキアはアルバニアやブルガリア、クロアチア、ルーマニア、セルビア、スロヴェニアなど南東ヨーロッパ産の果物をベースとしたブランデーの総称だ。アンズやサクランボ、ブドウを原料とするラキアもあるが、もっとも多いのはプラムを使ったスリヴォヴィツァ *šljivovica* もしくはスリヴォヴィッツ *slivovitz* と呼ばれるものだ。プラムの実を発酵させ一種のプラム・サイダーにしてから、アルコールを蒸留して作られる。ラキアで乾杯するときには、「ジヴェリ！ *živjeli!*」（人生に！）と声を上げる。ヨーロッパの国々では、乾杯に合わせて「健康」や「人生」を意味する言葉を唱和する例がとても多い。フランス語ならサンテ *santé*、アイルランド語〔ゲール語〕ならスラーンチェ *sláinte*、ポーランド語ならナ・ズドローヴィエ *na zdrowie*、スペイン語ならサルー *salud*、ハンガリー語ならエゲーシェーゲドレ *egészségedre* というように〔いずれも「健康」という意味〕。

新郎新婦をはじめ、その両親、祖父母他もろもろの人たちに乾杯をするとなると、たくさんの酒を飲むことになる。今やサンフランシスコでも通用する中国式のスタイルで、新郎新婦が招待客のテーブルをひとつひとつ回って乾杯する場合ならなおさらだ。テーブルが三〇もある大規模な結婚式なら、新郎はその半分も回らないうちに、私のおじハービーの表現を借りればシケル *shikker* になってしまう。イディッシュ語で「酔っ払い」という意味で、そうなると何と言うか、初夜に使い物にならなくなる。ジャネットと私の結婚式では、ウイスキーにくわしい義兄のジョンが私をそばに呼び、乾杯のたびにウイスキーを注がれては困るから紅茶かサイダーをこっそり足してあげようか、と言ってくれた。この一族の知恵のおかげで、私はその晩をなんとか切り抜けた。

この戦略を採用したカップルはこれまでにもいただろう。ここで疑問がわいてくる。私たちはなぜ、アルコールで誰かの健康に乾杯《トースト》するのか。誰かの名誉を讃えたり、健康を祈ったりすることと酒は何の関係があるのか。なぜ、乾杯と呼ばれるのか。

おいおい説明をしていくが、トースト *toast*〔乾杯〕やサイダー *cider*〔リンゴの醸造酒〕、イディッシュ語のシケル *shikker*〔酔っ払い〕という単語の歴史はつながっており、ラキア *rakia* の話もここにかかわってくる。さらには蒸留酒を混ぜたものにハーブの香りを染み込ませたおいしい飲み物が、二〇世紀ではなく、人類の文明のまさに夜明けに発明されたということも。

トーストという単語の本来の意味は〝火であぶったパン〟というもので、その語源はよく知られているラテン語の *tostāre*（焼く、火であぶる）である。私は焼いたパンが大好きだ。朝食は焼いたベーグルにコーヒーと決まっていて、そのことで、広東人の感性からベーコンをほんの少し加えればどんな食事もおいしくなると固く信じているジャネットにからかわれている。最近では、職人の焼きあげたパンを分厚く切ったトーストにカボチャのバターか自家製ジャムを塗ったものが「ザ・ミル」などのサンフランシスコのカフェでは朝食の新トレンドとなっている。しかしながらトーストと言えば朝食だけが連想されるのは、まったく現代的な感覚にすぎない。

たとえば一七世紀まではよく、ワインやエールにトーストをひとかけら入れて飲んでいた。この習慣はかなり古いもので、シェイクスピアの『ウィンザーの陽気な女房たち』にも描かれているようにエリザベス朝の人々もそうしていた。〝フォルスタッフ「サック酒一クォートを持って来い。トーストを一切れ入れてな」〟〔サック酒とは、一六世紀にカナリア諸島から輸入されていた強い白ワイン〕。今ならとても奇妙に感じられることだが、酒に風味をつけたりボリュームを出したりするためにトーストが入れられていた。今はもうあまり使われないルリヂサ *borage* などの甘いハーブと砂糖で味をつけることもよくあった。

一七世紀になると、ワインにトーストで風味をつける習慣がすたれつつあるなかで、イギリスのディナーの席ではテーブルに集まった人たち全員で誰かの健康を願って酒を飲むことが広まっていった。ひとり、もうひとりと皆の健康を祝して杯を重ねた。（さらに何杯も乾杯を繰り返した。私からすると、これほどたくさん酒を飲むのはあまり健康的ではないように思える。しかしイギリス人の友人に

「ワッセイルの杯のためのクリスマス・キャロル」
ヴィクトリア朝の挿絵画家、マイルズ・バーケット・フォスター作。

言わせれば、私はピューリタンが建設した国の生まれだからそう感じるのだそうだ。確かに当時のピューリタンもこれを悪しき習慣とみなし、「健康を願って祝杯を挙げる」のは「キリスト教徒にとって罪深く、まったくもって不道徳な行為である」と反対していた)。こうした祝杯はしばしば、貴婦人の健康のために挙げられ、対象に選ばれた女性は社交界の「トースト」と呼ばれるようになった。

この言い回しが使われたのは、香辛料を利かせたトーストとハーブでワインに風味を添えているように、そうした貴婦人がパーティーに花を添えているからだ、と当時の記録では解説されている。一七〇九年のゴシップ雑誌には、人気のある貴婦人が「トーストになる」「町のトースト」になるなどと書かれている（嫌味が入っているかもしれないが）。

ヘディントンからヒンスキーにかけて、その健康を願って祝杯を挙げられた美女は（中略）レディの肩書〔女性の侯爵、伯爵、子爵、男爵あるいはその夫人などの敬称〕は持っていないが、誰もが認めるトーストとして君臨している。

エリザベス朝の人々が乾杯をするときに飲んだ酒に、ワッセイル *wassail* と呼ばれるものがある。ワッセイルは香辛料を入れた温かいエールで、クリスマスの一二夜にワッセイルの杯から注がれて供される。一六〇〇年代初めのクリスマス・キャロルには、ワッセイルの杯を抱えた女性たちが歌を歌いながら寄附を募って家々を訪問する風習が歌われていた。

ワッセイルにまつわるもうひとつの伝統として、リンゴの栽培が盛んなイギリス西部で「木に乾杯《ワッセイル》する」という習慣があった。リンゴ酒を染み込ませたトーストを木の枝に刺してその木の周りを歌いながら回る、幸運を祈る儀式のことだ。このためワッセイルのレシピには、温かいエールにリンゴ酒やリンゴを入れるものもある。そのうちのひとつを紹介しよう。

ワッセイル

芯をくり抜いた料理用のリンゴ４個
赤砂糖⅓カップ
リンゴ果汁½カップ

マデイラワイン1½カップ
エール1瓶（12オンス）
ハード・アップルサイダー1瓶（22オンス）〔リンゴの醸造酒のアメリカでの呼び名〕
リンゴ果汁1カップ
クローヴ10粒
オールスパイスの実10粒
シナモンスティック1本
オレンジピール2インチを2切れ
ショウガ粉末小さじ1
ナツメグ粉末小さじ1

オーブンを三五〇度に予熱する。芯をくり抜いたリンゴをガラス製の焼き皿に並べ、芯の部分に赤砂糖を詰める。焼き皿にリンゴ果汁（½カップ）を注ぎ、リンゴが柔らかくなるまで一時間ほど焼く。

クローヴとオールスパイス、シナモン、オレンジピールをチーズクロス〔目の粗い薄地の綿布〕の袋か、メッシュストレーナーに入れる。

エールとサイダー、リンゴ果汁（1カップ）、マデイラワインを厚底鍋かスロークッカー〔長時間煮るための調理鍋〕に入れて、スパイスを入れた袋とショウガとナツメグの粉末を加える。リンゴを焼くあいだ、こちらをとろ火でじっくり煮る（沸騰させないこと）。

焼き皿のリンゴと汁を鍋に加える。おたまですくいカップに移して供する。

ワッセイル *wassail* という単語は、ヘンリー七世時代の一四九四年に、この酒の名称として初めて用いられた。しかしこの酒の原型は、古くは中世イギリスで飲まれていた甘い味のエールである。ワインやスパイス入りのワイン、さらにはリンゴ酒などはどれもその当時から飲まれていたが、もっとも一般的なものはおそらくエールだった。エールはハチミツやハチミツ酒《ミード》（ハチミツを発酵させた飲料）を入れて甘くしたブラゴットという名前で飲まれることもあった。中世イギリスで飲まれていたエールは、大麦や他の穀物のモルトから作られた黒っぽい色をした醸造酒だったが、現代のビールやエールとは異なりホップは使われていなかった。先ほども触れたがホップは保存料であり、これを添加しないとすぐに悪くなるために（ホップを使うようになったのは一五世紀か一六世紀のオランダが最初）、通常はエールを醸造してから数日以内の新鮮なうちに飲み切っていた。沸騰した水を使っていたエールは安全な飲み物であり、アルコール濃度の低いものが多かった。そのため、中世では誰もがエールをかなり大量に飲み、一般大衆の重要なカロリー源や栄養源となっていた。

エールにトーストを入れるという習慣はさらに昔にさかのぼる。中世ではブロスやワインといった温かい飲み物をさらに温めたり、風味やカロリーを加えたりするために、トースト片をワインや水、ブロスに浸してよく食べていた。こうした料理は「ソップ *sop*」と呼ばれた。中世の代表的な食事であるポタージュ *pottages* と呼ばれる鍋で煮た濃い煮込み料理は、熱いトーストかパンにかけて出されるのが一般的だった。

チョーサーの『カンタベリー物語』にある「郷士の話」では、家が「肉と酒で埋め尽くされている」大食いの老人が、朝のワインにソップを入れるのを好むというくだりがある（"wel loved he by the morwe a sop in wyn〟「朝に、ソップを入れたワインを飲むのをとても好んでいた」)。英語で書かれた、焼いたパンやトーストの初期のレシピでは、どれも薄く切ったパンを焼き、ワインと香辛料に浸して「熱々」のまま食べると記されている。リチャード二世の料理長らが残したレシピを集め一三九〇年に完成した、初めて英語で書かれた料理書『*Forme of Cury*〔料理の方法〕』にある「コウリョウキョウのソップ」のレシピや、一五世紀の料理書にある「金色のスープ」などもそうである。

Sowpes in galyngale. Take powdour of galyngale, wyne, sugur and salt; and boile it yfere. Take breded ytosted, and lay the sewe onward, and serue it forth

〔コウリョウキョウのソップ。コウリョウキョウの粉末、ワイン、砂糖、塩を用意し、一緒に煮立てる。パンを焼いて、上からソースをかけて供する。〕

Soupes dorye . . . take Paynemayn an kytte it an toste it an wete it in wyne

〔金色のソップ。パインデマイン〔白パン〕を切って焼き、ワインに浸す。〕

ソップ *sop* という単語はおそらく六世紀の後期ラテン語 *suppa* とつながりがあり、その *suppa* が一〇世紀に古フランス語の *soper*〔夕食を食べる〕と *soupe* に発展し、そこから今の英語の *supper*〔サパー《サパー》〕や *soup*〔スープ〕になったと考えられる。したがってスープの最初の意味は〝汁に浸したトースト〟というもので、その後トーストと一緒に食べる汁全般を指すようになった。一方サパーは、量の多い昼に食べる「ディナー」とは対照的な、ソップやスープといった軽い夕食を指す単語となった。アメリカでは、サパーという単語は様々な地方の方言に残っており、意味も少しずつ異なっている。私がニューヨークに住んでいた幼い頃は夕食をサパーと言っていた。四歳になりカリフォルニアに引っ越してきたときに、この古臭い単語を使って他の子たちに笑われてしまい、夕食はディナーって言うんだよ、と両親に教えたおぼえがある。

　ワッセイル *wassail* という英単語の起源は一〇〇〇年前にさかのぼる。当時 *waes hael*（be healthy）〔健康であれ〕と唱えながら、ワインやエールで誰かの健康に乾杯をしていた。*hael* は現代英語の *hale*〔強壮な、かくしゃくとした〕や *healthy*〔健康な〕の語源である。このように、英語にもクロアチア語のジヴェリ *živjeli*、フランス語のサンテ *santé*、ドイツ語のプロースト *prost* にあたる単語があったのだ。

　waes hael にたいする正しい返答は *drink hael*（drink healthy）〔健康に飲め〕だった。これは一一八〇年にイギリス人の修道士で社会評論家のナイジェラス・ワイアカーが、パリの新しい一流「大学」に留学しているイギリス人学生たちは、「waes hael」と「drink hael」に長い時間を費やすばかりで学業に十分な時間を割いていない、と書いたことから知られるようになった。どうやらこの九〇〇年間、大学生活の根本は変わっていないようだ。

「waes hael」「drink hael」と掛け合う複雑な乾杯の儀式は、一部の地域で文化に深く根付いている。たとえばジョージア〔グルジア〕の宴会は、ワインを手に乾杯が果てしなく繰り返されるのが特徴だ。一晩で二〇回以上も乾杯をすることがある。部屋のあちこちで乾杯の音頭を取る人が起立し、主賓や祖国ジョージア、家族、宴会・乾杯の進行役《トーストマスター》（タマダと呼ばれる）などに乾杯を捧げる。

　少し脱線してワインの起源に話を移そう。生物学や考古学、言語学の資料を突き合わせると、野生のブドウを最初に栽培してワインが作られたのは、現在のジョージアやアルメニアのあるコーカサス地方であるらしいとわかる。知られているなかで最古（紀元前六〇〇〇年）の栽培用のブドウの種が、このあたりで発見されている。また、この地方に自生するブドウの遺伝子は、世界でももっとも多様だった。ＤＮＡの調査結果によると、この地の野生のブドウ *vinis vinferia sylvestris* からワイン用のブドウ *vinis vinifera vinifera*〔ヴィニフェラ種〕が最初に栽培されたらしい。紀元前五〇〇〇年にまでさかのぼるワインの最古の残滓が、イランのザグロス山脈にあるハッジ・フィルズ・テペという名の新石器時代の村の北部で発見された壺のなかに見つかった。さらに、一部の言語学者はグルジア語を含むカルトヴェリ語族にあるワインを意味する古代の単語 **ɣwino*（*は原始語と指定されるものであることを示す）が、インド・ヨーロッパ語族（英語の *wine* および *vine*、ラテン語の *vinum*、アルバニア語の *vere*、ギリシア語の *oinos*、アルメニア語の *gini*、ヒッタイト語の *wiyana*）とセム語族（**wajn*、アラビア語の *wayn*、ヘブライ語の *yayin*、アッカイド語の *inu*）のような、隣接する語族にあるワインを指す単語の起源だと考えている。ペンシルヴァニア大学の研究員パトリック・マクガヴァーンはこの説を、アララト山（トルコ東部のアルメニアとの国境沿い）にブドウの苗木を植えたとされる旧約聖書のノアにちなんで「ノア仮説」と名付けた。「箱舟は七月一七日にアララト山にとどまった。（中略）そしてノアは（中略）ブドウ畑を作った」〔創世記八章から九章〕

　ワインを意味する単語をこのようにして取り入れたと思われるセム語族やインド・ヨーロッパ語族の文化には、乾杯《トースト》に関連する「献酒」という概念があったことを示す古い証拠も存在する。献酒とは、ハチミツ酒《ミード》やワイン、油を自分たちが飲む前に神々に注ぐというギリシアの信仰の要となる行為であり、古くはホメロスの時代にも見られた。後の時代のギリシアの饗宴では、クラテル〔古代ギリシアでワインを水で割るために用いた器〕から酒を飲む前に、最初の一杯をゼウスに注ぎ、二杯目以降を半神たちに注いでいた。

献酒の起源はさらに古く、ギリシア文化の前身であるインド・ヨーロッパ語を話す民族の時代にまでさかのぼる。彼らは不運を避けることを目的として神々に献酒を行なっていた。これを裏付ける言語学的な証拠がある。インド・ヨーロッパ語族に含まれる言語には献酒を意味する単語が多くあり、しばしば健康や安全、保証などの単語と結びついている。たとえばギリシア語の *spendo* とヒッタイト語の *spand* は、誰かの安全や無事の帰還を神に願ってワインを捧げるという意味だ。また、これらの単語と関連するラテン語の *spondeo* には「保証する」という意味があり、ここから英語の *spouse*〔配偶者〕が派生した。古代ローマにおける結婚の儀式では、配偶者の安全を保証するという契約を結んでいたからだ。語根の **g'heu*（*pour*〔注ぐ〕）は、ラテン語の *fundere*（注ぐという意味であり、ここから *fund*〔資金を供給する〕、*refund*〔返済する〕、*found*〔設立する〕、*fuse*〔溶解する〕、*suffuse*〔満たす〕などの英単語が派生した）、ヴェーダ〔バラモン教、ヒンドゥー教の根本聖典〕の儀式で捧げられる液体を指すサンスクリット語の *hav-*、捧げ物をするという意味のイラン語の *zav-*、聖職者を意味するイラン語の *zaotar* の語源である。

献酒は中東でも同じくらい古くから行なわれていたようだ。大英博物館には、紀元前二四〇〇年から二六〇〇年に作られた、シュメール人の都市ウルの聖職者が神酒《みき》を注いでいる姿を描いた彫刻がある。献酒を表わす同様の絵は、シュメール人の後にメソポタミアを征服したセム語を話すアッカド人によって紀元前三〇〇〇年に描かれている。

メソポタミアで行なわれた献酒には、シュメール人、アッカド人いずれの場合でもワインよりビールがよく使われた。この南方の地ではブドウが育ちにくく、アッカド語でシカル *shikaru* と呼ばれるビールが飲まれていた。シカルは現代のビールと同じく大麦から作られていたが、ハチミツやヤシ酒を混ぜて醸造されることが多く、そのためにアルコール濃度が高くなっていた（発酵させるために砂糖を多く使うと、その分、アルコール濃度が高くなる）。現存する世界最古のビールのレシピは紀元前一八〇〇年のものである。ハーブとハチミツとワインを入れて醸造し、シュメールのビールの女神ニンカシに捧げられた。

ニンカシに捧げる賛歌

ニンカシよ、あなたは甘い香りのビールパンを（中略）かき混ぜる
あなたは、ビールパンを大きなかまどで焼き、皮麦の山を積み重ねる
あなたは、麦芽に土をかぶせて水をかける
あなたは、瓶のなかで麦芽を浸す
あなたは、大きな葦のむしろに麦芽汁を広げる
あなたは、まだ発酵していない麦芽汁を両の手に持ち、ハチミツとワインで醸造する
あなたは、（中略）麦芽汁を器に［載せる？］
あなたは、大きな受け樽の上に（中略）心地よい音を立てる発酵樽を置く
あなたは、受け樽から濾したビールを注ぎ出す
まるで、チグリス・ユーフラテス川の流れのように

献酒は、後の時代のセム語を話すヘブライ人によって、ヘブライ語聖書の冒頭部分に記録されている。たとえば創世記には、ヤコブが神酒を捧げる記述がある。「そしてヤコブは、神が彼に語られたところに柱、すなわち石の柱を立て、その上に神酒を注ぎ、またその上に油を注いだ」（創世記三

五章一四節)。この神酒は通常はワイン(ヘブライ語では*yayin*)または油であるが、アッカド語のシカル*shikaru*から派生したシェカール*sheker*という名の酒である場合もあった。ヘブライ語のシェカールも同じようにビールを意味するが、ハチミツやヤシ酒と一緒に発酵させてアルコール濃度を高くした改良ビールを指すこともある。「聖所にて、主のための献酒として強いワイン[シェカール]を注がなければならない」(民数記二八章七節)。

ワインやビールの献酒が習慣化された理由はわかっていない。アルコールやそこに浸したハーブに病原菌の繁殖を抑える性質があることから、ワインが健康と関連づけられるようになったのかもしれない。レヴァント南部(現代のパレスチナまたはイスラエル)で紀元前三一五〇年に製造されたワインには、セイヴォリーやコリアンダー、ヨモギ、タイムなどの抗酸化作用をもつハーブが漬けられていたようだ。これらのいくつかは、レヴァント地方で今でも広く知られるザタール*za'atar*という名の混合スパイスの材料に使われている。ワインやビール、油、小麦粉(初期の捧げ物としてこれもよく用いられた)はどれも加工食品であり、作るために労力がかかっていることと、供え物として少量だけ注ぎやすいことから、高く評価されていた。

あるいは乾杯は、人々の親交を深める手段として始まったのかもしれない。古い中国の文献には、乾杯は手の込んだ社会的儀式のひとつとして記されている。乾杯や献酒は本来、幸運を自慢すると神に罰を受けることがあるという、インド・ヨーロッパ語族やセム語族の民族のあいだで広まっていた〝邪視〟という迷信と関係していたのではないか、と考える人類学者もいる。邪視には乾燥させる力があるために(果樹をしなびさせたり、牛の乳を出なくさせたりする)、人間の不遜に憤りをおぼえているかもしれないギリシアの神々を癒したりなだめたりするために液体が使われた。液体に癒しの力があることは、邪視を追い払うために唾を三回吐く民俗的な風習の説明にもなる(オペラ歌手は今でも、舞台に出る前、唾を三回吐く代わりに「トイトイトイ」と唱える)。

乾杯はまた、インド・ヨーロッパ語族やセム語族をはじめとする多数の文化で、フランス語なら *bon appetit*(たくさん召しあがれ)、レヴァント地方のアラビア語なら *sahtein*(二つの健康)、イディッシュ語なら *ess gezunterheit*(健康に食べる)、ギリシア語なら *laki orexi*(食欲がある)というように、食事の前に唱える健康や食欲についての掛け声とも関連しているかもしれない。

いずれにせよ、シェカール *sheker* というヘブライ語はあらゆる種類の強い酒を指す「強化ビール」という意味に一般化されて生き延びた。ヒエロニムスは四世紀に聖書をラテン語に訳したとき(ウルガタ聖書)、この単語を借りてラテン語のシセラ *sicera* という単語を作り、ビールかハチミツ酒、ヤシ酒、果実の醸造酒と定義した。中世初期にシェカールがイディッシュ語に取り入れられ、「酔っ払い」を意味するシケル *shikker* となった。一方フランスでは *sicera* がシードル *sidre* という発音となって発酵させたリンゴ果汁を指すようになり、フランス中、とりわけノルマンディ地方とブルターニュ地方で広まった。一〇六六年以降、ノルマン人がこの酒と新しい英単語 *cider* サイダーをイギリスに持ち込んだ。

ちょうどこの頃、ペルシアとアラブの錬金術師が、エジプト在住のギリシア人とビザンチン帝国の錬金術師が過去に開発した技術をもとに蒸留技術を完成させた。アランビック *alembic*(アラビア語の *al-anbiq*、ギリシア語の *ambyx* に由来。自然発酵のベルギービール、ランビック *lambic* の語源でもある)は、蓋から管が出ているフラスコである。フラスコ内で液体が沸騰すると蒸気が昇り、冷えて凝縮すると管からしたたり落ちる〔左ページの図〕。

ルネサンス初期には、蒸留酒が西はヨーロッパ、東は中央アジアへと広がり始めた。西ヨーロッパでは、リンゴ酒とブドウ酒が蒸留されてオー・ド・ヴィやブランデーとなった。ペルー人とチリ人は

中世のアランビック。蒸留させる液体を蒸留器Aに入れ、弱火で熱する。アルコールの沸点は水より低いため、蒸気となってスチルヘッドBに昇り、そこで外部から冷やされ（たとえば冷水に浸した布を使う）、凝縮したアルコール（もしくは他の留出物）が管Cを通って回収槽Eにたまる。

ワインを蒸留してブランデーのピスコを作った。ヨーロッパ南東部ではプラム酒を蒸留して、マルタの結婚式で乾杯したラキアを作った。

これらの歴史はすべて、当然ながら言葉のなかに記録されている。ラキア *rakia* という単語は「汗」を意味するアラビア語の *ʻaraq* に由来する。凝縮したアルコールがスチルヘッドの口からしたたり落ちる様子を鮮やかに喩えた表現だ。他にも *ʻaraq* を語源とする多くの単語が、その土地の蒸留酒を指す言葉として世界中で用いられている。すでに第4章でインドネシアの赤米酒、アラック *arrack* には触れたが、この他にもたくさんある。レバノンやイスラエル、シリア、ヨルダンなどレヴァント地方で飲まれている、アニスで風味をつけたアラク *arak*、トルコのラキ *raki*、ペルシアのアラグ *aragh*、クロウメモドキの葉で風味をつけたエチオピアのアラキ *araki*、スリランカのココナツ蒸留酒でこれもまたア

ラック *arrack* と呼ばれるもの、馬乳の発酵酒を蒸留させたモンゴルのアルヒ *arkhi* などがそうだ。これらの地域に共通しているのは、西はオスマン帝国の支配するヨーロッパ南東部、東はペルシアの影響を受けたモンゴルからイスラム教の広まったインドネシアにいたるまで、歴史的にイスラム教徒が存在するか、その接触や影響を受けていたことだ（イスラム教では飲酒は禁止されているが、特定の種類のアルコール飲料はある程度の分量まで許されている場合もある。いずれにしても飲酒の習慣はいろいろな地域で残っているようだ）。したがってこれらの単語（*alcohol* のような他のアラビア語も）からは、アラブ人とイスラム教徒の科学者が蒸留技術と蒸留酒の発展・普及に重要な役割を果たしたことがわかる。

サイダー *cider* やシケル *shikker* にはいずれも、文字で書かれた世界最古のレシピが残るアッカド人の作ったハチミツ入りビール、シカル *shikaru* の発音の痕跡と、ビールをハチミツや果実で強化してアルコール濃度を上げるという古代の手法の名残が認められる。実際、知られているなかでもっとも古い人工のアルコール飲料は、発酵させたハチミツと米、ブドウ、あるいはサンザシの実を原料とするビールとサイダーの混成酒のようなものなのだ。こうした酒の形跡が、中国の河南省にある紀元前七〇〇〇年から六六〇〇年の陶磁器に発見されている。

言い換えるなら、現代のしゃれたカクテルや夏のミチェラーダに、カモミールやタイム、果実が使われているのは、新たな発明でも何でもない。九〇〇〇年前に作られた世界初の混成酒から始まった古代の伝統が現代に反映されているだけなのだ。そうした伝統は、紀元前二〇〇〇年におけるレヴァント地方のタイムを浸したワインや、メソポタミアのハチミツ入りビール、ヘンリー七世時代のワッセイル、一八世紀イギリスのトーストとルリヂサを入れたビール、さらには現代のホット・アップル・サイダーにいたるまで、歴史のなかで息づいている。現在のインディア・ペールエールの強いホップの風味からは、東インド会社の貿易船の、うだるように暑い貨物倉庫に積み込まれたインディア・ペールエールの樽が赤道を越えて、当時はボンベイ、マドラス、カルカッタと呼ばれた町へ運ばれていったことが思い浮かぶ。

献酒は今でも残っている。現代のヒップホップ世代の中には、亡くなった友人や親戚を悼み、モルト・リカーに口をつける前に地面に流す「注ぎ流し」〔pouring one out〕という献酒の習慣があり、これがトゥパック・シャクール（２パック）の「Pour Out a Little Liquor（酒を少し注いで流す）」という歌にも描かれている。（モルト・リカーは発酵前に砂糖を加えた強化ビールであり、これもまたシカルから派生した酒であるため献酒にとりわけふさわしい）

しかし現在のカクテルの名前は、さらに興味深いことになっている。ミッション地区にあるバー「トリック・ドッグ」では、パントンの色見本や昔の四五回転のシングルレコードにちなんだ名前がつけられており、ゴールデン・ゲート・パークの近くにある「アレンビック」では〝四川ペッパー・インフューズド・ナイン・ボルト〟というカクテルがある。またローワーヘイトの「メイヴェン」では〝未亡人のキス〟〝海の人魚〟といった名前のカクテルがある。こうした女性やセックスを直接的に連想させる名付けからは、「祝杯を捧げられたレディ」の健康を願って杯を合わせた一八世紀の酒飲みたちから「乾杯《トースト》」という言葉が誕生したことを思い出す。ただし今では、ご婦人方も同様にグラスを掲げて乾杯をしているが。

どちらにしても、パンチの休憩はこれで終わり。次はシチメンチョウの話をしよう。

第6章　ターキーって何のこと？

私は感謝祭が好きだ。その季節になるとサンフランシスコにもようやく雨が降り始め、まるで四季があるかのように感じられる。母親の作るおいしいシチメンチョウの詰め物や、タマル〔練ったトウモロコシ粉に香辛料とひき肉を混ぜ、バナナの葉に包んで蒸したメキシコ料理〕やデザートの材料を買う人々で通りがごった返す。そしてこれが一番大事なことだが、町の聖歌隊の冬の演奏会が順次開かれるようになる。去年の感謝祭では友人が参加する聖歌隊の演奏をいくつか聴き逃してしまい、自分がエドガー・アラン・ポーのような、音楽を聴く耳を持たない人間になったように思えた。彼の有名な言葉を次に引用しよう。

　イタリアオペラで大勢の役者たちが身振りをして一斉に歌うのを聞くたびに、アテネでシチメンチョウの合唱団がメレアグロスの死を嘆き悲しむソフォクレスの悲劇を鑑賞している気分になる。
〔短篇「覚書（マルジナリア）」（吉田健一訳、東京創元社『ポオ全集3巻』）〕

ポーが言及しているのはソフォクレスの失われた悲劇『メレアグロス』のことであり、すでにおわかりかと思うが、実際にシチメンチョウの合唱団が出てくるわけではない。シチメンチョウの歌声をけなしているわけでもない。シチメンチョウがヨーロッパに入ってきたのは、ソフォクレスがアテネでこの悲劇を執筆していた頃から二〇〇〇年もたった一五一一年のことだからだ。ならばどのようにして二〇〇〇年も前に、シチメンチョウがギリシアの円形劇場に姿を現わしたのか。なぜこの鳥は、国にちなんだ名前を付けられているのか。トルコ〔シチメンチョウは英語でターキー（トルコ）〕の他に、インドはフランス語の *dinde*（d'Inde、「インドの」を短縮した形）、トルコ語の *hindi*、ポーランド語の *indik* など、一〇以上の言語でその国名がシチメンチョウの名前の起源となっているのだ。ペルー（ヒンディー語とポルトガル語のどちらでも、シチメンチョウを *peru* という）、さらにはエチオピア（アラビア語レヴァント方言で、シチメンチョウは「エチオピアの鳥」という意味の *dik habash* となる）も同じだ。

これから説明していくが、その答えにはアステカの料理人たちが絡んでいる。ポルトガル政府の秘密主義と、現代の株取引の起源が間接的原因となって二匹の鳥が混同されてしまったのだ。そしてケチャップのときと同様に、シチメンチョウや他の嗜好品は世界を旅してこの地にたどりついたことが明らかになる。ただしこの場合、西半球のアメリカ先住民を起点とした世界一周の旅だった。

この旅は数千年前のメキシコ中南部から始まった。野生のシチメンチョウの多くの種が今なおアメリカ東部・南部からメキシコにいたる幅広い地域に分布しているが、家畜化されたシチメンチョウは、そのうちのたったひとつ *Meleagris gallopavo gallopavo* という種に起源をもつという。その種は紀元前八〇〇年から西暦一〇〇年のあいだのどこかの時点で、メキシコのミチョアカン州かプエブラ州あたりでアメリカ先住民によって家畜化された。

誰がシチメンチョウを家畜化したのかはわかっていないが、この鳥は北方からメキシコ盆地に入ってきたアステカ族に受け継がれた。そこでシチメンチョウは重要な動物となり、アステカ神話に登場するまでになった。〝宝石をちりばめたシチメンチョウ〟という名の神〔チャルチウトトリン〕は、トリックスター的なテスカトリポカ神の化身である。

一五世紀になる頃には、アステカ帝国全体で莫大な数のシチメンチョウが飼育されていた。コルテス〔アステカ帝国を征服したスペインの軍人〕は、家禽市場が開かれたテノチティトラン（現在のメキシコシティ）の通りの様子を書き残している。この都市の郊外にいくつかある市場のひとつ、テペヤックだけでも、一年を通して五日毎に立つ市で八〇〇〇羽のシチメンチョウが売られていた。

アステカ人が用いたナワトル語でシチメンチョウを指す単語は、雌鶏がトトリン *totolin*、雄鶏がウエショロトル *huexolotl* である。*huexolotl* から現代メキシコのスペイン語でシチメンチョウを意味するグアホロテ *guajolote* が派生した（ナワトル語から英語になった単語には、*avocado*〔アヴォカド〕、*tomato*〔トマト〕、*chocolate*〔チョコレート〕、*chile*〔トウガラシ〕などがある）。

アステカ族や近隣の諸族は、いろいろなトウガラシのソースを使ってシチメンチョウを調理した。ソースや煮込み料理を指すナワトル語はモッリ *molli* といい、これが、現在のメキシコで使われているスペイン語のモレ *mole*〔トウガラシ、チョコレート、トマトなどで味をつけたメキシコのソース〕の語源である。ケチャップのように濃いモレや、スープのように薄いモレなど多くの種類のモレが作られていた。材料には多種多様なトウガラシや鹿肉、ウサギ、カモ、イグアナ、アルマジロ、カエル、オオブドウホオズキ、トマト、アマランスのような葉野菜、ピペル・アウリツムやアヴォカドの葉などのハーブが使われていた。

しかし、モレにもっともよく使われた材料はシチメンチョウだった。ベルナルディーノ・デ・サアグンが一六世紀に著した『*Historia general de las cosas de Nueva España*（ヌエバ・エスパーニャ概史）』は、トウガラシやトマト、すりつぶした種で作ったシチメンチョウのモレ（*totolin patzcalmolli*）や、黄色や緑のトウガラシをかけたシチメンチョウ、シチメンチョウのタマルがアステカの支配者に

子どもの誕生を祝ったアステカの宴会で出されたシチメンチョウの煮込みとタマル。フィレンツェ絵文書にある16世紀の絵より。

供されたと伝えている。オアハカ州で有名なトトモレ *totomole*（*totolin*［シチメンチョウの雌鶏］に *mole* を足した単語）と呼ばれるシチメンチョウのモレについて一六五〇年に書かれた文章には、乾燥させたチルウアウクレの粉（今でもオアハカのモレに使われているいぶした黒いトウガラシ）とカボチャの種、ピペル・アウリツムまたはアヴォカドの葉で風味をつけた汁を加えてシチメンチョウを煮込むとある。

スペイン人が新世界に到着すると、旧世界と新世界とのあいだで、かの有名なコロンブス交換が食べ物にかんして始まった。米や豚肉（よってラードも）、チーズ、玉ネギ、ニンニク、コショウ、シナモン、砂糖などの食品が大西洋を横断してメキシコに入った。炒めた玉ネギとニンニクやシナモン、クミン、クローヴ、アニス、ゴマといったイスラムの香辛料を入れた鶏肉のスペイン風煮込み料理、ギソスも同じだった。初期のメキシコの文献に記されたギソスやモレのレシピはまもなく、トウガラシがヨーロッパの香辛料と混ざることにより徐々に一体化していった。そうしてできたモレやチリモレ、ピピアン〔カボチャの種のモレ〕が、現代のメキシコ料理の基礎となった。

一八世紀から一九世紀初頭には、あらゆるシチメンチョウ料理のなかでもっとも有名な、シチメンチョウのプエブラ風モレ *mole poblano de guajolote* のレシピが登場する。プエブラの料理人なら誰もがこの料理の独自のレシピを心得ている。中心材料となるチョコレートは、アステカ族にとっては飲み物であり、一八一七年の料理書まではモレの材料として記されることはなかった。この本に収められたシチメンチョウのモレ（トウガラシ、ニンニク、玉ネギ、酢、砂糖、クミン、クローヴ、コショウ、シナモンで風味をつけたもの）のレシピに続き、チョコレートとあぶったアーモンドを加えた尼僧のモレ *mole de monjas* のレシピがまもなく登場した。現在のレシピはさらに豪華になっており、チョコレートの他に、クローヴ、アニス、シナモン、コリアンダー、ゴマ、トウガラシ、ニンニク、レーズン、アーモンド、トマトまたはオオブドウホオズキ、カボチャの種などが使われる。

贅沢な材料や魅惑的なおいしさから、シチメンチョウのプエブラ風モレがどのように生み出されたか、様々な作り話がある。風に乗って運ばれた香辛料がボウルに入った、チョコレートの箱が偶然鍋に落ちた、スペインからの大事な客人のために尼僧が急いで料理を作らなくてはならなかったなどおもしろい言い伝えがある。どれも物語としては印象的だが、実際には何の根拠もない。たいていのレシピは自然発生的ではなく、徐々に発展して今の形になっている。創意に富む料理人が要となる材料を加えたり、段取りのどこかを修正したりといった努力を積み重ねてレシピができあがっているのだ。これらの逸話のなかにあるたったひとつの真実は、おそらく僧院の尼僧が果たしていた役割だろう。

メキシコの尼僧はヨーロッパの尼僧と同じように、レシピを守り伝えていくという重要な役割を担っていたと思われる。

いずれにせよ現在のシチメンチョウのモレは、ミッション・ストリートの「ラ・オアハケーニャ」で提供されるバナナの葉に包んで蒸したシンプルでおいしいシチメンチョウのモレのタマルから、驚異的なまでに複雑なシチメンチョウのプエブラ風モレまで、メスティーソ〔中南米の、アメリカ先住民と白人の混血〕の歴史を象徴する食べ物である。キリスト教徒のスペイン人とイスラム教徒のスペイン人が使っていた材料に、新世界のシチメンチョウとチョコレート、トウガラシが混ざり、二つの文化の境界で古典的な多国籍料理が生み出されたのだ。リック・ベイレス〔アメリカで有名なメキシコ料理のシェフ〕のレシピにある材料リストの短縮版をお見せしよう。

リック・ベイレスのレシピより、シチメンチョウのプエブラ風モレの材料

10ポンドから12ポンドのシチメンチョウ1羽のぶつ切り

トウガラシ：
中サイズの乾燥チレムラート〔黒ずんだ色のしわのよったトウガラシ〕16本
中サイズの乾燥チレアンチョ〔赤褐色のごく一般的なトウガラシ〕5本
乾燥チレパシージャ〔強い辛みと苦み、コクのあるトウガラシ〕6本
種を取り除いたチレチポトレ〔燻製にしたトウガラシ〕1缶

ナッツと種：
ゴマ1/4カップ
コリアンダーの種小さじ1/2
ラードまたは植物油1/2カップ
皮つきのアーモンド山盛り1/3カップ

香りととろみ付け：
レーズン1/3カップ
中サイズの玉ネギ1/2の薄切り
皮をむいたニンニク２かけ
固くなったあるいは乾燥したコーン・トルティーヤ１枚
固くなったあるいは乾燥した白い堅パン２きれ
火であぶり、芯の果肉を取り除いて皮をむいた大きな完熟トマト１個

香辛料：
メキシコの３・３オンス板チョコ2/3の荒みじん切り
黒コショウの実10粒
クローヴ４粒
アニスの実小さじ1/2
シナモンスティック１インチ

塩を約小さじ2
砂糖を約1/4カップ
ラードまたは植物油1/4カップ
家禽のだし汁2 1/2クォート

このレシピはとても長い。まず種や実をあぶる。トウガラシを炒めて熱湯に浸す。アーモンドとレーズン、玉ネギ、ニンニクを炒める。トルティーヤとパンを炒めて加え、裏ごしする。トウガラシを裏ごしし、シチメンチョウを炒め、ソースを炒め、最後にシチメンチョウにソースをかけてオーブンで焼く、という手順になっている。

シチメンチョウのプエブラ風モレは東から西へのコロンブス交換の産物であるが、シチメンチョウ自体は（トウモロコシ、カボチャ、インゲン豆、ジャガイモ、サツマイモ、トマト、チリペッパーなど数千年前に新世界で栽培されたものとともに）、それと同時に逆向きでヨーロッパに入っていった。

シチメンチョウがヨーロッパに渡ったのは、一五〇二年にコロンブスがホンジュラスの海沿いでシチメンチョウとおぼしきものを食べたすぐ後のことだった。スペイン人の探検家たちはこれをガロパボ *gallopavo*（鶏クジャク）と呼び、一五一二年にはスペインに輸送していた。シチメンチョウは驚くほどの速度でヨーロッパ中に広がった。一五〇〇年代半ばには、すでにイギリスとフランス、ドイツ、スカンジナビアに行き渡っていた。

最初に数羽のシチメンチョウを持ち込んだのはスペイン人だったが、ヨーロッパに広める仕事の大半を成し遂げたのは、スペイン人ではなくポルトガル人だった。そして今日《こんにち》まで続いているシチメンチョウの誤称を招いたのは、他でもない、ポルトガル政府の秘密主義である。

すべては香辛料から始まった。当時、香辛料市場の中心地はインドのケララにあるカリカットという町だった。インド南部の丘陵地帯でとれた黒コショウと、香料諸島〔インドネシアとニューギニア島のあいだにあるモルッカ諸島〕の香辛料がイスラム教徒の商人に売られ、船でイエメンやホルムズを経由してレヴァント地方（地中海東部）に運ばれていた。そこでオスマン帝国のトルコ人やヴェネチア人が引き継ぎ、香辛料やアフリカ産の珍獣などの品々を積み替えて、ヨーロッパ諸国に運搬する仕事を取り仕切った。

トルコ人とヴェネチア人による独占交易を打ち破ろうとしたポルトガル人の船乗りたちは、一四九七年のヴァスコ・ダ・ガマを皮切りに、アフリカ大陸を迂回する航路で直接カリカットに到達した。その途中、カーボベルデ諸島と、ギニアと名付けた西アフリカ沿岸部に植民地を建設し、奴隷を連行したり、象牙や金、ホロホロチョウ〔英語で「ギニアの鶏」の意〕など土着の鳥を交易したりした。一五〇二年にカリカットに到達すると、すぐに香辛料の輸入に取り掛かった。

同じ時期に、ポルトガル人がスペイン人からシチメンチョウを手に入れた。この鳥がスペインからもたらされたことは、シチメンチョウを表わすポルトガル語 *galinha do Peru*（ペルーの鶏）からも明らかだ。南米に築かれたスペイン帝国の当時の名称は、ペルー副王領 *Virreinato del Perú* である。この帝国には、現在のペルー、チリ、コロンビア、パナマ、エクアドル、ボリヴィア、パラグアイ、ウルグアイ、アルゼンチンが含まれていた。ポルトガル人はおそらく、南北アメリカとアフリカ、ヨーロッパを結ぶ航路の途中で食糧を積み込むために寄港した、大西洋岸中部にある交易で栄えた島々（カナリア諸島やカーボベルデ諸島）でシチメンチョウを手に入れたのだろう。

ポルトガルの船は、三つの植民地で獲得した品々を積んでリスボンに帰港した。カリカットからは香辛料と織物を、西アフリカからは象牙と金、羽毛、珍しい鳥を、アメリカ大陸からはシチメンチョ

アントワープ取引所。フランス語でアンヴェルスと書かれた 19 世紀の絵葉書。

ウとトウモロコシを。リスボンで関税を支払った後、これらの品物は、当時ヨーロッパ北部の貿易の中心都市であったアントワープに運ばれた。一六世紀のアントワープは通商の主要都市としてその黄金期を迎え、商人たちでごった返していた。ポルトガル人は植民地で発見した品々を、ドイツ人は銅製品や銀製品を、オランダ人はニシンを、そしてもっとも大きな派閥であるイギリス人は織物を携えていた。

アントワープではポルトガル人がフェイトリア *feitoria* と呼ばれる交易所かつ倉庫を運営し、そこに品物が保存されていた（英語 *factory*〔工場〕のもとの意味）。商人たちは町中にある広場の露天市に商品を運び入れた。そこへヨーロッパの主要な貿易国から卸売業者たちが集まり、ポルトガルのコショウや象牙、穀物、鳥、ドイツの銀、イギリスの織物、オランダのニシンなどを値切って買い付けていたのだろう。おそらくはシチメンチョウのけたたましい鳴き声と、品物や食べ物の山に囲まれて。

一六世紀半ばには、新たに建設されたアントワープ取引所〔Antwerp Bourse〕に場が移動した。世界で初めて金融取引と商品取引専用に建設された建物であり、ここからフランス語と英語で取引所を意味する単語 *Bourse* ができた。この取引所のおかげで共通価格が形成され、見本を見るだけで、あるいは見なくても売買できるようになったため、汚い鳥の糞をたくさん落とされることがなくなった。

話は変わるが、フランスとイギリスはそれ以前から、小さな雌のシチメンチョウに非常によく似たつやつやとしたアフリカの黒い鳥を輸入していた。今ではホロホロチョウとして知られるその鳥を、フランス人とイギリス人は当初、一四〇〇年代にこの鳥を最初にヨーロッパ人に売ったマムルーク朝のトルコ系スルタンにちなんで *galine de Turquie*（トルコの鶏）または *Turkey cock*（トルコの雄鶏）と呼んでいた。この鳥はエチオピアから輸入されていたため、*poule d'Inde*（インドの雌鶏）とも呼ばれた（一五世紀には、「インド」はインドだけでなくエチオピアも指すことがあった）。

ポルトガル人は、一五五〇年に新世界からシチメンチョウを輸送すると同時に、この「トルコの雄鶏」と呼ばれたアフリカ産のホロホロチョウを西アフリカから再び輸入し始めていた（西アフリカでは、マンディンカ族やハウサ族がホロホロチョウを飼育しているという言い伝えが古くからあった）。どちらの鳥もすぐに人気の商品となった。

同時期に、ポルトガル政府は国際通商における優位を保つ目的で、海洋探検をすべて極秘扱いにした。発見を公表することは禁止され、地図や海図は厳格な検閲を受けた。ポルトガル人の作製する世界地図や海図には西アフリカの海岸を表示することが許されず、航海士は沈黙の宣誓を義務づけられ、外国人に海図を売った水先案内人には死刑が命じられた。このため一方の鳥がアメリカから、もう一方の鳥がアフリカからやってきた事実を知ることが不可能になった。ポルトガルの商品は関税を払うためにリスボンを経由したので、二種類の鳥はおそらく同じポルトガル船に乗せられてアントワープに到着し、新しく建設された取引所で現物を見せずにイギリス人やドイツ人に売られたのだろう。この姿形の似た二匹の鳥は、アントワープのみならずヨーロッパ中でしょっちゅう間違われた。

結果、その後百年にわたり、英語の「トルコの雄鶏」や「インドの雄鶏」、さらにはフランス語の「インドの雌鶏」が、ときにはシチメンチョウを、ときにはホロホロチョウを指すために使われた。二匹の鳥はオランダでも混同され、シェイクスピアでさえ取り違えることがあった。『ヘンリー四世第一部』〔二幕一場〕において、ホロホロチョウのつもりで「シチメンチョウ」と書いているのだ。

英語において二匹の鳥の混同が解消したのは、両者がイギリスで商業的に飼育されるようになってからのことだった。いずれにせよ、ルネサンスの時代にシチメンチョウの脚が実際に食用される頃には、現代の呼び方「ターキー」が登場していた。だから現在の「ルネサンス・フェア」〔エリザベス朝ルネサンスを再現する祭〕で必ず大きなシチメンチョウの脚が食べられるのだ。

他の言語にも同様に、名前の混同が残っていた。「d'Inde」〔インドの〕に由来するフランス語の *dinde*、オランダ語の *kalkoen*〔コルカタ〔カルカッタ〕に由来〕など、アメリカ大陸を後に西インドと呼んだことに由来する様々な名前があった（ポーランド語の *indik* もそう）。レヴァントのアラビア語 *dik habash* だけは、ホロホロチョウの原産地であるエチオピアを指していた。ドイツ語には、シチメンチョウを表わす名前が一〇以上もあった（*Truthahn*、*Puter*、*Indianisch*、*Janisch*、*Bubelhahn*、*Welscher Guli* など）。

この他、当初の混同の名残をとどめているものに、シチメンチョウの生物属名 *Meleagris* がある。現代分類学の父であるスウェーデン人博物学者リンネが間違えて、ホロホロチョウを意味するギリシア語の *meleagris* をもとにして属名を付けたのだ。そういうわけで、ソフォクレスが「シチメンチョウ」の合唱団と書いたことになってしまった。ローマの詩人オウィディウスは、ホロホロチョウを指

フランス人博物学者ピエール・ブロンによるシチメンチョウ（「*Cocs d'Inde*」）の絵。1555年の著書『*L'Histoire de la Nature des Oyseaux*（鳥の自然史）』より。

す *meleagris* という名称は、ギリシアの英雄メレアグロス *Meleager* に由来すると解説している。メレアグロスはこの世に生まれたとき、母の暖炉で燃えている薪が燃え尽きるまでは生きると予言された。母親は薪を暖炉から出してしまっておいたが、いずれにしてもメレアグロスは悲劇的な最期を迎えた。黒装束の姉妹たちが墓前で涙をとめどなく流したため、アルテミスが姉妹をホロホロチョウ、すなわち *Meleagrides*〔メレアグロスの姉妹たちという意味〕の姿に変え、涙を白い点にして体に散らした。

シチメンチョウは、とりわけイギリスで人気を呼んだ。一五六〇年代には広く食され、一五七三年には、クリスマスなどの祭日に供される標準的な鳥のロースト料理となっていた。当時の詩人が、「クリスマスの倹約料理（中略）最高のパイと（中略）しっかり下ごしらえしたシチメンチョウ」と歌っている。

ちょうどこの頃、シチメンチョウはアメリカへの帰国の途についていた。イギリスからの入植者が一六〇七年にはジェームズタウンに、一六二九年にはマサチューセッツ湾植民地に自国で育てたシチメンチョウを持ち込み、どちらの植民地でも「野生のターキー」と「われらがイギリスのターキー」が比較された。

読者のみなさんはご存じだろうが、プリマスに入植したピルグリム・ファーザーズ〔一六二〇年にメイフラワー号でアメリカに移住し最初の植民地を開いたイギリスのピューリタンの一団〕たちは「最初の感謝祭」でシチメンチョウのごちそうを本当に食べたわけではなかった（野生のシチメンチョウならたくさん食べたにちがいないが）。アメリカの植民地それぞれに、感謝祭が開かれたとされる日がたくさんあった。信仰の篤い分離派〔英国国教会から分かれたプロテスタントの諸派。ピューリタンはその一部〕にとって感謝祭の日とは、教会で過ごすべき宗教的な休日であり、近隣の人々と楽しむディナーパーティーではなかっただろう。その代わり、ある入植者が一六二一年に書いた手紙に、「マサソイト〔入植地の近隣に住んでいた先住民ワンパノーアグ族の酋長〕とその一党九〇人」が五頭の鹿をもって訪れた合同の祝宴において「われわれの収穫物」を祝ったと記されている。こうした祝宴は、イギリスで古くから行なわれていた秋の収穫祭を引き継いだものだった。

したがって、その祝宴でイギリス人とワンパノーアグ族が一緒にシチメンチョウを食べたとしても（確かなことはわからないだろうが）、それは新たに行なわれるようになったアメリカの祝宴ではなく、イギリスでクリスマスやお祭りにシチメンチョウのローストを食べていた古き良き習慣にすぎなかった。

感謝祭が根付いたのは、サラ・ジョセファ・ヘイルの努力の成果でもある。一九世紀に活躍した有名な雑誌編集者で、奴隷制度に反対する小説家、女性教育の支持者でもあった（伝承童謡「メリーさんの羊」の作者でもある）。ヘイルは国の統一のため感謝祭を祝日とする活動を推進し、一八六三年にエイブラハム・リンカーンがこれを認めた。その後二〇年間、感謝祭は学校教育や新聞でピルグリム・ファーザーズと関連づけられ、一八八〇年から一九一〇年にかけてアメリカに大量に移住した世代の子どもたち（私の祖母アンナもそのひとり）が新たな土地に無事にたどりついたことへの感謝を象徴する、新しい祝日という概念を家庭にもたらした。

あるいは少なくとも、デザートをもたらした。感謝祭を象徴するようになる甘いパイは、メスティーソのモレのように、新世界の材料（クランベリー、サツマイモ、ジャガイモ、ペカン）と、中世の香辛料や甘味と酸味、アラビア人がアンダルシア地方とイタリアにもたらしたカスタード（卵、牛乳、砂糖、香味料などを混ぜたデザート）とを組み合わせて作られた。一六五八年の卵とバターを使ったイギリス風カボチャパイのレシピには、砂糖とシナモン、ナツメグ、クローヴ、リンゴの薄切りに、コショウ、タイム、ローズマリーといった風味のよい香辛料が加わるようになっていた。現代のアメリカ風カボチャパイが、一七九六年に出版されたアメリカ人による初めての料理書、アメリア・シモンズ著『*American Cookery*（アメリカの料理法）』に掲載されている。

カボチャパイ

カボチャ1クォートをゆっくり煮て濾し、クリーム3パイント、十分にといた卵9個、砂糖、メース、ナツメグ、ショウガをペースト状にして（中略）皿に入れて四五分間オーブンで焼く。

ペカンパイのレシピはもっと新しい。私が見つけたなかでもっとも古いものは、テキサス・ペカンパイという名で、一八九八年の『*The Ladies Home Journal*（婦人家庭ジャーナル）』に掲載されていた（ペカンパイはテキサス州のパイとされている）。

テキサス・ペカンパイ

砂糖1カップ、甘くした牛乳1カップ、みじん切りにしたペカンの実½カップ、卵3個、小麦粉小さじ1。焼きあがったら、卵2個分の卵白をしっかり泡立て上からかけ、きつね色に焼き、刻んだペカンの実を少々振りかける。

このように牛乳、卵、砂糖を使った初期のレシピ（コーンシロップを使うようになったのはもっと後）を見ると、ペカンパイの原型は、カボチャパイと同じく、まさにデザートのカスタードだったのだ。そして昔のヨーロッパにおけるカスタードパイのレシピを踏襲していることがわかる。上部が開いたパイ生地に卵黄とクリーム、香辛料を詰めたレシピが、イギリスとポルトガルの一五世紀の料理書に載っている。ポルトガルのパン屋では今も、この菓子がパステル・デ・ナタ *pastel de nata* という名で売られている。ポルトガル人がこれをマカオに持ち込み、広東語の「蛋撻《ダーンタッ》」もしくは「エッグタルト」として有名になった。エッグタルトは今や点心の主要料理となっており、中国ではポルトガル風と中国風の両方のエッグタルトを売っているパン屋も多い。マカオのケンタッキーフライドチキンでも買える。ここサンフランシスコでは、グラント・アヴェニューの「ゴールデン・ゲート・ベーカリー」のエッグタルトが、とびきりのデザートとして中国系アメリカ人の感謝祭のメニューにあが

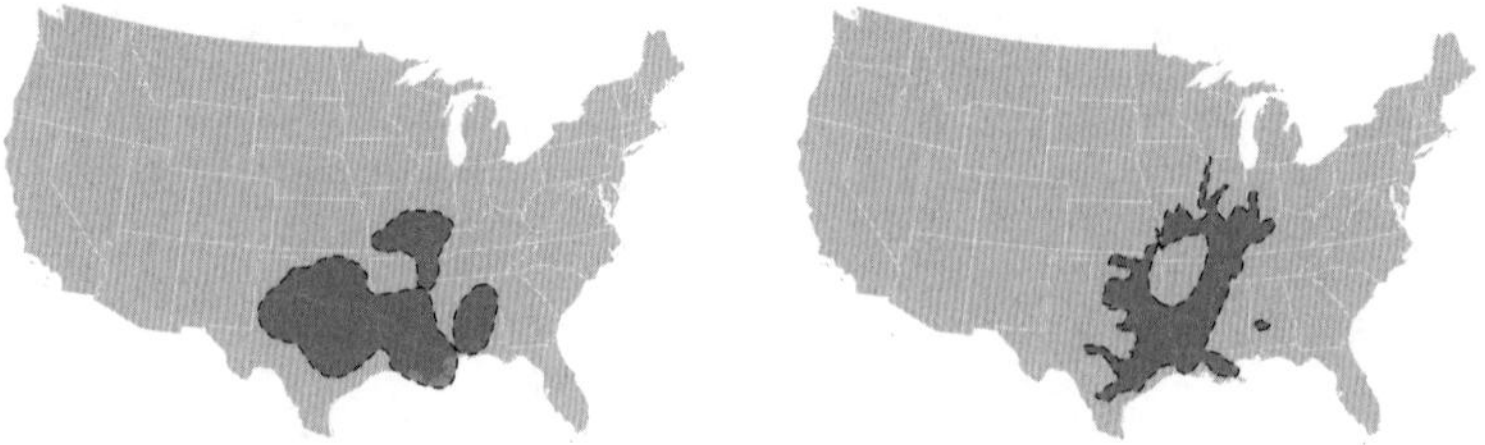

ペカンの地図二つ。左：ピカーンという発音が優勢である地域をおおまかに示したもの（バート・ヴォークスとジョシュア・カッツの研究にもとづく）。右：ペカンの木の主な生息地（米国森林局の地図より）。

る。

感謝祭のほとんどの食べ物の名前とは異なり、ペカン *pecan* はアメリカ先住民の言葉である。アルゴンキン語族のひとつ、イリノイ語から英語に入った単語だ。もともとの単語は *pakani* だったが、今ではいろいろな発音をされている。幼稚園からの幼なじみであるジェームズは、夏の暖かい夜にテキサス東部のブラゾス川の近くで結婚式を挙げたが、その場所の名前は「ピカーン」果樹園だと入念に教えてくれた。けれどもニューイングランドと東海岸ではピーキャンだし、ウィスコンシンとミシガンではピーキャン、西部や他の多くの地方ではピーカーンに近い発音になる。

なぜこういう違いが生じるのか。ピカーンと発音する地域は、ペカンの木が自生している地域と見事に一致している。それはピカーンという発音が、イリノイ語の本来の発音（パカーニ）にもっとも近いからである。つまり、このイリノイ語の単語が英語に取り入れられた地域では今でも伝統的な発音がされているが、そこから遠く離れた地域の方言では、発音が綴りの影響を受けて変化しているのだ。

あまり広くは知られていないが、ホロホロチョウも奴隷貿易の一環としてアメリカにやってきた。アメリカに向かう奴隷船には西アフリカの家畜類が食糧として積み込まれ、奴隷たちは狭い土地でホロホロチョウを飼育した。アフリカ系アメリカ人シェフでフードライターでもあった故エドナ・ルイスは解放奴隷の孫にあたり、ヴァージニア州フリータウンで「アフリカ系アメリカ人が代々引き継いだ」大切な食糧のひとつ、ホロホロチョウとともに成長したと語っている。彼女の著書『*The Taste of Country Cooking*（田舎料理の味）』には、ホロホロチョウを土鍋で煮込む昔ながらの料理法が記されている。これは初期の奴隷が働いていた植民地に残された、土鍋の跡にもとづいて書かれたものだ。おそらくは数百年前に西アフリカで、マンディンカ族がホロホロチョウを土鍋で煮込んでいたレシピが起源なのだろう。

シチメンチョウが伝える要点とは、ポルトガル貿易の秘密主義が原因で一六世紀のヨーロッパ人が二匹の鳥を混同してしまったことでも（実際にそうだったが）、シチメンチョウがヨーロッパ初の商品取引所で売買されたことでも（おそらく事実ではあるが）、さらには一七世紀に香辛料の山が風に飛ばされてプエブラのスープ鍋に入ったり、メレアグロスの姉妹たちがホロホロチョウに姿を変えられたり、ピルグリム・ファーザーズがマサソイトを感謝祭のシチメンチョウのディナーに招待したという、想像上の物語のどれでもない。

感謝祭の食べ物に込められた本当の意味は、アフリカ人とイギリス人が奴隷制度の恐怖や流浪の旅にふりかかる厳しい試練にも屈せず、なんとかして自国の食べ物を持ち込んで新しい国の料理を生み出すのに役立てた、ということなのだ。アメリカ先住民とスペイン人が困難や大虐殺や災難に見舞われながらも、自分たちの料理の要素を融合させて、メスティーソによるシチメンチョウのプエブラ風モレを作り出して祖先の食文化を守ることに貢献したように。

これもまたアメリカについて語られるひとつの美しい物語だ。祖父母から受け継がれた美しい伝統にまつわる食材を私たち一人ひとりが鍋に投げ入れることによって、石のスープのように種々雑多なものが共存する混血のアメリカで、誠に素晴らしい何かを創造したのだ〔ポルトガルに伝わる民話「石のスープ」では、旅人が「煮るとスープができる石を持っている」と言って民家で鍋と水を借りる。石を煮ながら家人に塩や小麦、野菜、肉を次々と借りて見事なスープを完成させる〕。これならおそらく作り話ではない本当の物語と言えるだろう。

第７章　セックス、ドラッグ、スシロール

サンフランシスコでお気に入りのタコス料理店はどこかと人に尋ねれば、いつだって話に花を咲かせることができる。私ならミッション・ストリートにある「ラ・タケリア」のカルニタス〔スパイスでマリネした豚肉の蒸し煮を細かくさいた料理〕に一票入れるが、友人のカルヴァンは、トゥエンティフォース・ストリートにある「タケリア・バヤルタ」のアル・パストール〔スパイスでマリネした豚肉を串に刺し、大きな塊にして焼いたものをそぎ落とした料理〕について滔々と語るだろう。サンフランシスコの住民たちは、どこの点心が最高かについても同じように論じ合う。また、毎晩売り子たちが辛い鶏のタマルを山盛りにして通りを行き交うのが町の名物だった一八八〇年代から、タマルについても礼儀は守りつつ意見を戦わせている。（もちろん他人の意見を聞くまでもない論題もある。たとえば一番おいしい鴨のローストを出す店はどこかと問われれば、サンセット地区の「祥興《チェンヒン》」に決まっているが、誰にも教えないでほしい。今でも行列があれだけ長いのだから）

サンフランシスコに限ったことではない。最近ではインターネットをのぞけば、レストランやワイン、ビール、本、映画、果てはデンタルフロスの銘柄まで、誰かが書いた長文のレビューが目に入る。この国の住民は一家言ある人ばかりだ。おそらく、ずっと以前からそうなのだろう。一八三五年に刊行された、アメリカ人の性質を予言したかのようなド・トクヴィル〔一九世紀フランスの政治思想家〕の著書『アメリカの民主政治（*Democracy in America*）』〔井伊玄太郎訳、講談社学術文庫。岩波文庫で

は松本礼二訳『アメリカのデモクラシー』）には、アメリカ合衆国では「まったく重要ではない問題について、大衆の意見が無数の細かな色合いに分かれている」と述べられている。

インターネット上のレストランのレビューについて考えよう。群衆の知識を集めたレビューは、新しい店を見つけるための身近な手段となっている。Yelp〔ローカルビジネスのレビューサイト〕に上がっている肯定的な店のレビュー（5点満点中5点）の例を見てみよう（匿名性を保護するために多少手を加えてある）。

この店はいい！！！！　新鮮で素材の味をいかした、質が高くて伝統的な、近所にあるこぢんまりした鮨屋って感じ。（中略）すごく気を配って一品ずつ作ってる。（中略）シェフが誇りをもって仕事をしてるのがよくわかる。（中略）これまでに食べたのは、どれもおいしかった！！！

次は、否定的なレビューを少しだけ紹介しよう（5点満点中1点）。

バーテンダーは新人か、単に全然ダメかのどちらかで（中略）注文を取りに来るまで一〇分待った。（中略）それからアントレが出てくるまで四五分、何と四五分も待たされた！（中略）デザートまでまた四五分待たされて、ウエイトレスをしつこく追い回さないと勘定もできなかった。（中略）目を合わせようとしないし、こっちが話してるのに足を止めもしなかった。（中略）チョコレートスフレにはがっかり。（中略）もうここには絶対行かない。

私たちは客の立場で、どの店で食事をするか（たぶん二番目のレストランは避けるだろう）、新しい本を買うか、映画を見るかどうかを決めるためにレビューを活用する。しかし言語学者の立場では、これらのレビューをまったく違う目的、すなわち人間の性質を理解するために利用する。レビューには、もっとも独断的で正直な人間の内面が表われる。レビューに表現された比喩や感情、情緒は、人間の心理を読み解く大事な鍵となるのだ。

私は同僚との一連の研究において、計算言語学の手法を駆使してこうしたレビューを考察した。第1章でメニューを共同研究したカーネギーメロン大学のヴィクトール・チョーナウ、ノア・スミス、ブライアン・ラウトリッジとともに、七都市（サンフランシスコ、ニューヨーク、シカゴ、ボストン、ロサンゼルス、フィラデルフィア、ワシントン）を対象に、だいたい二〇〇五年から二〇一一年のあいだにYelpサイト上に書かれたレストランのレビューを一〇〇万件調査した。調査の対象に選んだのは、メニュー研究のときと同じ都市とレストランだ。コンピュータ科学者のジュリアン・マコーリーとジュール・レスコベックとは、二〇〇三年から二〇一一年のあいだにBeerAdvocate〔ビール情報誌・ウェブサイト〕などで数千人が書いたビールのレビュー五〇〇万件を調べた。

これから説明していくが、ひどいにおいのビールや期待外れのサービス、あるいは驚くほど素晴らしい料理について人がどのように語るかは、人間の言語の普遍的特性（楽観主義や肯定的な感情を好む傾向があること、においの特性を表現する言葉に乏しいことなど）や、日常生活で使う比喩（ドラッグがある食べ物の比喩として使われる一方で、セックスが他の食べ物の比喩として使われる理由）、そしてとりわけ日常生活においてトラウマとなるような場面を読み解く、隠された鍵となる。

まずは簡単な質問から始めよう。良いレビュー、あるいは悪いレビューともっとも強く結びついている単語は何か。ある単語が、悪いレビューよりも良いレビューにどれだけたくさん出てくるか（あるいはその反対に、良いレビューより悪いレビューにどれだけたくさん出てくるか）を数えれば、その答えが見つかる。

当然ながら、良いレビュー（レストランやビールのどちらでも）は、いわゆる「肯定的感情を示す単語」もしくは「肯定的情緒を示す単語」ともっとも強く結びついている。それらをいくつか紹介しよう。

love〔好き〕、delicious〔おいしい〕、best〔最高の〕、amazing〔素晴らしい〕、great〔すごい〕、favorite〔お気に入り〕、perfect〔完璧な〕、excellent〔優れた〕、awesome〔見事な〕、wonderful〔驚くほどの〕、fantastic〔とてもよい〕、incredible〔信じられないほど素晴らしい〕

悪いレビューには、次のような「否定的感情を示す単語」や「否定的情緒を示す単語」が使われる。

horrible〔ひどく不快な〕、bad〔悪い〕、worst〔最悪の〕、terrible〔ひどい〕、awful〔恐ろしい〕、disgusting〔いまいましい〕、bland〔つまらない〕、gross〔嫌な〕、mediocre〔並の〕、tasteless〔味のない〕、sucks〔がっかりする〕、nasty〔不愉快な〕、dirty〔汚い〕、inedible〔食べられない〕、yuck〔むかつく〕、stale〔新鮮でない〕

horrible や *terrible* といった単語は本来、「inducing horror」や「inducing terror」〔恐怖を引き起こす〕という意味で用いられ、*awesome* や *wonderful* は「inducing awe」〔畏怖の念を生じさせる〕や「full of wonder」〔驚きで一杯である〕という意味で使われていた。しかし人間というのは生まれつき

誇張をするようにできていて、時とともに、実際の恐怖や心底から驚くことがない場合にもこうした単語を使うようになっていった。

その結果生じたのが、いわゆる「意味の漂白」である。つまり、*awesome*から「awe」という意味が抜け落ちた。意味の漂白は、先に挙げた感情や情緒を表わす単語のあいだに広がっているばかりか、「love」のような動詞にまで作用している。言語学者で辞書編纂者であるエリン・マッキーンは次のように指摘している。若い女性が*love*という単語の意味を、主には恋愛から食べ物のような無生物への感情を語るものへと一般化し始めたのは、一八〇〇年代の終わり頃というかなり最近のことである。一九一五年にはＬ・Ｍ・モンゴメリの『アンの愛情（*Anne of the Island*）』〔村岡花子訳、新潮文庫。松本侑子訳、集英社文庫他〕で、若い女性たちがloveという単語を食べ物に使うのはあまりにも大げさだと、年配の婦人がぶつぶつ言う場面がある。

> 今時の娘たちは、いったい全体どんな意味なのか絶対にわからないような、大げさな言い方をしてばかりですよ。私の若い頃はこうではなかったわ。昔は、母親やイエス・キリストを愛していると言うのと同じような調子で、カブを愛し﹅て﹅い﹅る﹅などと言ったりはしなかった。

ソース*sauce*やサルサ*salsa*といった単語の意味が、当初の「塩漬け」という意味から変化したのも意味の漂白の働きによる。しかしこれでは話が先走りすぎというものだろう。今はレビューをもっと見てみよう。

まずはBeerAdvocateに強い否定的な口調で書かれたビールのレビューだ。嫌悪を表現するために使われている具体的で独創的な単語を見てみよう（*sodalike*〔ソーダのような〕、*metallic*〔金属的な〕、

wet dog water〔濡れた犬〕、*force-carbonated*〔炭酸を強くした〕、*razor thin*〔ごくわずかな〕)。

薄い琥珀色で、ソーダのような白い泡はすぐにしぼんで消えてしまう。まさに見た目はソーダ。においは、アンズ飴の甘さと小麦のほのかに金属的な刺激が混ざったよう。風味は、濡れた犬とまがいもののアンズ・フレーバーが混ざった感じ。ひどい、ひどすぎる。口当たりは薄っぺらくて水っぽく、炭酸がきつすぎる。飲めるかどうかって？　キッチンの流し台に聞いてくれ！

私と同僚たちは、肯定的な単語と否定的な単語を自動的に抽出した。レビューを書いた人たちはおおむね、嫌いなビールを「水っぽい」「味気ない」などと評しているが、そうしたビールがどういうふうに「ひどい」かを、においや味のひどさ（*corny*〔麦芽の味が強い〕、*skunky*〔スカンクのような悪臭のある〕、*metallic*〔金属的な〕、*stale*〔気がぬけた〕、*chemical*〔薬品のような〕）、見た目のひどさ（*piss*〔小便〕、*yellow*〔黄色〕、*disgusting*〔胸がむかむかする〕、*colorless*〔色がない〕、*skanky*〔不快な〕）、あるいは口当たりのひどさ（*thin*〔こくがない〕、*flat*〔味がない〕、*fizzy*〔泡が多い〕、*overcarbonated*〔炭酸がきつい〕）で区別して、いろいろな意味合いを表わすために様々の否定的な単語を使って描写する傾向が見られた。

反対に気に入ったビールと出会ったときには、味、におい、のどごし、見た目のどれを評価しているかには関係なく、*amazing*〔素晴らしい〕、*perfect*〔完璧な〕、*wonderful*〔驚くほどの〕、*fantastic*〔とてもよい〕、*awesome*〔見事な〕、*incredible*〔信じられないほど素晴らしい〕、*great*〔すごい〕など、この章の冒頭で並べた、漠然とした意味をもつ肯定的な単語を使った。

肯定的な意見よりも否定的な意見を表わすときのほうが、様々な意味合いに分かれたより多くの種類の単語が存在することは、多言語について広く認められることだ。これは「否定の分化」と呼ばれている。人間は、否定的な感情や状況はそれぞれが大きく異なるものであり、別個の言葉が必要であると感じるようなのだ。これとは対照的に、喜ばしい感情や良い状況はそれぞれがよく似ているように感じられ、もっと少ない単語の集まりで事足りるようだ。

否定の分化はあらゆる領域で生じている。どの言語でも快楽よりも苦痛を表わす形容詞のほうが多いようだ。好きな人よりも嫌いな人について語るときのほうが、豊富な語彙を使う。魅力的な顔についてはよく似た描写をするが、魅力的でない顔は、それぞれに大きく異なる描写をする。肯定的であるよりも否定的であるほうが様々なあり方が存在するという普遍性のことを、トルストイが『アンナ・カレーニナ』の冒頭の有名な一文で、「幸福な家族はどれも似通っているが、不幸な家族のあり方はそれぞれに異なっている」と表現している。

においを表現する単語は、とりわけ否定的な傾向があるようだ。たとえば英語には、味が良い *delicious* や見た目が美しい *beautiful* に相当する「良いにおいがする」という意味の一般的な肯定語がない。言語には総じて、他の感覚と比べて嗅覚を表わす語彙が少なく、味を表わす単語（*sweet*〔甘い〕、*salty*〔塩気のある〕）や物の名前（*gamy*〔鳥獣肉のにおいがする〕、*musky*〔麝香のような〕、*skunky*〔スカンクのような悪臭のある〕、*metallic*〔金属的な〕）に頼っているようなのだ。

嗅覚にかんする語彙が幾分豊富な言語も、実際にはいくつかある。たとえばジャネットの母国語である広東語がそうだ。英語と違い、広東語には「良いにおいがする」という意味でよく使われる単語に香《ヒョン》 *heung* があり、英語では「fragrant」と訳される。英語の *fragrant* は詩的な単語でたまにしか使われないが、日常的な単語である広東語のヒョン *heung*（標準中国語ではシャン *xiang*）は、調理中の料理のにおいが気に入ったときなどに使われる。しょっちゅう使われる単語なので、みなさんもすでに目にしたことがあるはずだ。*heung* は、ヒョンゴン *Heung Gong*〔Hong Kong とも表記〕という地名の最初の部分である（香港、「香りの良い港」という意味）。

広東語にはとくに、否定的なにおいを表わす単語が豊富にある。その一部を紹介しよう。

宿　*suk1*　腐った米や豆腐に繁殖する細菌のにおい
餲　*ngaat3*　尿やアンモニアなど、アンモニア性のにおい
膉　*yik1*　腐敗もしくは酸化した油やピーナッツのにおい
舡　*hong2*　古くなった穀物の、かび臭い腐ったにおい（生の米、小麦、クッキー）
腥　*seng1*　魚臭い血のにおい
臊　*sou1*　麝香や羊肉、鳥獣肉、体臭のようなにおい
燶　*lou3*　過熱したタイヤや焦げた髪の毛のにおい

発音表記の後ろにある数字に注目してほしい。広東語には声調という、独特の上がり下がりの調子が六つあり、使われる声調によって単語の意味が変わる。この言語の豊かさは、ひどいにおいを表わす単語がいくつもあることだけにとどまらないのだ。

ここに挙げた単語の多くは他の中国語の方言にも存在し、そのなかにはとても古い単語もある。紀元前三世紀に中国語で書かれた百科事典に収められた、料理についての小文（中華料理の研究者フューシャ・ダンロップが「おそらくは、現存する世界最古の料理法についての論文」と呼ぶもの）には、紀元前六世紀の料理人伊尹《いいん》による、魚臭いにおい（腥）や鳥獣肉のにおい（臊）を消す方法についての古い助言が記されている。

悲しいかな、こうした古くから豊富にある否定的なにおいの語彙は、広東語でもすたれてきているらしい。香港に住む広東語を話す若者たちが知っているこのような単語の数は、年配の人が知る数よりも少ないことが研究から判明した。消毒やラップのせいで、言語学者のイラリオ・デ・スーザが「祖先が体感していた多様な嗅覚」と呼ぶものに接する機会がなくなっているからだ。

多くの言語でにおいの語彙がごくわずかしかないのは近年の現象のようで、その原因は都市化かもしれない（においの語彙が多く残っている言語は、都市以外で話されているものであることが多い）。あるいは昔からこうであり、遺伝的なものかもしれない（特定のにおいの検知をコードする遺伝子のスイッチの多くが、人間ではオフになっている。おそらく、霊長類が三色型色覚を獲得した頃にそうなったのだろう）。はたまた、同じ人間でもにおいの識別力に差異があることと関係するのかもしれない。たとえば遺伝的な差異から、部分的に風味化合物ｃｉｓ‐３‐ヘキセン‐１‐オール〔青葉アルコール〕によって作られる、ソーヴィニョン・ブラン〔白ワイン醸造用のブドウの品種〕の青くさいにおいを感じるかどうかの違いが生まれる。アスパラガスを食べた後の尿に硫黄のようなにおいを感じる能力には、同じような遺伝子の働きが関係している。最近行なわれた実験によれば、約八パーセントの人がこのにおいを生成せず、約六パーセントの人がこのにおいを嗅ぎ当てられない（妻は生物学者なので、この論文を読むとすぐアスパラガスを大量に調理して、この私を被験者にして即席の実験を行なった）。嗅覚の能力は多様にあり、しかも人によって差異が大きいことから、言語において、安定した量の嗅覚の語彙が確立されることが難しくなったのかもしれない。

しかし否定的なにおいの語彙がより分化していることは、「否定的先入観《ネガティブ・バイアス》」という、人間は否定的な状況をとりわけ意識する方向に偏っているとする現象の一面である。本章の冒頭で紹介した否定的なレビューも、そうした事例の表われだ。このことを理解するには、*horrible*〔ひどく不快な〕、

terrible〔ひどい〕、*awful*〔恐ろしい〕、*nasty*〔不愉快な〕などの否定的な感情を表わす単語にとどまらず、そこで語られている物語に目を向ける必要がある。そう、注目すべきは物語なのだ。

言語学者のダグラス・バイバーは、人が物語を語るときには、時制を過去形にして、コミュニケーションの動詞（言った、話した）と経緯を示す単語（それから、～の後で）をたくさん用いることを示した。そして否定的なレビューはこうした特徴で埋め尽くされている。ここで、否定的なレビューともっとも強く結びついている普通名詞も見てみよう。

manager〔支配人〕、customer〔客〕、minutes〔分〕、money〔お金〕、waitress〔ウエイトレス〕、waiter〔ウエイター〕、bill〔勘定書〕、attitude〔態度〕、management〔経営〕、business〔商売〕、apology〔謝罪〕、mistake〔間違い〕、table〔テーブル〕、charge〔料金〕、order〔注文〕、hostess〔女店主〕、tip〔チップ〕

これらの単語はどれも食べ物とは関係がない。悪いレビューとは、食べ物についてではなく人からされた嫌なことについて語ったものなのだ。ウエイターやウエイトレスが失敗をした、注文や勘定を間違えた、態度が悪かった、支配人が助けに来てくれなかった、女店主のせいで長く待たされた、などといった話ばかりだ。

そのうえ、悪いレビューには、「私たち」という代名詞〔we や us〕が圧倒的にたくさん使われる（「私たちは待たされた」「私たちのアントレ」「私たちは～しなくてはならなかった」）。他のレビューにも「私たち」という代名詞が使われはするが、否定的なレビューにはこれが非常に多く出てくる。*terrible* や *horrible* といった否定的な感情を表わす単語が使われること、他の人々についての物語であること、そして「私たち」がたくさん使われていること。これら三つの特徴に共通する要素は何だろう。どの特徴も、星ひとつのレビューと密接なかかわりがあるのだろうか。

この疑問にたいする答えは、テキサス大学心理学教授のジェームズ・ペネベーカーの先駆的な研究にある。ペネベーカーは、機能語〔実質的な意味内容をもたない、文法的機能を示す語。助動詞、冠詞、指示詞、前置詞、接続詞など〕のような単語がどのように人の性格や態度、感情を探るための隠された手がかりとなっているのかを、数十年にわたり研究してきた。その研究はとりわけ、トラウマの後遺症に重点を置いている。ペネベーカーの唱える「対処の社会的段階モデル」では、人はトラウマとなる出来事が起きた直後に、その出来事についての物語、すなわち自分の否定的な感情を表現する物語を語る必要を感じるとされている。トラウマを負った人は、「私たち」という単語を頻繁に用いることによって自分がグループに帰属していることを強調し、そこに安らぎを求めるという。

ペネベーカーと同僚たちは、9・11の後に感じた気持ちを語るブログや、ダイアナ皇太子妃の死について書く崇拝者たち、キャンパス内で惨事が発生した学校の学生新聞の記事などに、こうした傾向を見つけた。これらのどの場合でも、書かれた文章はレストランの酷評とよく似ている。「私たち」に支えられた連帯感を防波堤として否定的な感情から身を守り、自分の身に起こった否定的な事柄についての物語を語っているのだ。つまり否定的なレビューは、軽度のトラウマを表わす言語学的なあらゆる徴候を示している。

いくつかのレビューを選び出し注意深く読んでいくと、決まり切ったやり方が見えてくる。否定の分化が、スカンクのようなにおいのするビールの描写からひどいレストランで負ったトラウマの物語にまで見られることから、ネガティブ・バイアスの傾向が存在することは明らかだ。

なぜ私たちは、肯定的なことよりも否定的なことのほうを、いっそう強烈で、差別化したものとしてとらえるのか。ひとつの理由として、実際のところ世の中では肯定的なことよりも否定的なことのほうがそれぞれの差異が大きいことが考えられる。おそらくは美徳や優しさ、うれしさ、上手さ、素晴らしさなどのなかにある差異よりも、邪悪さや残酷さ、悲しさ、つらさ、スカンクみたいな臭さのなかにある差異のほうが、実際に大きいのかもしれない。もうひとつには、否定的なことは肯定的なことよりも現実に差異が大きかったり影響力が高かったりするわけではないが、あたかもそうであるかのようにふるまうほうが進化的に有益である、という可能性もある。人間は、否定的な出来事について心配し、それらを上手に見分ける必要がある。ここから直観的に理解できることは、人生において悪いことは様々な形で起こり、めったに起こらないとしても〔虎に襲われる、地震が起こる、蜂に刺される〕それぞれに異なる対応が求められるということだ。そうした事態を回避する方法を様々な言葉で語ることによって、私たちの祖先は、虎や地震に襲われても生き延びることができたのだ。

もちろんすべてのレビューが否定的なものというわけではない。食べ物やワインの肯定的なレビューでは、どのような比喩や言語学的構造が用いられているのだろう。

まずはセックスの話から始めよう。

アリゾナ大学言語学教授のエイドリアン・レーラーは、ワインのレビューが一九七五年から二〇〇〇年にかけてどのように変化していったかを研究した。まず一九八〇年代に*fleshy*〔ふくよかな〕、*muscular*〔たくましい〕、*sinewy*〔がっしりとした〕、*big-boned*〔骨太の〕、*broad-shouldered*〔肩幅の広い〕といった単語が使われ、身体を比喩に用いるレビューが増え始めたことに注目した。同時に、ロバート・M・パーカーJr.のような影響力のあるワイン評論家たちが「セクシー」「官能的」といった言葉を繰り返し用いたり、「しなやかで誘惑的」「なまめかしく、快楽主義的な楽しみを与えてくれる」「液状バイアグラ」などと描写したりして、ワインのもたらす官能的な喜びを強調し始めた。文学教授のショーン・シェスグリーンは、「やさしく愛撫するような」「魅惑的な」「胸の豊かな」「巨大な」などのワインを語る性愛的な表現から、「アメリカ人の複雑多彩な病的執着のなかで、ついに美食がセックスをしのいだと判断できる」と述べている。

こうしたセックスを比喩に用いた表現は、とくに高価な食べ物と関連しているようだ。私たちは何百万というレストランのレビューを題材に、セックスに言及しているあらゆる部分（あるいは*sexy*〔セクシーな〕、*seductive*〔誘惑的な〕、*orgasms*〔オルガスム〕、*lust*〔性欲〕などの関連する単語）を抜き出して調査した。その次に回帰分析〔二つの変数のあいだに数式モデルを仮定して、変数の観測データから未知のパラメータを推定する方法。経済予測モデル作成にも用いられる〕という統計手法を用いた。この手法を使えば、料理の種類や都市などの因子を対照群としたうえで、こうしたセックスへの言及がレストランの評価とどのように関係するかを考察できるのだ。

レストランに良い印象を抱いた人は、実際に性的な比喩を使う頻度が高かった。そのうえ経済的なつながりも発見できた。セックスへの言及は、高価なレストランのレビューで使われる頻度がとりわけ高いのだ。

> 酸味の少し利いたリンゴのアイスクリームとペーストリーのキャラメル味は、まさにオルガスム
> ぜいたくな風味で、あごが落ちるほどおいしくて、セクシー
> 肉汁のしたたる豚の脇腹肉に、誘惑するようなフォアグラのソテー

この経済的なつながりは非常に強い。レストランのレビューにセックスへの言及が多いほど、その店の価格帯が高くなるのだ。

安いレストランの食事を気に入った場合には、まったく異なる比喩が使われる。高価ではないレストランのフライド・ポテトやガーリック・ヌードルについて語るときには、セックスではなく、中毒やドラッグにまつわる言葉が使われる。

ガーリック・ヌードル（中略）今これにドラッグみたいにはまってる
このカップケーキはクラック〔コカインを精製した高純度の麻薬〕みたい
手羽肉は中毒になると警告された
（中略）麻薬を注射してほしい気分のときにはいつもこれ。このフライド・チキン、めちゃくちゃおいしい！
このフライド・ポテトには、クラックか何かの中毒性のドラッグが入ってるはず

ここに挙げた例は、鳥の手羽肉やフライド・チキン、カップケーキ、ガーリック・ヌードル、フライド・ポテト、ハンバーガーなど、私たちが「無性に食べたく」なったり「中毒」になったりする食べ物ばかりだ。こうしたスナック食品や甘い物は脂肪分や糖分が多く、たっぷりの油で揚げてあるところに後ろめたい喜びを感じるためドラッグと対比される。ジャンクフードを欲することとドラッグ中毒とのあいだに生化学的なつながりがあるかどうかについての確証は得られていないが、いずれにしても、脂肪分や糖分への欲求ははてしなく強い。ある研究ではチョコレート・ミルクシェイクの脂肪分と糖分の量を様々に変えた結果、脂肪分よりも糖分のほうが脳の報酬系をより中毒状態にさせることがわかった。作家のアダム・ゴプニクは、デザートを絶つ実験をみずから行なっていた期間中、夜中に起き出し、まるで外部からの命令で操作されているロボットのように寝ぼけたまま冷蔵庫の前

まで歩いていって、アイスクリームを取り出したという体験を書いている。

ともかく、ドラッグにかんするこのような比喩表現がどの言語でも見られることから、ジャンクフードとデザートに中毒性があるという認識が私たちの文化にいかに深く根付いているかがわかる。食べ物に責任を負わせることで、揚げ物や砂糖たっぷりのスナックを食べるという自分自身の「罪」から距離を置いているのだ。「私のせいじゃない。カップケーキがそうさせるの」というように。私たちの研究からは、男性よりも女性のほうが、ドラッグの比喩をレビューで多く使う傾向があることもわかった。つまり女性にはとくに、健康的で低カロリーの食事を摂らなければならないというプレッシャーがあるのだろう。

セックスにかんする言葉をレビューで使うとき、人は何を食べているのだろうか。性的な言葉の近くによく出てくる食べ物関係の言葉を調べれば、その答えがわかる。セックスと関連づけられる食べ物は二種類ある。そのうちのひとつが鮨だ。次のように、鮨にセクシーな名前をつけるのが今の流行となっている。

セックス・オン・ザ・ビーチ・ロール
セクシー・ママ・ロール
フォープレー〔前戯〕・ロール
セクシー・レディ・ロール
スイート・テンプテーション〔甘い誘惑〕・ロール
ホット・セクシー・シュリンプ・ロール
オルガスミック〔オルガスムを感じる〕・スパイシー・ツナ・ロール

セクシー・リジー〔レズビアンの俗語〕・ロール

もっとも頻繁にセックスと関連づけられるもう一種類の食べ物が、デザートである。

モルテン・チョコレート・ケーキ（中略）これはもう、お皿の上のオルガスム
すべすべしたパンナコッタとそそるようなシャーベットへの欲望にまだ身を焦がしている
マシュマロ（中略）とっても（中略）甘くてねばねばしていて、ポルノすれすれ
栗と餅の温かいチョコレート・ケーキ（中略）中が誘惑するようにねっとりしてる

また、これらの例には、デザートとセックスの両方に関連づけられている別の種類の単語も並んでいる。*sticky*〔ねばねばした〕、*silky*〔すべすべした〕、*gooey*〔ねっとりした〕いうような質感を表わす単語がそうだ。次に、数百万件のレビューから、デザートについて語る際にもっともよく使われる感覚的な言葉を挙げる。

rich〔濃厚な〕、moist〔しっとりした〕、warm〔熱烈な〕、sweet〔甘美な〕、dense〔濃密な〕、hot〔ほてるような〕、creamy〔なめらかな〕、flaky〔さくさくした〕、light〔軽い〕、fluffy〔ふわふわした〕、sticky〔ねばねばした〕、dry〔乾いた〕、gooey〔ねっとりした〕、smooth〔すべすべした〕、crisp〔ぱりっとした〕、oozing〔じくじくした〕、satin〔サテンのようにつやつやした〕、soft〔柔らかい〕、velvety〔ビロードのようになめらかな〕、thick〔濃厚な〕、melty〔とろりと溶けた〕、silky〔絹のようにすべすべした〕、thin〔薄い〕、crunchy〔ザクザクした〕、spongy〔スポンジのようにふわふわした〕

これらの単語はみな、質感や温度といった「感触」を察知する感覚領域に関連するものだ。デザートについて語るとき、私たちは見た目やにおい、味、音ではなく、口のなかの感触について語る。アメリカ人はデザートについて、ふつう、柔らかい、したたり落ちるなどの描写をする。言語学者のスーザン・ストラウスは、アメリカと日本、韓国のテレビ・コマーシャルを比較した研究で、こうした傾向はアメリカ英語における食べ物の宣伝にありふれた性質であることを発見した。アメリカのコマーシャルでは、柔らかさやねっとりとした感触、こってりした味わいや、クリームがたっぷり入っていることなどが強調され、柔らかさやしたたり落ちる甘さが官能性や快楽と関連づけられている。

このように柔らかくねばねばしたものと快楽とが結びつくのは、必然的なことではない。たとえば韓国における食べ物のコマーシャルでは、ウルトゥンブルトゥンハダ（固くてでこぼこしている）やカルカルハダ（ヒリヒリとした刺激のある）、トックソーダ（ツンとくる）、オルオルハダ（しびれるほど香辛料が利いた）といった言葉を用いて、固さや刺激的な食感が強調されることをストラウスは発見した。

デザートとセックスのつながりは、女性向けの官能的なチョコレートの宣伝から（ギラデリ社の「永遠の快楽の瞬間」というキャッチフレーズのように）現代音楽にいたるまで、私たちの文化のあらゆる側面において一目瞭然である。音楽について言えば、私の教え子のデブラ・パシオとリンダ・ユーが、ケリスの「ミルクシェイク」やリル・ウェインの「ロリポップ」などの最近の歌で、デザート、なかでもキャンディがセックスの比喩として使われていることを発見した。また、デザートにもジェンダー効果が認められる。私たちの研究から、男性よりも女性のほうがレビューでデザートに言及する回数が多いことが明らかになった。

また、デザートはきわめて大事なものであるために、悪く言うことがとても難しいと感じるようだ。デザートと関連する感情的な単語のなかでもっとも頻繁に使われる二〇個が、圧倒的に肯定的な気持ちを表現していることに注目しよう。

delicious〔おいしい〕、amazing〔驚くべき〕、yummy〔おいしい〕、decadent〔退廃的な〕、divine〔神のような〕、yum〔おいしい〕、good〔良い〕、OK、wow〔ああ!〕、fabulous〔素晴らしい〕、scrumptious〔おいしい〕、delectable〔美味な〕、wonderful〔驚嘆すべき〕、delish〔おいしい〕、refreshing〔すがすがしい〕、awesome〔ものすごい〕、perfect〔完璧な〕、incredible〔信じがたい〕、fantastic〔素敵な〕、heavenly〔至福の〕

実際、Yelpのレビューでは、デザートに言及している評価者ほどレストランが気に入ったという結果になっている。デザートに触れていないレビューでは、レストランの平均評価が3・6点となっている(5点満点)。一方、デザートに触れているレビューでは、5点満点中平均3・9点と高くなっている。しかもデザートについて言及しているレビューのなかでは、デザートに触れる回数が多いほどレストランにつける点数が高い。

このように、セックスとデザートの比喩がレビューにたくさん使われていると高い評価になる傾向は、驚くほど強いことがわかった。否定的な状況に敏感になるというネガティブ・バイアスがあっても、人は実際のところ、否定的になるよりはるかに肯定的になるものなのだ。

人間の性質は肯定的であるということを示すもののひとつに、単語の使われる頻度がある。肯定的な単語は多様性には欠けるものの、レビュー内では否定的な単語よりも頻繁に出現する。レストラン

のレビューでは *bland*〔味のない〕、*bad*〔悪い〕、*terrible*〔ひどい〕といった単語よりも、*great*〔素晴らしい〕、*delicious*〔おいしい〕、*amazing*〔驚くべき〕といった単語のほうが三倍から一〇倍多く使われている。

レビューの点数自体も肯定のほうに傾いている。ほとんどのサイトのレビューの点数は1から5に設定されているため、中央値は3であるはずだ。ところが、レビューの対象がレストランであれビールであれ、実際の中央値は5点中の4点前後となっている。同僚のクリス・ポッツが、インターネット上で人が何かを評価するときにはつねに、本や映画、カメラなど対象が何であれ、こうした偏りが存在することを明らかにした。

この肯定的なほうへと向かう傾向は、インターネットのために生じた近年の流れではなく、何千年ものあいだ、私たちの言語を形作ってきたものである。言語学者は、人間の真の普遍的特性を突き止めるための鍵となるような、すべての言語に見られる言語学的な現象に深い関心を抱いている。語彙のなかから肯定的な言葉を選ぶ傾向があるということは、これまでに発見したなかでもっとも強い普遍的特性のひとつである。人が肯定的であるという概念は心理学では「ポリアンナ効果」と呼ばれている。一九〇九年に出版されたエレノア・ポーター作の児童文学の主人公で、つねにものごとの明るい面を見つけようとする孤児の少女、ポリアンナにちなんだ名称だ。「ポリアンナ的」と言えば、一般的には単純で愚かしいほどの楽観主義を意味する。一方ポリアンナ効果とは、人間は楽観主義的だという顕著な傾向があるとする中立的な概念である。

ポリアンナ効果は、レビューだけに見られるものではない。ある単語がどういう頻度で使われるかをGoogleで調べれば（あるいは念入りに構築した学術的な文章のデータベースに出てくる頻度を調べれば）、肯定的な単語のほうが（平均して）否定的な単語よりも出現頻度が高いとわかる。英語の

good は *bad* より、*happy* は *sad* よりも出現率が高く、中国語の开心（幸せ）は难过（悲しい）よりも、スペイン語の *feliz*（幸せ）は *triste*（悲しい）よりも出現率が高い。

少し理解しにくいかもしれないが、肯定的な単語は、「無標」と呼ばれる言語学的に特別な状態にある。「有標性」は対立語によって生まれる。つまり、happy/unhappy〔幸せな／不幸せな〕、good/bad〔良い／悪い〕、capable/incapable〔有能な／無能な〕、honest/dishonest〔正直／不正直〕のような対立語では、前者が無標または中立であり、後者が有標である。対立語のどちらが無標かを見分けるための言語学的な手がかりはたくさんある。まず、無標の単語のほうが短い（有標の *unhappy* や *dishonest* には、無標の *happy* や *honest* にはない *un-* や *dis-* が付いている）。無標の単語は「good and evil」や「right and wrong」といった「XとY」の形をもつフレーズのなかで最初にくる傾向がある。無標の単語は疑問文で中立的に使われる。「Is your accountant honest?」〔あなたの会計士は正直ですか〕という疑問文は、会計士の正直さについて知りたいという中立的な尋ね方である。こう尋ねる代わりに「Is your accountant dishonest?」という疑問文を使うなら、会計士が不正をしていると考える何らかの根拠がすでにあるという意味になる。案の定どの言語でも、無標の単語は否定的（*unhappy*、*dishonest*）であるよりも肯定的（*happy*、*honest*）である場合がかなり多い。*sad*〔悲しい〕のような否定的な単語が基本にあって *unsad* が「happy」を示す形であるという例は、どういう言語においてもまれである。こういうわけで、英語には *unhappy*、*incapable*、*uncomfortable*〔不快な〕という単語があるのに、*unsad*、*un-itchy*〔itchy は「かゆい」〕、*unklutzy*〔klutzy は「不器用な」〕という単語がないのだ。

ポリアンナ効果は一〇を超える言語と文化で確認されているうえに、あらゆる種類の非言語的な状況においても生じている。心理学者に、何かについて考えたりリストのなかからどれかを思い出したりするよう指示を受けた人は、否定的なことよりも肯定的なことを答える。ニュースを誰かに伝える場合、否定的なニュースよりも肯定的なニュースを伝える傾向が強い。

言い換えれば、人間は否定的な出来事について様々な方法で語る一方で、他の人に無礼なことや意地悪をされると深く傷く。あらゆる点において人それぞれに異なり、知覚する味やにおいもばらばらで性格の差も大きい。それにもかかわらず、これらの違いによって際立つのは、やはり人間には根本的に似た部分があるということだ。すなわち私たち人間は、肯定的で楽観的な種なのだ。デザートやセックスのような、人生のなかでの良い思いに注目し、話題にする傾向がある。

そして喜びもトラウマも、すべてのことはインターネット上のレビューに見てとれる。そこからはどの店でディナーにするかのアドバイスだけでなく、人間の心理についてのちょっとした洞察も得られるのだ。

なにはともあれ、デザートは必ず注文しよう。

第8章　ポテトチップと自己の性質

サンフランシスコの住民たちはお祭り好きだが、いったい何を祝っているのか少しわからなくなることもある。まずはチャイニーズ・ニューイヤー・パレードがあるが、中国の旧正月当日に行なわれるわけではない。それに、カーニバルという派手なパレードも開催されるが、これもまた二月ではなく五月の行事だ〔リオのカーニバルは例年、二月か三月に開催される〕。さらにはバーニングマン〔約一週間の期間中、何もない平原に街を作り共同生活を営みながらアート活動を行なうイベント〕のフェスティバルもかつてはベイカー・ビーチで開かれていたが、今では別の州に場所を移している〔ネバダ州の砂漠で開催〕。この他にベイ・トゥ・ブレーカーズというレースもあるが、ほとんどの参加者にとってはマラソン大会というよりも、動きやすい（とは言いがたい）仮装で酒を飲むパーティーだ。

けれども私のお気に入りは、ハードリー・ストリクトリー・ブルーグラス・フェスティバルだ。そこで演奏される音楽は、このサンフランシスコではいろいろなものに多面性があることの例に漏れず、ブルーグラス〔米国南部に入植したスコットランド系アイルランド人の伝承音楽から派生したカントリー・ミュージック〕とは限らない。これは秋に開かれる無料の音楽フェスティバルで、すでに故人となった地元の伝説的な名士、ウォーレン・ヘルマンによって創設された（この人自身も多面性のある人物だ）。ヘルマンは、古くにカリフォルニアに移民したユダヤ人一族の子孫である。終生共和党員であり続け、投資ファンドを経営する億万長者で、労働組合を支援してブルーグラスのバンドで労働者の抗議の歌を演奏した。誰もが無料で音楽を楽しめるように多額の財産を寄附したことで町中の人々から愛されていた。ハードリー・ストリクトリー・ブルーグラスには六〇万人が訪れる（人口八〇万人のこの町で！）。観客の目当ては、エミルー・ハリスやドク・ワトソン、スティーヴ・アール、それにジャネットの好きなエルヴィス・コステロだ。よく晴れた土曜日に、ゴールデン・ゲート・パークでエルヴィス・コステロの歌を聴くのは最高だ。だがこれを超える楽しみは、熱した大釜で大きなへらを使ってかき混ぜながら作るケトル・コーンだとも言える。「クラッカー・ジャック」や「フィドル・ファドル」から、私が子どもの頃にあった「スクリーミング・イエロー・ゾンカーズ！」という商品まで、砂糖で味付けしたポップコーン全般を指すこの菓子は、完璧なスナック菓子に欠かせない塩と砂糖の絶妙なバランスを備えている。

　誰にでもお気に入りのジャンク・フードがある。フライド・ポテト（当然ケチャップをかける）や、ロサンゼルスに住む義弟リッキーを訪ねるとジャネットが決まって食べるチリ・チーズ・ドッグ、ランニングが趣味の友人がジャンク・フードではないと言い張る「スナック・バー」〔カロリー摂取や栄養補助を目的とした小さな固形菓子〕、私の甥や姪たちが大好きで、マイケル・モスの著書『フードトラップ（*Salt, Sugar, Fat*）』〔本間徳子訳、日経ＢＰ社〕のなかで食料科学者のスティーヴン・ウィザリーが「地球上、もっとも奇跡的に構成された食料のひとつ」と銘打った「チートス」の菓子類など。

　私はスタンフォード大学で食べ物の言語についてのセミナーを行なっているが、なかでもジャンク・フードは人気を集めるテーマだ。一〇代だった頃を思い出せば納得がいくだろう。モスの著書などでは、スナック菓子の製造会社が、至福点《ブリス・ポイント》〔砂糖や脂肪、塩から最大の快楽が得られ、食べることがやめられなくなる状態〕と中毒性を生み出すしかけを製品に作り込む無節操なやり方が興味深く研究されている。しかし私の授業では、栄養の無駄遣いとなる不道徳な菓子製造ではなく、そうした製品を客に買わせようとする、同じく道徳的な問題をはらんだ試みのほうに注目している。すなわち、スナック菓子の宣伝には、巧妙な言語学的手法がどのように使われているのかを追究するのだ。

現在ワシントンD.C.で政策研究を行なう若手研究者のジョシュ・フリードマンは、二〇〇八年当時はさらに若い大学一年生で私の授業に出席していた。そこで私たち二人は、食品の宣伝で使われる言語の研究に関心をもつようになった。でも、どの食品を研究の対象にしたらよいのか？　容易に手に入り、誰もが口にしそうなものが必要だった。それも類似した銘柄がたくさんあり、十分な量の宣伝文が使われている商品でなくてはならなかったので、ケトル・コーンやチリ・チーズ・ドッグ、もちろんバナナも除外された。

ある日スーパーで、ジョシュの目に明白な答えが飛び込んできた。そう、ポテトチップだ。偉大なるアメリカのスナック菓子で、ありがたいことに、袋には楽しげな宣伝文句がたくさん印刷されている。今でこそジョシュは才気あふれる新進の社会科学者だが、当時は財布がからっぽの大学生で、実際にポテトチップを買う余裕はなかった。そこでスーパーの通路に座り込み、携帯電話を使ってポテトチップの袋の表と裏の写真を撮った。のちにスタンフォード大学の潤沢な資金のおかげで、念入りに選んだポテトチップ一二袋を購入することができた。そのうちの六つは値段が高く（ボルダー・キャニオン、ダーティ、ケトル・ブランド、ポップチップス、テラ、マイケル・シーズンズ。一オンス当たり平均六八セント）、残る六つは安めの値段の商品だった（ハワイアン、ハーズ、レイズ、ティムズ、アッツ、ワイズ。一オンス当たり平均四〇セント）。

それから二人でポテトチップの袋の裏側に書かれている宣伝文をすべてタイプしていろいろな方法でコード化し、二種類の価格帯のポテトチップは文言がどのように違うのかを調べた。

その結果わかったことを理解してもらうために、値段の高いポテトチップのなかで、とある製品の袋の裏から抜き書きした文句を少しだけ見てもらいたい（製品名は伏せておく）。

「匿名ブランド」

このポテトチップは
・天然素材だけを使い
・コレステロール・フリー
・ピーナッツオイルをブレンドした釜でじっくりと低温で揚げた
・コーシャ認定〔ユダヤ教の食品規定に準拠している食品〕

しかも、以下を含まない
・グルタミン酸ナトリウム（ＭＳＧ）
・人工着色料
・人工香料
・保存料
・小麦グルテン
・水素化油
・トランス脂肪酸
・人工甘味料

「匿名ブランド」では、自然なジャガイモの風味を洗い落としていないため、ぱりっとした食感が際立ち、優れた味わいとなっています。

この例を見れば、ポテトチップの宣伝に共通する特徴のひとつは見当がつくだろう。少なくともこういったコピーライターの住む特殊な世界において、ポテトチップはじつは健康食品なのだ。どの商品の袋にも、ポテトチップがいかに健康的で身体に良いかが「より健康的な」「トランス脂肪酸ゼログラム」「低脂肪」「コレステロールゼロ」「最低限のナトリウム値」などのフレーズを使って並べ立てられている。

みなさんも私も、実際にはポテトチップが健康的な食品ではないことを知っている。さらに言うとポテトチップ同様たっぷりの油で揚げたスナック菓子を、第7章で取り上げた「無性に欲しい」「麻薬中毒」「麻薬注射」などの言葉を気軽に使って中毒性のあるドラッグのように表現したレビューの作成者たちも、そのことを知っている。同じくポテトチップの広告主も製品が健康的ではないことをわかっているうえに、私たちがそれを知っていることも承知している。これは言語学的な証拠から明らかだ。第1章において、食べ物の新鮮さやぱりっとした食感をメニューでことさらに強調するのは、メニューの作成者が客にそう思い込ませる必要性を感じているからであると、言語哲学者H・ポール・グライスの概念を用いて説明した。ポテトチップの場合も同様だ。健康的であることを滑稽なほど強調するのは、製造者が、自社製品の栄養価を消費者が疑うだろうと十分に自覚していると認めることなのだ。

このように健康についての文言がポテトチップ全般にあふれていることの他にも、値段の高いポテトチップと安いポテトチップの宣伝文句に大きな違いがあることを発見した。健康にかかわる表現は、高いポテトチップのほうが、安いポテトチップの六倍も多く使われていた。袋に書かれている宣伝文の量が六倍もあるのだ。

健康についての宣伝文句にこうした違いがあるのは、私たちの知る限り、ポテトチップそのものに実際の違いがあるからではない。たとえばトランス脂肪酸は、一二種類のポテトチップのどれにも含まれていないが、値段の安いポテトチップの宣伝文ではその点はあまり強調されていない。六つの安い製品のうちの二つで触れられているだけだ。これとは対照的に、値段の高い六つの商品はどれも、トランス脂肪酸が含まれていないことを強調している。すなわち広告主は、ポテトチップが消費者の身体に良い、あるいは罪悪感を打ち消せるくらいには健康的な食品であると装うか、少なくともそういう考え方をするように積極的に働きかけることで、裕福でおそらくは健康意識が高い消費者たちにポテトチップを売ろうとしているのだ。

金持ちを狙ったマーケティングの手法はこれだけではない。より複雑な言葉や文章を使った方法もある。そうした手法をもっとも簡単に評価するには、平均的な単語に使われる文字数を数えればよい。私たちはこれに加えて平均的な文に使われる単語の数も数えた。言葉の複雑さを測定するために普及したフレッシュ・キンケイド・グレード・レベルという手法では、これら二つの数を単純に平均して、文章のおおまかな「学年レベル」を提示する。思った通り、値段の安いポテトチップの宣伝文には比較的単純な文と単純な単語が使われており、平均値は中学二年だった。次の例を参考にしてほしい。

What gives our chips their exceptional great taste? It's no secret. It's the way they're made!

〈何がこのポテトチップに特別なおいしさを与えている？　秘密でもなんでもない。もともとそうなんだ！〉

値段の高いポテトチップの宣伝文は、高校一年から二年のレベルになる。次の例では、より複雑な言葉と文構造が使われている。（先ほどの「way they're made」に代わって「stage of preparation」）

We use totally natural ingredients, hand-rake every batch, and test chips at every stage of preparation to ensure quality and taste.

〔天然素材だけを使っています。すべて手作業で、品質と味を保証するため調理の段階ごとに試験を行なっています。〕

このように、広告主はポテトチップが健康に良いと信じ込ませようとしているだけではない。メニューの作成者と同様に、お金をたくさんもっている人ほど、複雑な言葉で話しかけられるといっそう喜ぶと考えているのだ。高い奨学金を借りて勉強したかいがあったというわけだ。

これもまた高級レストランのメニューと同様に、値段の高いポテトチップを描写する文章には〝正真正銘自然な食品である〟という言葉がちりばめられている。「自然な」ポテトチップと言ってみたり、人工的な材料や偽物を使っていないことにこだわったり、手作りで衛生的な製造工程であることを強調したりする。研究者たちはこれを「手作りの確実性」と呼ぶ。みなさんもこれまでに「天然塩」「まがいものは使っていません」「人工的な材料は一切含まず」「最上のジャガイモだけ」「ひとつずつ手作業で」などといった言い回しを目にしたことがあるはずだ。

最後にもうひとつ、値段の高いポテトチップの宣伝にかんする特徴を発見した。宣伝文に差別化や比較の言葉がぎっしり詰まっているのだ。高いポテトチップには「より多く」「より少なく」という言葉や、-er という比較級の接尾辞、最上級の単語（most、least、best、finest）などが使われている。「別格の」「一味違うおいしさ」といった言い回しや、「他のポテトチップにはないぱりっとした食感」「他の一流ブランドの製品よりも低脂肪」などと謳うことで、その高価なポテトチップには他の製品と比較して品質や材料（風味や脂肪分）に違いがあることを主張している。

値段の高いポテトチップには、他にも否定の標識がたくさん使われている。*no*という単語や「never fried〔油で揚げていない〕」のような表現、「we don't wash out the natural potato flavor〔自然なジャガイモの風味を洗い落としていません〕」にある*don't*という単語などがそうである。こうした否定の表現によってそのポテトチップにはない悪い品質が強調され、それにより他のブランドの品質が悪いと巧妙に示唆している。つまり他のポテトチップは不健康で、不自然で、中毒性があるというメッセージを送っているのだ（第７章のドラッグの比喩を思い出してほしい）。ある製品の袋の裏には、次のような表現があった。

まがいものは使っていません
偽の色や偽の風味は一切なし
指先が鮮やかなオレンジ色に染まることもなし
ポテトチップを食べてべたついた手をジーンズで拭く必要も、一切ありません

さらにきめ細かい分析を行なうために、これまでの章のメニューやレビューの分析に用いた回帰分析という統計手法を実施し、こうした否定的な単語が厳密にはどの程度、価格と関連しているのかを調査した。その結果、袋に書かれている否定的な単語がひとつ増えると、一オンス当たりの価格が四セント上昇することがわかった。ただし、否定の単語をひとつ増やすたびに広告主が文字通り値段を引き上げているという意味ではない。この二つの因果関係を調べることまではしなかったが、関連性

があることと、これら二つが連動していることだけは解明した。ただし、ポテトチップの袋の裏側に否定的な単語が六個あれば、一オンス当たり約二五セントを余分に払うことになるのは確かである。

いったいなぜ、その製品にないものに関連する単語や、他の製品と区別するための単語が価格と結びつくのだろうか。答えはフランスの社会学者ピエール・ブルデューが教えてくれる。ブルデューは有名な著書『ディスタンクシオン（*La Distinction*）』〔石井洋二郎訳、藤原書店〕において、一九六〇年代のフランス社会における上流階級と労働者階級の生活習慣と嗜好を調査した。ブルデューは社会的地位がその人の嗜好に大きく影響することを示した。たとえば労働者階級には「美しく青きドナウ」を好むという「通俗的な」嗜好があるが、上流階級はバッハの「平均律クラヴィーア曲集」やブリューゲルの絵画を好む。労働者階級の人々は澱粉や脂肪分がたっぷりで一皿の分量が多い、昔ながらの腹持ちの良い食事を好む。上流階級の人々はこれとは異なり、当時フランスに新しく入って来たカレーなどの異国風の民族料理や玄米などの健康食品を好んだ。

ブルデューは、カスレ〔フランス南西部の郷土料理〕とカレーにもともと優劣があるわけではない、と論じている。通の好みや流行の味は、上流階級の人々がみずからのステータスの高さを見せつけ、他の階級との差別化を図るための単なる手段なのだ。嗜好とは、ブルデューに言わせれば「他者の嗜好を（中略）否定するための（中略）第一かつもっとも主要な手段なのだ」。上流階級の人々は一部の嗜好を、内在する芸術的な価値とは関係なく正当化し、そうした嗜好を文化的に優位にあるものとして継承していくことで、自分たちのステータスを守っているのだ。

ブルデューの示す図式を使うと、値段の高いポテトチップの宣伝文に大量に存在する比較（脂肪分が少ない、最上のジャガイモ）や否定（not、never）は、区別を明確に強調する手段であると説明することができる。食べ物の宣伝に見られる上流階級の嗜好は、他の階級の好みと対比して定義され

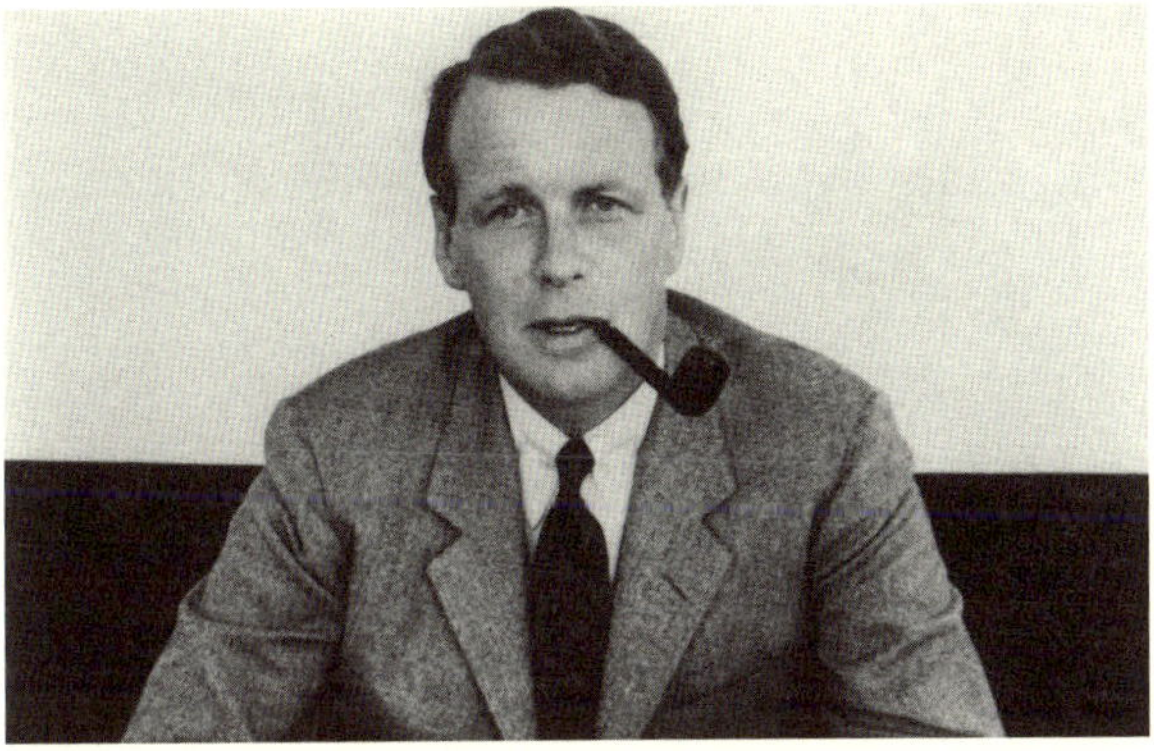

デイヴィッド・オグルヴィ、1954年、マンハッタンにて。

る。上流階級であるということは、労働者階級ではないということなのだ。

しかし広告のコピーライターたちは、金持ちだけに狙いを定めているわけではない。値段の安いポテトチップの宣伝文もまた、ある特定の層を標的にしている。ジョシュと私は、値段の安いポテトチップには家庭のレシピやアメリカの歴史、風土についての基本的な知識が強調されていることを発見した。そうした宣伝では「我が社を築いたポテトチップ」や「八五年間も続くレシピ」「由緒ある伝統」「典型的なアメリカのスナック」「素晴らしき太平洋岸北西部［からやってきた］」などといった表現を用いて、「伝統の確実性」に立ち返っている。値段の安いポテトチップの購買層は、差別化や独自性や健康よりも家族や伝統のほうを気にかける、と広告主は想定しているのだ。

様々な購買層にたいして言語的な計略を個別に適用するという考え方は、広告の父と称される広告界の巨人、デイヴィッド・オグルヴィが発案したものだった。オグルヴィは一九四八年にオグルヴィ&メイザー社を創設した人物で、テレビドラマ『マッドメン』のモデルでもある。たっぷりとした黒いケープをまとって出社したり、レストランで一皿分のケチャップを注文して周囲を騒がせたり、数々の奇行で有名でもあった。一九三六年、弱冠二五歳のセールスマンだったオグルヴィは、有名なイギリスAGA社製オーブンのセールスマン向けマニュアルを作成し、『フォーチュン』誌から「おそらくはこれまでに書かれたなかでもっとも優れたマニュアル」と評された。以下の抜粋に、相手に合わせた言語を使うというオグルヴィのアイデアが具体的に説明されている。

普遍的なルールがいくつかある。地味な服を着て髭をきれいに剃ること。山高帽子はかぶらない。(中略)おそらく何よりも重要なのは、画一的なセールストークを避けることである。ある晴れた日に、主教とブランコ乗りにまったく同じことを話しているようであれば、もうお終いだ。

オグルヴィは、様々な(手強い)人々を相手に多くの経験を積んでいた。パリでシェフをしていた若い頃には、フランス大統領の食事を作ったり、エスコフィエに会ったりもした。「ある晩キッチンで、ポタージュスープ担当のシェフが生卵四七個を私の頭めがけて投げつけてきて、九個が命中した」こともあったと語っている。さらには、長い単語をいつ使うべきか(いつ使うべきではないか)を具体的に説いてもいる。一九六三年の著書『ある広告人の告白(*Confessions of an Advertising Man*)』〔山内あゆ子訳、海と月社〕において、たいそうではない客の前では「たいそうな言葉を使うな」と書いている。

最低でも二種類の相手を区別せよというのがオグルヴィの助言である。たいそうでない人たちは、家族や伝統に関心がある。中産階級や上流階級のもっと裕福な人たちは教育や健康に関心があり、独特で特別な人であろうと努力する。オグルヴィ自身がケープをまとったりケチャップを注文したりしたように。「金持ちというものは、あなたや私なんかとは違う人間なのだ」〔短篇「金持の御曹司」より〕と書いたフィッツジェラルドが正しいのかそうでないのかはわからない。だがポテトチップの広告主は確かに、食物歴史家のエリカ・J・ピーターズの、人の食べるものには「その人が何者であるかだけでなく、何者になりたいかが反映されている」という言葉に共鳴して、金持ちはあなたや私とは別の人間になりたがっていると考えている。

政治家が田舎の住民や労働者階級の興味をひこうとするときには、伝統的なアメリカの食べ物や場所、価値観などを強調して、伝統の確実さや相互扶助への欲求を喚起する比喩を使う。さらに「strugglin'」〔struggling、努力する〕や「rollin' up our sleeves」〔rolling up our sleeves、気合いを入れる〕といった言い回しに見られる、田舎の人々や労働者たちがよく使う語尾「-in'」〔ingではなく〕を取り入れた言語的なしかけも用いる。教養人や上流階級の人々向けのスピーチには「-ing」の形を用いたり、おしなべて上品な言い回しをしたり、健康や自然に関連した言葉を重点的に使う。これは、地産食材の調達や天然素材、健康的な食事に気を遣うような、上の階層に属する有権者の興味をひこうとするときに頻繁に用いられる作戦なのだ。

政治家が何を主張しようとも、自身が現実に健康的な食事をすることは不可能だ。なぜならフィラデルフィアではチーズステーキを、バッファローでは手羽肉を、どんな町でもドーナツやホットドッグを食べることで、自分が正真正銘信頼できる人間であることを証明する必要があるからだ。ここサンフランシスコなら、政治家はチャイニーズ・ニューイヤー・パレードでは中華料理を、デイ・オブ・ザ・デッド・パレードではタマルを、そして、いかにもサンフランシスコらしいごた混ぜだが、ゲイ・プライド・パレードの前には点心を食べることになる。

だが相手に合わせて別の自分を見せるという才能は、何も政治家に限ったものではない。しかもこうした二面性は、収入の差に関連するものとは言い切れない。文化心理学者のヘイゼル・ローズ・マーカスとアラナ・コナーは共著『*Clash!*（クラッシュ！）』において、これら二種類の階層は、人間の性格にある二つの側面、つまり時と場合で使い分ける二通りの世界の見方と合致すると示している。二人は家族や伝統、人との関係を重視する性質を「相互協調的自己観」と名付けた。一方「相互独立的自己観」とは、独特で独立した人間であるべきだとする性質のことである。私たちは誰しも、自分のなかに相互依存の自己と独立した自己をもっており、あるときには独自性があり信頼のおける、自然を大切にしたいという気持ちを重んじ、またあるときには家族との関係や文化、伝統に根差していることに目を向けるのだ。

言い換えるなら、私たちはみな、ウォーレン・ヘルマンのように多面性をもっているのだ。ポテトチップのいろいろな袋の裏に書かれた二種類の宣伝文、すなわち属する文化や自己についての二種類のモデルをいろいろな形で組み合わせた存在なのである。

第９章　サラダ、サルサ、騎士道の小麦粉《フラワー》

小麦粉と塩は古くからある組み合わせだ。この二つに水を加えると、太古の時代から作られていたパンの最小限の材料となる。サンフランシスコの住民たちは昔からこの三つの材料だけを使って、パン種〔酵母菌（イースト）〕の代わりにこの土地の霧のなかに存在する天然酵母や、ラクトバチルス・サンフランシスエンシス〔*lactobacillus sanfranciscensis*〕などの細菌を利用しながらパンを焼いてきた。この「自然発酵」、すなわちルヴァン *levain*〔自然発酵種というフランス語〕の伝統（およびサンフランシスコ名物の「サワードウ」〔小麦粉やライ麦粉と水を混ぜて作った生地に、乳酸菌や酵母を培養させたパン種〕）は、地元のパン職人のあいだで今も引き継がれている。「アクメ・ブレッド」のスティーヴン・サリヴァンや「タルティーン・ベーカリー」のチャド・ロバートソンなどだ。サンフランシスコのアーティスト、サラ・クラインは、これをテーマにしたパフォーマンスまで考案した。都心にある高層オフィスビルのロビーに小さなキッチンを設置して、小麦粉と水、塩、スターター〔サワードウの元種〕を混ぜ合わせ始めると、偶然通りかかった人々が、生地をこねたり膨らませたり、ほかほかに焼きあがったサワードウ・ブレッドをスライスして食べたりするのだ。

多くの文化で、パンが焼けたあとにも塩が添えられる。アラビア語のパンと塩（*khubz wa-milh*）は、食べ物を分け合うことで生まれる絆を表現している。もてなしを意味するロシア語もこれとよく似た *khleb-sol*（パン‐塩）であり、私が新居に引っ越したときには、母がユダヤの伝統にのっとって

パンと塩（とロウソク）を贈ってくれた。

小麦粉と塩の結びつきは、ともにパンの材料として使われる以上のものがある。古代からあるこの二つの白い粉は、加工・精製食品の最古の例に数えられるものであり、その起源は人類が狩猟採集社会から定住農業社会へと移行したはるか昔にさかのぼる。農業へと転じたことで塩の新たな供給源を見つける必要に迫られた。狩猟採集生活をしていた頃には、肉から十分な量の塩分が摂れていたからだ。こうした必要を満たすために、塩鉱の開発や海水の蒸発などの大規模な産業が世界中で発展した。もちろん、何千年にもわたり存続した塩税《えんぜい》もその一環で課せられたものだ。農業に移行すると、小麦を挽いて粉にする必要も生じた。新石器時代の石臼から、この技術がすでに存在していたとわかる。大英博物館にはシリアで発見された紀元前九五〇〇年から九〇〇〇年の砥石《といし》がある。

私たちは今日《こんにち》、塩分の高い精製食品を好む不健康な習慣を自制しようと、多くの時間を費やして努力している。ポテトチップが不健康であることを知っている広告主は、ポテトチップがいかに「より健康的」であり、「低ナトリウム」「低脂肪」であるかを謳うことで、埋め合わせを必死に試みている。インターネットでレビューを書きこむ人たちにも同じような自覚があり、「中毒性のある手羽肉」や「クラックみたいなカップケーキ」といった表現を使う。本章では、小麦粉や塩など古来より存在した工業食品の言語学的な歴史を調べ、私たちが大昔から変わらずに、塩分の高い精製食品を好んで求めていることを明らかにする。ただそうした食品は今の時代、スナック菓子ぐらいの手頃な大きさで売られている。まずは、小麦粉の言語学的な歴史をたどろう。それはノルマン人の侵攻により厖大な量のフランス語がアングロサクソン人にもたらされたことから始まった。

パンは中世イギリスの食事において中心的な食べ物だった。大きなミードホール〔中世の王や家臣が居住する建物〕の主であるアングロサクソン人の支配者は、穀粒を挽く粉ひき場を管理し、配下の者たちにパンを分配する役割をもつことから、*hlaf-weard* (loaf-keeper)〔パンを持つ人〕と呼ばれた。あるいはこの単語から派生した現代語ロード *lord*〔主人、支配者、貴族〕のほうがなじみがあるだろう。レディ *lady*〔貴婦人、淑女〕という単語も同様に、アングロサクソン語の *hlaf-dige* (loaf-kneader)〔パンをこねる人〕に由来する。

一〇六六年のノルマン征服以降も、支配者階級と食べ物とのこうした結びつきが残った。新たな支配者層の話すフランス語がアングロサクソン語に取って代わるようになり、それらはポーク〔豚肉〕、ヴィール〔仔牛肉〕、マトン〔羊肉〕、ビーフ〔牛肉〕、ヴェニソン〔鹿肉などの猟獣肉〕、ベーコン〔豚肉の塩漬け〕などとして現代英語にも生き残っている（それぞれ、古フランス語の *porc*、*veal*、*mouton*、*boeuf* などに由来）。しかし、日常的に肉を食べるゆとりがあるのはノルマン人の支配者だけで、食肉用の雌牛や豚を飼育するのはアングロサクソン語を話す農奴だった。そういうわけで、豚肉にはフランス語由来の *pork* が使われるが、動物そのものには *pig*（および *hog* や *sow*）のようなアングロサクソン語がいまだに使われている。アングロサクソン語の *cow*〔雌牛〕や *calf*〔仔牛〕や *ox*〔雄牛〕は今でも使われているが、それらの肉を指すには、フランス語由来の *beef* や *veal* が使われる。

パンを売る中世の女性

ノルマン征服の影響を受け、一三世紀のあいだに *flure*、*floure*、*flower*、*flour*、*flowre* など様々な綴りで書かれる単語が英語に出現した。これはフランス語の *fleur* を取り入れたものであり、「植物の花」ひいては「ある物の、最高の、もっとも好ましい最上等の部分」という意味をもつ。後者の意味は、現代フランス語で〝極上の天然塩〟〝蒸発槽の表面から取れる繊細な結晶〟を意味する*fleur de sel*という表現に認められる。

近代英語の*flur*はフランス語の両方の意味を含み、アングロサクソン語の*blossom*（とくに果樹の花）を押しのけて、あらゆる種類の上等で高級な物のなかの、さらに最高で最上等の物を指すようになった。チョーサーが高貴な階級の騎士を「騎士道の花」と表現するのはそういうわけだ。

同じく一三世紀に、「小麦の花」や「挽き割り粉の花」といった表現が、小麦の白い部分、すなわち胚乳から作られた最高で最上等の部分を指して使われるようになった。小麦の穀粒は、糖質とタンパク質を含む胚乳、脂質とビタミンが豊富な胚芽、外側にある繊維質のふすまの三つの部分からなる。中世においてたいていのパンは、ふすまの一部を取り除くこともあったが、小麦の粒を丸ごと使って作られていた。一方「小麦の花」（あるいは当時の綴りでは*flure of huete*だったかもしれない）は、目の細かい布で何度も濾して得られた非常に細かい小麦の粉を指した。布で濾すごとにふすまや胚芽がどんどん取り除かれ、いっそう細かく白い粉だけが残る。こうして布で濾すことは〝ふるいにかける〟と表現された。そのための布は帆布や毛織物、亜麻布で、ずっと後になるときめの細かい絹で作られた。

こうした細かな白い小麦粉で作られた最初のパンは、パインデマイン（*payndemayn*または*paindemain*）と呼ばれた。おそらくラテン語の*panis dominicus*（君主のパン）が語源と思われる。きめの細かいできたてのパインデマインは、チョーサーが『カンタベリー物語』で男前のトーパス卿を「顔はパインデマインのように白く、くちびるはバラのように赤い」と描写したように、白さの比喩として使われるようになった。

パインデマインは、すでに紹介した「ソップ」〔九五ページ参照〕の材料に挙がっており、フレンチトーストの初期のレシピの大半にも入っている。フレンチトーストはイギリスの料理書でもよく見られ、初出は一四二〇年頃である。おそらくは古くなったパンを使うことから、フランス語の *pain perdu*（失われたパン）に由来する *payn per-dew* という名前で紹介された（「フレンチトースト」という名称が使われ始めたのは一七世紀になってからのことであり、アメリカでは一九世紀まで一般的ではなかった）。次に、一五世紀の写本に収められたフレンチトーストの最古のレシピを引用しよう。この中期英語が読めるだろうか。使われている単語の大半は、綴りは違っても現代英語に受け継がれている（*frey hem a lytyll yn claryfyd buture* が「fry them a little in clarified butter」〔澄ましバターで軽く揚げる〕で、*eyren drawyn thorow a streynour* が「eggs passed through a strainer」〔卵を濾し器で濾す〕というように）。

Payn purdyeu

Take payndemayn or fresch bredd; pare awey the crustys. Cut hit in schyverys [slices]; fry hem a lytyll yn claryfyd buture. Have yolkes of eyren [eggs] drawyn thorow a streynour & ley the brede theryn that hit be al helyd [covered] with bature. Then fry in the same buture, & serve hit forth, & strew on hote sygure.

パイン・ピュルドゥ

パインデマインまたは新鮮なパンの皮を削り、薄く切って澄ましバターで軽く揚げる。卵黄を濾し、パンを浸して衣をつける。先ほどのバターで揚げ、砂糖をふりかけて供する。〔大意訳〕

一四世紀になる頃には、英語の *flower*（もしくは *flour*）は、花、細かく挽いた小麦粉、ある物のもっとも優れた最高の部分、という三つの意味のいずれをも指すようになっていた。一八〇〇年頃に現代の綴りが標準化されるまで、二通りの綴りはどちらも、これら三つを指すために使われていた。シェイクスピアは『コリオレイナス』で、後の二つの意味をかけた語呂合わせをしている。「あらゆる物の花」をすべての物の最高の部分、「ふすま」をその残りとして、「皆が私から受け取るのは最高の部分であり、私には滓《かす》しか残らない」と書いている。〔一幕一場〕

シェイクスピアの活躍したエリザベス朝において、金持ちはパインデマインの流れをくむマンチェット *manchet* と呼ばれる白いパンを食べていた。きめの細かい白パンで、牛乳と卵を加えて作ることもあった。丹念にふるいをかけた白い小麦粉は、マンチェットやマンチェットロールの他に、ケーキやクッキー、ペーストリーにも使われた。ただし、裕福な人々でも白パンは特別な時にしか食べなかった。

その後数百年間、白パンは徐々にではあるが、ますます好まれるようになっていった。それはひとつに、技術の進展と関係していた。一八世紀に中国から絹織物が新たに輸入されるようになると、いっそう細かくふるった白い小麦粉を安く作ることが可能になった。しかし主な理由は、味覚の変化と、精製した食べ物への欲求の高まりにある。一七世紀半ばには、ライ麦や大麦、ソバで作った黒パンの製造を専門とする黒パン製造同業組合が白パン製造同業組合と合体し、白パンと白い小麦粉が主流と

古バビロニア時代、紀元前1750年頃にアッカド語で書かれたイエール料理タブレット。イエール大学バビロニア・コレクションより。

なった。当時ジャーナリストとして活躍したヘンリー・メイヒューは、一八〇〇年にはすでに、黒パンは貧しい人々からさえ軽んじられるようになっていた、と記している。

近頃では*flour*という単語は、全粒粉のみならずトウモロコシやスペルト小麦、米、大麦などを細かく挽いたあらゆる穀粒に使うことができる。しかしこの単語にはまだ、本来の用法がいくらか残っている。隣人にflourを一カップ貸してほしいと頼んで、小麦の白い胚乳をきめ細かく挽いてふるいにかけた粉を差し出されても、驚きはしないだろう。

じつは英語には、flourを意味するまったく別の単語がある。そのうちとくに古い起源をもつ単語がセモリナ*semolina*で、硬質デュラム小麦の胚乳を粗く挽いた粉である。セモリナという語は、ラテン語のシミラ*simila*（小麦の細かい粉）

とギリシア語のセミダリス *semidalis* からきている。いずれも語源はアッカド語のサミドゥ *samidu*〔高品質の挽き割り粉〕である。アッカド語は古代アッシリアとバビロンで使われていた言語で、サミドゥという単語は、知られているなかでは世界最古の料理書、イエール料理タブレットに記されたレシピに登場する。これらのレシピは紀元前一七五〇年あたりに楔形文字で記されたもので、酸っぱい煮込み料理であるシクバージの原型と思われる料理のレシピも、これに収められている。

サミドゥからラテン語のシミラが派生し、そこからさらに英語のシムネルケーキ〔クリスマスや復活祭などで食べるフルーツケーキ〕と、中期高地ドイツ語の単語ゼメル *Semmel* が生まれた。ゼメルはもともと、きめの細かい小麦粉で作ったロールパンであり、この意味は今でもイディッシュ語の単語ゼムル *zeml* に残っている。現代ドイツ語では、ゼメルはオーストリアかバイエルン地方の白いカイザーロールやハードロール〔皮の固いロールパン〕を指し、アメリカのウィスコンシン州や、ドイツ系、オーストリア系の住民の多い地域でも好まれている。今度、シェボイガン〔ウィスコンシン州東部、ミシガン湖沿岸の港町〕のブラートヴルスト〔豚肉のソーセージ〕をはさんだハード「ゼメル」ロールを食べるときには、この名前の起源がはるか昔のアッシリアにあることを思い出してほしい。

小麦粉は、ソール・ムニエル *sole meunière*〔舌平目のムニエル〕という料理名とも関係している。魚の切り身に小麦粉をまぶし、バターを溶かしたフライパンでかりかりに焼いた典型的なフランス料理だ。ムニエルは〝粉屋の女房〟という意味であり、したがって「ムニエル」や「ア・ラ・ムニエル」と名のつく料理は、粉屋の家でふるまわれるような小麦粉を使った料理という意味になる。

もうひとつの白い粉、すなわち塩についてはどうだろう。食べ物に風味を加えるとなると、香辛料やハーブ、コショウ、ケチャップ、サラダドレッシング、醤油などを思いつくが、最初の食品添加物は塩だった。英語の料理名に塩の入ったものがこれでもかというほどあることからも、料理における塩の重要性は明らかだ。サラダ *salad* とソース *sauce*（フランス語由来）、スロー *slaw*〔サラダ〕（オランダ語由来）、サルサ *salsa*（スペイン語由来）、サラミ *salami*〔ニンニクで味をつけた塩味の強いソーセージ〕とサルメ *salume*〔ハムやソーセージなどの加工肉〕（イタリア語由来）の語源はどれもラテン語のサル *sal* である。これらはもともと、まったく同じ「塩漬け」という意味を指すものだった。

サラダ *salad* という単語の起源は俗ラテン語のサラタ *salata* であり、プロヴァンス語のサラーダ *salada* に語源をもつ古フランス語から英語に入ってきた。英語で書かれたサラダの最初のレシピは、これもまた一三九〇年に初めて英語で記された料理書『*Forme of Cury*（料理の方法）』に収められている。中期英語で書かれたにもかかわらず、青野菜やハーブをふんだんに使い、油と酢、ニンニク、そして当然ながら塩であえたとても現代的なレシピである。

Salat (c. 1390)

Take persel, sawge [sage], grene garlic, chibolles [scallions], letys, leek, spinoches, borage, myntes, porrettes [more leeks], fenel, and toun cressis [town cress, i.e., garden cress], rew, rosemarye, purslarye; laue and waische hem clene. Pike hem. Pluk hem small with thyn honde, and myng [mix] hem wel with rawe oile; lay on vyneger and salt, and serue it forth.

サラト（一三九〇年頃）

パセリ、セージ、葉ニンニク、エシャロット、レタス、西洋ネギ、ホウレンソウ、ルリヂサ、ミント、若ネギ、ウイキョウ、クレソン、ヘンルーダ、ローズマリー、スベリヒユを用意する。水できれいに洗い皮や枝を取り除く。手で細かくちぎり、油でよくあえ酢と塩をかけて供する。
〔大意訳〕

英語のサラダのもととなったプロヴァンス語のサラーダ自体も、*herba salata*（塩漬け野菜）というように使われていた俗ラテン語のサラタ *salata* から発展したものだ。古代ローマではこの中世の単語は使われていなかったが、古代ローマの人々が野菜に塩水をかけて食べていたことは間違いない。実際、カトー〔ローマの将軍、政治家〕が紀元前一六〇年あたりに執筆した著書『農業論』に「［キャベツを］切って洗い、水気をきり、塩と酢で味をつけて食べれば、これほど健康に良いものはない」と書いている。

時代は下り、キャベツに塩とときには酢をかけ、保存期間を長くしたものがヨーロッパ北部で広く食べられるようになり、それが後々アメリカに入ってきた。これが、ドイツ語で「酸っぱい野菜」を意味するザウアークラウト *sauerkraut* の原型だ。これより以前にアメリカに入ってきた単語がコールスロー *cole slaw* であり、これはオランダ語のコール *kool*（キャベツ）とスラ *sla*（サラダ、オランダ語の *salade* の短縮形）に由来する。オランダ人はニューヨーク（もとの名はニューアムステルダム）の発展に非常に大きな影響を与えた。アメリカ英語にはクッキー *cookie*、クルーラー *cruller*〔ふわっとした生地をリング状にねじって揚げた菓子〕、パンケーキ *pancake*、ワッフル *waffle*、ブランデー *brandy* など、オランダ語から受け継がれた料理にかんする単語がある。コールスローと思われる食べ物が初めて記述されたのは一七四九年のことだ。アメリカを訪れていたフィンランド系スウェーデン人植物学者のペール・カルムが、オールバニーの下宿でオランダ人の女主人、ヴィッシャー夫人から出されたキャベツの千切りを酢と油、塩、コショウであえた「珍しいサラダ」について書いている。カルムはこの料理について「風味がとても良く、想像以上においしい」と感想を述べている。この最初のコールスラ *koolsla* が後々、現代風のマヨネーズベースのドレッシングをかけたサラダへと移り変わっていった。

フランス語のソース *sauce* と、スペイン語、プロヴァンス語、イタリア語のサルサ *salsa* もまた、広く使われていたラテン語のサルスス *salsus* もしくはサルサ *salsa* に由来し、食べ物をおいしくする塩味の調味料を指す単語である。チョーサーは一三六〇年にぴりっと辛いソースという意味で「poynaunt sauce」と書いている。これが、*poignant*〔痛ましい、辛辣な〕の古い意味である。一三世紀から、その頃には塩を使うものも使わないものもあったが、ソースの様々なレシピが料理書に載るようになった。（さらに古い時代の四世紀に多数の作者によってラテン語で書かれたレシピ集『アピキウスの料理帖（*Apicius*）』〔『古代ローマの調理ノート』千石玲子訳、小学館〕にも、多数のソースが記されている。そこでソースを指して使われている単語はイウス *ius* であり、これは現代の英単語ジュース *juice* の語源である）

私の好きなソースの多くは「グリーン・ソース」と呼ばれるものだ。オオブドウホオズキ、玉ネギ、ニンニク、セラーノ〔メキシコ産の小型トウガラシ〕、シラントロで作ったメキシコ風サルサ・ヴェルデ〔緑のソース〕や、パセリ、オリーブオイル、ニンニク、レモンまたは酢、塩またはアンチョビで作ったイタリア風サルサ・ヴェルデなどがある。ジャネットと私がイタリア風サルサ・ヴェルデを作るときには、庭で育てている緑のハーブを何でも入れる。よく使う材料はこんなものだ。

サルサ・ヴェルデ

イタリアンパセリの葉1カップ
チャイブもしくはラムソンの茎¼カップ
タイムの葉6枝分
タラゴンの葉2枝分
ローズマリーの葉2枝分
ニンニク2かけ
エクストラバージンオリーブオイル¼から½カップ
レモン果汁小さじ1
アンチョビ2片
塩小さじ¼、あるいは好みに応じて

ハーブとアンチョビ、ニンニクをみじん切りにして、オイルとレモン果汁、塩であえる。

「イタリア風」サルサ・ヴェルデと言ったが、一二世紀から一四世紀にかけて、緑のパセリのソースはヨーロッパ全土で作られていた。アラビア語ではサルサはサルス *sals* となる。研究者のチャールズ・ペリーは、サルサがイスラム世界からキリスト教世界へ西に移動したのではなく、キリスト教世界からイスラム世界へと東に移動した数少ないレシピのひとつであると述べている。一三世紀にダマスカスで書かれた料理書『*Kitab al-Wusla*（キターブ・アル＝ウスラ）』には、乳鉢でニンニク、コショウ、酢と一緒にパセリの葉をすりあわせるという「緑のサルス」の作り方が記されている。フランスのソールス・ヴェール *saulce vert*〔緑のソース〕は、一四世紀に書かれたフランスの料理書『*Le Viandier*（料理の書）』にはパセリとパン粉、酢、ショウガで、『*Le Menagier de Paris*（パリの家事）』にはパセリとローズマリー、ギシギシもしくはマヨラナで作ると書かれている。

この流れをくむソースは他にもある。二〇世紀に作られたエスコフィエのフランス風ソース・ヴェールは、湯がいたパセリとタラゴン、チャービル、ホウレンソウとクレソンをすりつぶした「濃い汁」でマヨネーズに味をつける。このマヨネーズ・ソース・ヴェールは一九二三年に、サンフランシスコのパレス・ホテルで改良された。サワークリームとアンチョビを加えて、グリーン・ゴッデス・ドレッシングとなったのだ。このドレッシングは今でも、「ガーデン・コート」のブランチの料理に添えられている。

パレス・ホテルは約一五〇年間営業している。サラ・ベルナールはペットの虎の赤ん坊をここに連れてきて、エンリコ・カルーソーは一九〇六年のサンフランシスコ地震の夜にここに泊まった。バーに飾られているマックスフィールド・パリッシュの描いた〝ハーメルンの笛吹き男〟の絵は、サンフランシスコのランドマークとなっている〔二〇一三年三月に取り外された〕。ドナ・サマーやピーチズ＆ハーブの曲がトップチャートをにぎわせていた頃、私の高校のプロムもこのホテルで開かれた。ジャネットに見せようと引っ張り出したプロムの写真では、私はちゃんとボウタイを結んでいたが、次に挙げるグリーン・ゴッデス・ドレッシングの最初のレシピとは違い、みんなのふさふさした髪の毛は時の試練に耐えることはなかった。

グリーン・ゴッデス・ドレッシング

ふつうのマヨネーズ1カップ
サワークリーム½カップ
キッチンばさみで切った新鮮なチャイブもしくはみじん切りにしたエシャロット¼カップ
みじん切りにした新鮮なパセリ¼カップ
搾りたてのレモン果汁小さじ1
白ワインビネガー小さじ1
アンチョビ3片を水で洗い、水気を拭き、みじん切りにしたもの
塩と挽きたてのコショウを好みに応じて

材料をすべて小さなボウルに入れて十分に混ぜ、味を調節する。すぐに使うか、蓋をして冷蔵庫に入れる。

しかし、グリーン・ソースの知られているなかで最古のレシピは、イギリスのもののようである。今から八〇〇年以上も前の一一九〇年に、イギリスの学者で科学者のアレクサンダー・ネッカムが、ラテン語にノルマンフランス語と英語を交えて書いた文書がある。このレシピの名前はヴェルデ・ソースで、パセリとセージ、ニンニク、コショウを使い、最後は「non omittatur salis beneficium」、ざっくりと訳せば「塩を忘れないこと」と結ばれている。

なぜ素朴な調味料が、私たちの言語にこれほど浸透しているのだろうか。その答えは、人類の歴史

における塩の主な用途が、食べ物を保存することだったからだ。キャベツを塩漬けにしたザウアークラウトは冬中食べられる。塩漬けのソーセージやサラミ、ハム、豚の塩漬け、魚の塩漬け（スペイン語でバカラオ *bacallao* と呼ばれる塩漬けのタラなど）は、商人や兵士たちがヨーロッパを横断し、大西洋や太平洋を渡るあいだも十分に長持ちした。

古代ヨーロッパでは、ケルト人が豚の塩漬け作りを得意としていた。古代ギリシアの地理学者ストラボン〔紀元前六三～紀元後二一年〕は、フランスとスペインのケルト人居住地域で作られたハムがローマで有名になっていると書いている。昔はケルト人が住み、今ではドイツの一部となっているヴェストファーレンで作られるハムは、現在と同じく古代でもローマ人に好まれていた。

これらの豚肉食品の名前には、今でも塩が残っている。もっともわかりやすいものが「豚の塩漬け」だが、イタリア語のサラミ *salami* やサルーミ *salumi* にも塩がある。どちらの単語も、語根 *sal*（salt）に名詞形を作る接尾辞の -*ame* と -*ume* が付いている。ソーセージ *sausage* という単語にも塩がある。これは、もともとはサルサ・イシキア *salsa isicia*（塩漬けのイシキア）というように使われていた後期ラテン語のサルシーキア *salsīcia* が、フランス語を経由して英語になったものだ。イシキアとは、フォースミート〔調味したひき肉。詰め物に用いる〕やコロッケ、もしくは生のソーセージのようなものであり、『アピキウスの料理帖』にもそのレシピが収められている。したがってサルサ・イシキアは、このソーセージを乾燥させて塩漬けにした保存食品だったのだ。

さらに塩は、古代ケルト人の末裔であるアイルランド人とのつながりが有名な、塩漬けの牛肉製品コンビーフ〔corned beef〕にも入っている。コンビーフは、トウモロコシとは何の関係もない。古英語の *corn* という単語はもともと何かの「小さなかけら」や「粒」を指すものであり（実際、穀物 *grain* や穀粒 *kernel* という単語と語源学的な親戚関係にある）、この場合は牛肉の保存のために用いた塩の粒を意味している。

魚を塩漬けにして保存することは、おそらく肉の塩漬けよりもはるか昔から行なわれていたのだろう。アジアに古くからある魚醤や、紀元前数百年に食されていたギリシア語ではガロス、ラテン語ではガルムと呼ばれた魚醤のように〔七五ページ参照〕。タラの塩漬けは中世の必需食であり、ヨーロッパの経済と奴隷貿易において中心的な役割を果たしていた。タラの塩漬けが奴隷のあいだで安い食糧源となっていたことから、ジャマイカやドミニカ共和国、その他のカリブ海諸国の現代料理にタラの塩漬けが広く使われることになったのだ（そしてサンフランシスコなどアメリカの都市の大半にある、ラテンアメリカ系住民が集まる地区の食料雑貨店で売られている）。

その後一八〇〇年頃までは、保存といえば塩漬けのことであり（あるいは燻製や酢漬け、砂糖漬け）、人々が十分な量の食べ物を確保するには保存食品が不可欠だった。一七九〇年頃から科学技術における二つの大きな進展がきっかけとなり、食品の高度な保存方法が開発された。そのひとつが瓶詰めによる保存で、一七九〇年頃にフランスの菓子職人ニコラ・アペールが考案した。シロップを煮詰める作業をしていたアペールは、他の食品も煮詰めてガラス瓶に入れてはどうかと考えた。この技術を一八一〇年に完成させるとフランス政府から表彰され、スープとシチュー（ポトフ）、牛ヒレ肉、鶏肉とヤマウズラ、野菜、果物、牛乳をガラス瓶に入れて保存する方法を本にした。第二の進展は冷蔵技術であり、一九世紀にいくつかの発明が相次いだ。冷蔵技術は、一八八〇年代には醸造会社に、一九一五年には精肉業者に広まり、二〇世紀半ばにはアメリカの各家庭で利用されるようになった。

この二つの発明の結果、食品の保存剤としての塩の重要性は格段に低くなった。野菜や肉は生のままでも調理してからでも、缶詰にしたり冷凍したりできるため、塩はもはや味付けのためにしか必要ではなくなった。しかし人々はすっかり塩味の食べ物に慣れていた。私が幼い頃から食べていたユダヤの食べ物（サケの燻製、ホワイトフィッシュ、ニシン、パストラミ、コンビーフ）はどれも塩漬けにした保存食品であり、生のサケや牛肉やいろいろな魚が十分に（そのうえ安く）手に入るにもかかわらず、私たちはそうした食べ物を食べ続けている。ビー・ウィルソンが魅力的な著作『キッチンの歴史（*Consider the Fork*）』〔真田由美子訳、河出書房新社〕で「冷蔵の時代ではベーコンは本来の目的を果たしていない。ただし、その味を楽しむという価値は決して減じることはない」と述べているように。

小麦粉の歴史にも同じような物語が見てとれる。中世ではおおざっぱにしか粉をふるわなかったため、精製度の高い白い小麦粉にさえふすまが大量に残り、白い小麦粉を食べる裕福な人々でも大量の繊維を摂取していた。石臼が、ふすまと胚芽を完全に取り除く金属製のローラーミルに取って代わられて初めて、現代の白い小麦粉は完全な精製食品となり、このうえなく不健康なものになったのだ。

小麦粉 *flour* と塩 *salt* の言語学的な歴史をたどると、精製食品や塩漬けの食品が古くから好まれていたことがわかる。また英単語を見てみると、別の種類の調味料についての知識も得られる。*season* または *seasoning* という単語はもともと食べ物に風味を添えるために、塩や香辛料、ハーブを加えるという意味ではなかった。これらの単語の意味とは、その語の響きそのものだった。*season* は元来「季節に応じて果物を熟させる」というフランス語の *saison* からきている。私は精製した白い小麦粉や塩が大好きだが（結局のところ、焼き立てのサワードウ・バゲットや、魚醤の塩味が利いたうまみに抗うことは難しい）、それらの言葉の歴史をひもとくと、ふと気づくのだ。熟した果物や季節の野菜を味わう喜びと、白い粉は控えめにすることの大切さに。

第10章　マカルーン、マカロン、マカロニ

サンフランシスコの春は美しい。バーナル・ヒルがラムソンとウイキョウで覆われ、ミッション・ストリートの「ダイアンダズ・イタリアン・アメリカン・ペーストリー」では、定番のおいしいアマレッティ *amaretti*〔アーモンドとメレンゲで作るほろ苦い菓子〕とリッチャレッリ *ricciarelli*〔アーモンドとメレンゲで作る菓子〕の数が増え、イースターのための特製サントノーレケーキが店頭に並ぶ。ペルシアの新年（ノウルーズ）と中国の清明節の時期でもあり、私の家では過越《すぎこ》しの祝い〔ユダヤ教の祭〕の準備をする。そこで、ココナツ・マカルーンの出番となる。

この町にはここ数年、ココナツ・マカルーンとは異なる、もっとおしゃれなマカルーンがあふれていた。それは二枚のアーモンドクッキーでガナッシュ〔チョコレートと生クリームを合わせたもの〕をはさんだパステル・カラーの繊細な菓子、パリ風のマカロンだ。どの高級菓子店《パティスリー》でもパリ風マカロンが売られ、流行に敏感な町サンフランシスコでは、マカロンのデリバリーまで行なわれている。値の張るシックなフランス風アーモンド・マカロンがもてはやされたために、その親戚にあたる地味でかみごたえのあるココナツ・マカルーンはすっかり影が薄くなってしまった。

なぜ高価なマカロンがこれほど一気に流行り出したのか。そしてこのマカロンと、私が子どもの頃に食べていた地味なココナツ・マカルーンにはどのような関係があるのか。さらにマカロン *macaron* とマカルーン *macaroon* という言葉は、なぜこんなにもマカロニ *macaroni* と似ているのか。その答

えばシクバージやケチャップ、シチメンチョウのように、文明同士が出会う場所で生み出され人々に好まれた食べ物の物語と関連している。それればかりかメニューとアントレ、ポテトチップの章で論じた、社会的なステータスがもつ重要な役割ともつながりがある。

物語は八二七年に始まった。アラブ人とベルベル人の軍勢が、イフリーキヤ（現在のチュニジア）から、ギリシア語が話されていたビザンチン帝国領シチリア島に上陸した。ここにイスラム教徒の首長国が建設され、多くの技術（紙など）や食べ物（レモン、オレンジ、米、ピスタチオ、サトウキビ）がヨーロッパにもたらされた。シチリアは、その一〇〇〇年前から食べ物で有名だった。プラトンは『国家』でシチリアの素晴らしい料理を評している（ステファヌス版プラトン全集四〇四ページのD）。アラブ人はこうした料理の下地に彼ら自身の料理を付け加えた。中世イスラム世界の、ナッツを主な材料にした豊富な種類の甘い菓子を選び抜いて持ち込んだのだ。なかなかかみきれないヌガーは、イタリアではトッローネ *torrone*、スペインではトゥロン *turrón*、アメリカではスニッカーズのチョコバーとなり、澱粉で作った菓子ファールーダージ *fālūdhaj* は、ターキッシュ・ディライトの祖先にあたる。こうした菓子のなかでもっとも有名なのが、ラウジーナージ *lauzīnaj* だ。

ラウジーナージは、挽いたアーモンドに砂糖をまぶしてバラ水を混ぜ、きめの細かいペーストリーで包んだ菓子である。アッバース朝のバグダードの料理人たちが、ササン朝ペルシアの王を介してラウジーナージを知った。ペルシアでは、ノウルーズにこうした甘い菓子が食べられていた。ノウルーズ〔Nowrūz〕は文字通り「new day」という意味で、イスラムの支配を受ける以前に使われていたペルシア暦における新年の最初の日であり、春分の日にあたる。六世紀のササン朝の王、ホスロー一世は、シクバージだけでなくラウジーナージもいたく気に入り、「最高で最上」のペーストリーと讃えた。

ルッジェーロ二世。パレルモのマルトラナ教会にあるモザイク絵。

ラウジーナージは広く好まれ、一〇世紀のアル＝ワッラクの料理書から、一三世紀のバグダードで書かれた『キターブ・アッ＝タビーハ』にいたるまで、中世のアラビア語で書かれた料理書には必ず収められていた。チャールズ・ペリーによるレシピ（要約）の翻訳を引用する。

ラウジーナージ

砂糖1ポンドを細かく挽く。皮をむいて細かく挽いたアーモンド⅓ポンドを砂糖と混ぜ、バラ水を入れてこねる。こねたアーモンドと砂糖を、薄いパン（中略）――薄ければ薄いほどよい――（中略）の上に置いて巻き込み（中略）小さく切る。

ラウジーナージのレシピのなかには、ペーストリーで巻かないものや麝香《じゃこう》で風味をつけたもの、バラ水の香りを加えたシロップに浸したもの、細かくつぶしたピスタチオをまぶしたものもあった。

一〇七二年にはノルマン人がシチリア島（およびイギ

リス）を制圧した。その後の短期間にわたるルッジェーロ一世とルッジェーロ二世によるシチリア統治は、少なくともヨーロッパの他の地域と比べると、多様な文化が互いの忍耐を試す場となった。ギリシア語とアラビア語、ラテン語がどれも公用語となり、政府の役人はこれら三つの社会から選ばれ、イスラム教徒とユダヤ人は独自の法律で治められていた。シチリアと、イスラム教とキリスト教の文化が接触するもうひとつの地スペインのトレドでは、ラウジーナージに似たペーストリーがヨーロッパ料理のレパートリーに加わり、マルツァパーネ *marzapane* やカリシオーニ *caliscioni* と呼ばれるアーモンド・ペーストのタルトのようなデザートに発展した。

マルツァパーネ（英語ではマジパン）という名称はアラビア語のマウタバン *mauthaban* に由来する。マウタバンとは、タルトを入れて運んだ壺のことであり、転じてペーストリーの皮を指すようになった。マエストロ・マルティーノが著した一四六五年の料理書には、マジパンの中身《フィリング》はもともと、アーモンドのペーストと砂糖とバラ水を混ぜたもので、ときには卵白がこれに加えられていたと記されている。しかしマジパンという言葉は現在、アーモンドのペースト菓子そのものを指す（私が小さい頃、隣に住むシェール夫人が作ってくれた、果物の形をしたきれいな色の菓子のように）。ここで、マルティーノによるマジパンの中身のレシピを紹介しよう。

マジパン

アーモンドの皮を丁寧にむいてつぶす。（中略）つぶしてから、油分がとばないようにバラ水で少しぬらす。（中略）アーモンドと同じ分量の砂糖を混ぜ（中略）上質のバラ水を1オンスから2オンス加え、すべてをしっかりと混ぜ合わせる。（中略）

それから（中略）砂糖で作った（中略）ウエハース少量をバラ水でぬらす。平鍋の底でこれを溶かし、その上に先ほどの混ぜた中身を加え（中略）オーブンで焼く（中略）ほどよい火加減を保つよう注意すること。

カリシオーニはこれにとてもよく似た菓子で、アーモンドのペーストを砂糖の入った生地の上に載せるか、くるんだものだ。ここでもまた、皮の部分が菓子の名前の由来となっている。カリシオーニの語源は、ストッキングもしくはレギンスを指す単語なのだ（*calceus* は靴を意味するラテン語。フランス語の *chaussure* もしくは *chausson*、または元来「レギンスや履物を作る人」という意味の Chaucer〔チョーサー〕という姓にも注目）。多くの菓子の名前が、ペーストリーの前身にあたる「クラスト」〔パイやパンの固い皮〕から派生している。英語のカスタード *custard* のもとの形は *crustade* であり、これはイタリア語で「外皮で覆う」の *crostare* を語源とする *crostata* や、語根を同じくするフランス語の *croustade* に由来する。再び、マルティーノによるカリシオーニのレシピを紹介しよう。

カリシオーニの作り方

先のマジパンのレシピに記したものと同様のフィリングまたは混ぜ物を用意し、砂糖とバラ水を加えた生地を準備する。生地をラヴィオリ〔四角形や半月形の詰め物入りパスタ〕のように広げ、フィリングを載せ、好みに応じて、大、中、小の大きさのカリシオーニを作る。

これらのレシピからよくわかるように、マジパンとカリシオーニは数百年を経てももとのラウジーナ火〕のにたいし、ラウジーナージにはふつう熱を加えないところである。ペーストリーの細かい部分も移り変わりとともに変化したが、ヨーロッパ人は基本的にアーモンドと砂糖とバラ水をペーストリーで包んだ菓子を作り続けた。砂糖はかなり高価だったため、そうした菓子は主として裕福な人々しか食べられない贅沢品であることに変わりはなかった。一四世紀の商人フランチェスコ・ダティーニは、マジパン・トルテ〔ケーキ〕はクジャクのつがいよりも値が張ると書いている。

カリシオーニのレシピにラヴィオリが出てくることから、同時期にシチリアで起こっていたもうひとつの重要な出来事が示される。すなわちパスタである。穀物の粥はこの地域ではずっと以前からよく食べられていた。たとえばビザンチン帝国時代のギリシアでは、葬式の食べ物としてマカリア（*μακαρία*）と呼ばれる粥を食べていた（「祝福された」を意味するギリシア語のマカリオス〔*μακάριος*〕より）。しかし、練り粉で作った実際のパスタにより近い食べ物も、地中海沿岸の多くの地域で古くから食べられていた。紀元前一世紀、ギリシア人は練り粉を揚げて何層にも重ねたラガヌム *laganum* と呼ばれる料理を食べていた。これが五世紀にはラガナ *lagana* という、ゆでた生地と詰め物を交互に重ねた料理になった（セビリアの大司教イシドルスの言による）。現在のラザーニャ *lasagne* の祖先にあたる料理である。しかし乾燥パスタが実際に存在したのは地中海東部であり、たいていはスープに入れて食べたり、甘く調理して食べていた。五世紀のパレスチナにおいて、アラム語のイトリア *itria* という単語が乾麵と生麵の両方に使われていたことがわかっている（五世紀に編集されたエルサレム・タルムード〔ユダヤ人の生活、宗教、道徳にかんする律法の集大成〕にこの単語がある）。一〇世紀には、食料商から買った乾麵を指すアラビア語、イトリヤ *itriyah* があった。

これら地中海地方で作られていた乾麵が現代のデュラム小麦の乾燥パスタに発展したのは、シチリアでのことだった。デュラム小麦はふつうの小麦よりも硬く、タンパク質が豊富に含まれる。しっかりとした弾力性のある生地は日持ちして保存しやすいため、船に大量に載せて運ぶことができた。デュラム小麦を生産するシチリアは、ローマ帝国のパンかごとしての役目を長く果たした。このシチリア産の硬い小麦がアラブで受け継がれてきた麺にちょうど適していたのである。一一五四年には、ルッジェーロ二世に地理学者として仕えたモロッコ出身のムハンマド・アル＝イドリースィーが、シチリアは地中海全域における乾燥パスタ生産の中心地であり、イスラム教徒やキリスト教徒の国々に船で供給していると書くまでになった。パスタを指す言葉は、トリア *tria*（アラビア語のイトリヤ *itriyah* より）、ラザーニャ *lasagne*、ヴェルミチェッリ *vermicelli*（小さい虫）など地域によって様々なものがあった（マルコ・ポーロが中国からイタリアにパスタを持ち帰ったという説は作り話だ。一九二九年にミネソタ州で刊行された業界誌『マカロニ・ジャーナル』に掲載された、おもしろおかしい記事からたまたま広まったものである。マルコ・ポーロが一二九六年に中国から帰国したときには、パスタは一五〇年ほど前からすでに主要な輸出品となっていた）。

一二〇〇年には、ユダヤ人とキリスト教徒たちの手によって、これらの麺がシチリアから北へと伝わっていた。じつはヴェルミチェッリ *vermicelli* という言葉が使われた最初の痕跡はフランスにある。一一世紀のフランス人学者ラシ（あるいはその弟子の中世タムルード註解者が残した注釈のひとつという可能性もある）が、ゆでた生地もしくは揚げた生地を指す言葉として、イタリア語の *vermicelli* を語源とする古フランス語の *vermeseil* から派生した、イディッシュ語の *vermiseles* を使っているのだ。*vermiseles* はまもなく *vremzel* へ、さらには現代イディッシュ語のフレムゼル *chremsel* となった。フレムゼルとは、今では通常マッツォーミールを材料とする、過越しの祝いに食べる甘くて柔らかいパンケーキの名前だ。

パスタとアーモンド・ペーストリーの伝統がシチリアにおいて融合し、双方の特徴をもつ食べ物が生まれた。先に述べたように初期のパスタは甘い味であることが多く、ゆでるだけでなく揚げたり焼いたりした。この時代の多くのレシピは二つの方向性に分かれていた。塩味の利いたチーズ風味のものと、アーモンドミルクかアーモンド・ペーストを使った甘い味付けの二通りのレシピがあったのだ。後者は、中世のキリスト教徒の暦では頻繁だった肉も乳製品も食べられない断食日（四旬節、金曜日など）の食事に適していた。

たとえばアーモンド・ペーストリーのカリシオーニには、アーモンドを使ったものとチーズを使ったものの二通りがあった。じつは現在でもその両方が残っている。アーモンド味の現代版は、エクス＝アン＝プロヴァンスではカリソン・デクス *calissons d'Aix* と呼ばれる、マジパンとドライフルーツで作った砂糖菓子に糖衣〔砂糖と卵白で作った、菓子の表面に塗るもの。アイシング〕をかけたものである。カリソンはプロヴァンス地方にかなり以前からある。予言者のノストラダムス（本業は薬剤師）は予言を行なうかたわら、一五五五年にカリソンの初期のレシピを刊行した。カリシオーニのチーズ味のほうは、みなさんも食べたことがあるだろう。現在ではカルツォーネ *calzone* と呼ばれる、チーズを詰めて焼くか揚げるかしたピザのようなものである。

この複雑な背景から、一二七九年頃にマッカルーニ *maccarruni* という単語が現われた。現代のマカロニ *macaroni*、マカルーン *macaroon*、マカロン *macaron* の祖先にあたるシチリア語である。マッカルーニという単語がアラビア語からきたのか、別のイタリア語の方言（「つぶす」という意味の *maccare* を語源とする単語が方言にはいくつかある）から派生したのか、あるいはギリシア語のマカリア *makaria* が語源なのかはわからない。

しかし練り粉で作った当時の他の食べ物と同じように、マッカルーニも地域によって、甘くて柔らかいよく似た別々の二つの食べ物を指していたと思われる。ひとつはニョッキに似たもので（小麦粉のペーストにバラ水を混ぜ、ときには卵白と砂糖も混ぜてチーズを添える）、もうひとつは、マジパンをふんわりさせたものにとてもよく似たものだった（アーモンド・ペーストにバラ水と卵白、砂糖を混ぜたもの）。

マッカルーニ（あるいはここから派生した標準イタリア語のマッケローネ *maccherone*）のもっとも古い記録は、甘いパスタにかんするものだった。ボッカチオは著書『デカメロン』（一三五〇年頃）において、マッケローネは手でちぎった団子かニョッキで、バターとチーズとともに食べるものと記している（ちなみに、このずんぐりとしたニョッキと、バターとチーズの塊とを交互に重ねるやり方をイタリア語とラテン語をごた混ぜにする比喩として用いたことが、「雅俗混交体《マカロニック・ヴァース》」という用語の起源である）。一五世紀に出版されたマルティーノの料理書には、シチリアのマッケローネは〝白い小麦粉と卵白、バラ水で作り、甘い香辛料と砂糖、バター、すりおろしたチーズとともに食す〟と書かれている。

アーモンド菓子に話を戻そう。一五〇〇年代には、これらはシチリアとアンダルシアだけでなく現在のイタリア全域と、さらにフランスと当時のイギリスに広まっていた。一五五二年、『ガルガンチュアとパンタグリュエル』のなかでラブレーが豪奢な菓子の数々を列挙しているが、そこではマカロンという単語が菓子を意味していたことが確かにわかる。その後まもなく、この単語が英語でマカルーンとなって現われた（一六世紀と一七世紀の *-on* で終わるフランス語の単語の大半は、英語に持ち込まれると *-oon* という綴りになった。*balloon*、*cartoon*、*platoon* などがそう）。

この菓子はどんな味だったのだろう。アメリカ初のファースト・レディの家族が新世界にもたらした手書きの料理書『*Martha Washington's Booke of Cookery*（マーサ・ワシントンの料理の書）』に、知られているなかで最初のレシピが収められている。これはおそらく一六〇〇年代初期に書かれたものと思われる（古風な綴りに注目）。

To Make Mackroons

Take a pound & halfe of almonds, blanch & beat them very small in a stone morter with rosewater. put to them a pound of sugar, & ye whites of 4 eggs, & beat y^{m} together. & put in 2 grayns of muske ground with a spoonfull or 2 of rose water. beat y^{m} together till y^{r} oven is as hot as for manchet, then put them on wafers & set them in on A plat. after a while, take them out. [y^{n} when] y^{r} oven is cool, set [y^{m} in] againe & dry y^{m}

マカルーンの作り方

アーモンドを1・5ポンド用意し、湯に浸してからバラ水を加えて石臼でごく細かく挽く。砂糖1ポンドと卵4個分の卵白を加え、まとめて挽く。バラ水小さじ1から2を加えて挽いた麝香2粒を加える。マンチェットを焼くのと同じ温度までオーブンを温めるあいだ、これらをつぶし、ウエハースを下に敷いて皿に載せる〔オーブンに入れる〕。しばらくしてから取り出す。オーブンが冷めたら、［皿を］また中に入れ、乾燥させる。

このレシピからは、一七世紀の前半においてマカルーンが、祖先にあたる中世アラブの食べ物ラウジーナージの材料でもあったバラ水と麝香を使っていたことがわかる。また、マカルーンをウエハースに載せて焼いていたこともわかる。これはさらに古いレシピにあったペーストリーの皮の名残である。

こうしたレシピが残されてはいるが、料理人たちが麝香など中世に輸入された香辛料の代わりにヨーロッパに生育するハーブを使うようになったことで、中世の菓子から派生して現代的なフランス菓子が発展し始めた。この変遷の分岐点となる成果を上げたのが、フランソワ・ピエール・ドゥ・ラ・ヴァレンヌという料理人である。現代的なマカロンの最初のレシピが、彼の著した料理書『フランスの料理人（*Le Cuisinier François*）』の一六五二年版に載っている。このレシピでは、初期の例にあったオレンジ水とバラ水が材料から消えている。ペーストリーの皮もなくなった。かつて使われていたウエハースをしのばせるものは、マカロンの下に敷いた一枚の紙だけとなった。

マカロンの作り方

皮つきのアーモンド1ポンドを用意し、冷水に浸す。水が濁らなくなるまで洗ってから水気をきる。オレンジ花の水の代わりに卵3個分の卵白と粉砂糖4オンスを加え、乳鉢で粉っぽさがなくなるまですりつぶす。マカロンの形に切った紙の上に生地を置き、オーブンで焼く。ただし、火を強くしすぎないように注意する。焼きあがったらオーブンから取り出し、暖かく乾燥した場所に置く。

一七世紀を迎える頃のフランスでは、アミアン、ムラン、ジョワユーズ、ナンシー、ニオールなどの地域で、ラ・ヴァレンヌ風マカロンを様々に形を変えたものが作られるようになっていた。スペインのサン・セバスティアンから国境を越えたところのフランス領バスクにあるサン＝ジャン＝ド＝リュズという町で、私たちは「メゾン・アダム」というペーストリーの店を訪れた。この店は一六六〇年に、息子のルイ一四世とスペイン王女マリー・テレーズの結婚式に訪れたルイ一三世王妃アンヌ・ドートリッシュに、きつね色の丸い〝本物のマカロン〟を献上したと主張している。一八世紀になると、マカロンはフランス全土の修道院で広く作られるようになっていた。目的は二つ、自分たちの食糧にすることと、民衆に売って財政の足しにすることだった。フランス革命後に修道院からの立ち退きを命じられた尼僧たちは、自立のために都市部でマカロンの店を開いた。ナンシーにある「メゾン・デ・スール・マカロン」は現在も営業中だ。サンテミリオンにあるパン屋「ファブリック・ドゥ・マカロン・ブランシュ」では、フードライターのシンディ・マイヤーズが言うところの「かつてサンテミリオンの尼僧たちが作っていた本物のマカロンのレシピ」を再現したマカロンが売られている。

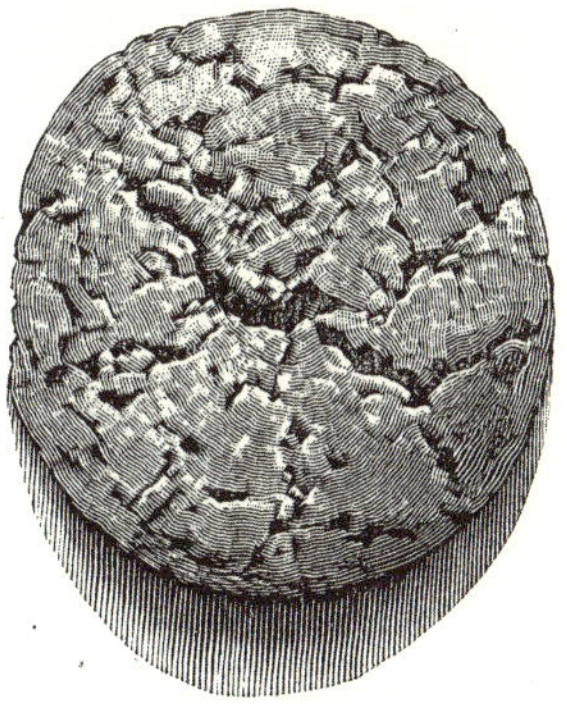
Macaron de Nancy.
ナンシー風のマカロン

地域による小さな違いはあっても、一六五〇年から一九〇〇年頃までのこの菓子は、「外はかりっとしていて中は柔らかい、挽いたアーモンドと砂糖、卵白で作った小さくて丸いビスケット［クッキー］」と『ラルース料理大事典』に描写されるようなものだった。

当時のイタリアでマッケローネという単語はまだパスタのみを指していたため、こうしたクッキーには、シエナではマルツァパネッティ *marzapanetti*（小さなマジパン）、ロンバルディア州では苦味のあるアーモンドが使われていたことからアマレッティ *amaretti*（ほろ苦さ）と別の名前が付いていた。名前の混乱は英語でも一八三四年まで続き、マカルーンがパスタを指すこともあれば、マカロニがクッキーを指すこともあった。

現在のようにマカルーンとマカロンが区別されるようになったのは、二つの革新的な出来事がきっかけとなっている。ひとつは、一八〇〇年代半ばのアメリカで外国から入ってきたココナツが流行したことだ（当初はココアと混同されていたため、coconutsは一九世紀から二〇世紀初頭にかけてcocoanutsとも綴られていた）。「ココア－ナッツ・ケーキ」のレシピは早くも一八四〇年に登場していたが、ココナツの消費が大幅に増えたのは、南北戦争後にカリブ海諸国との貿易が盛んになり、ココナツ・オイルの生産が増加してからのことだった。エミリー・ディキンスンもココナツが好きで、独自のココア－ナッツ・ケーキのレシピを友人に書き送っていた。また、「いくつかある、決して戻ってこないこと」という詩の下書きを、ココア－ナッツ・ケーキの別のレシピを書いた紙の裏にしたためていた。ディキンスンのレシピは、彼女特有の句読点を使って書かれている。

ココア－ナッツ・ケーキ

ココア－ナッツ1カップ…
小麦粉2カップ－
砂糖1カップ－
バター½カップ…

エミリー・ディキンスン（1830～1886）

牛乳½カップ－
卵2個－
重曹小さじ½
クリームターター〔酒石酸水素カリウム〕小さじ1
これでケーキ半分ができる―

一八〇〇年代後半にはココナッツを粉砕する工場が建設され、ココナッツ・クリーム・パイやココナッツ・カスタード、アンブロシア（もとはオレンジと粉砂糖、細かく刻んだココナッツを材料とした）など、流行の新しい菓子がこぞって作られるようになっていた。ココナッツを使ったもうひとつの菓子、ココナッツ・マカルーンのレシピも、一八三〇年頃というかなり早い時期に初めて登場した。しかし広まったのは、一九世紀後半にユダヤ人の料理書で広く紹介されるようになってからのことだった。マカルーンには小麦粉が入っていないため、過越しの祝いに食べる定番の菓子となった。この習慣が広まり、ストレイツやマニシェヴィッツなどのマッツォー製造業者は、一九三〇年代に過越しの祝いの菓子としてアーモンド・マカルーンとココナッツ・

マカルーンを売り出した。
ここで、一八七一年にアメリカで初めて出版された、エスター・レヴィの『*Jewish Cookery Book*(ユダヤ人の料理書)』からレシピを紹介しよう。マカルーンの従来の材料だったアーモンド・ペーストの代わりに、すりつぶしたココナッツが使われている。

ココナッツ・マカルーン

すりつぶしたココアーナッツに同量の砂糖と真っ白に泡立てた卵1個分の卵白を加えてよくかき混ぜ、少しだけ焼く。両手を濡らして小さな楕円を作る。紙に油を塗って生地を置き、オーブンを適温にして焼く。

一八九〇年代にはココナッツ・マカルーンがアメリカの多くの料理書で取り上げられ、国内で大人気となった。次ページのグラフに、一八四〇年から二〇〇〇年にかけてGoogleのN-gramコーパスに「ココナッツ・マカルーン」(すべての綴りを対象とする)が登場した回数の伸びを示した。一八九〇年代と一九三〇年代に落ち込みが見られるが、最近では一九六〇年代になって上昇を始めている。
二〇世紀半ばにアメリカの料理書でココナッツ・マカルーンが一気に取り上げられるようになってきたのと同時期に、フランスでは新たな変革が起こっていた。パリの菓子職人ピエール・デフォンテーヌが(おそらくはそれ以前に菓子職人のクロード・ジェルベが作っていた、二つのマカロンを何もはさまずに重ねたものに触発されて)、二つのマカロンのあいだにアーモンド・ペーストやガナッシュをはさんだサンドイッチ形式の菓子を考案したのだ。新しいクッキーは「マカロン・パリジャン」も

「ココナツ・マカルーン」が使われる頻度

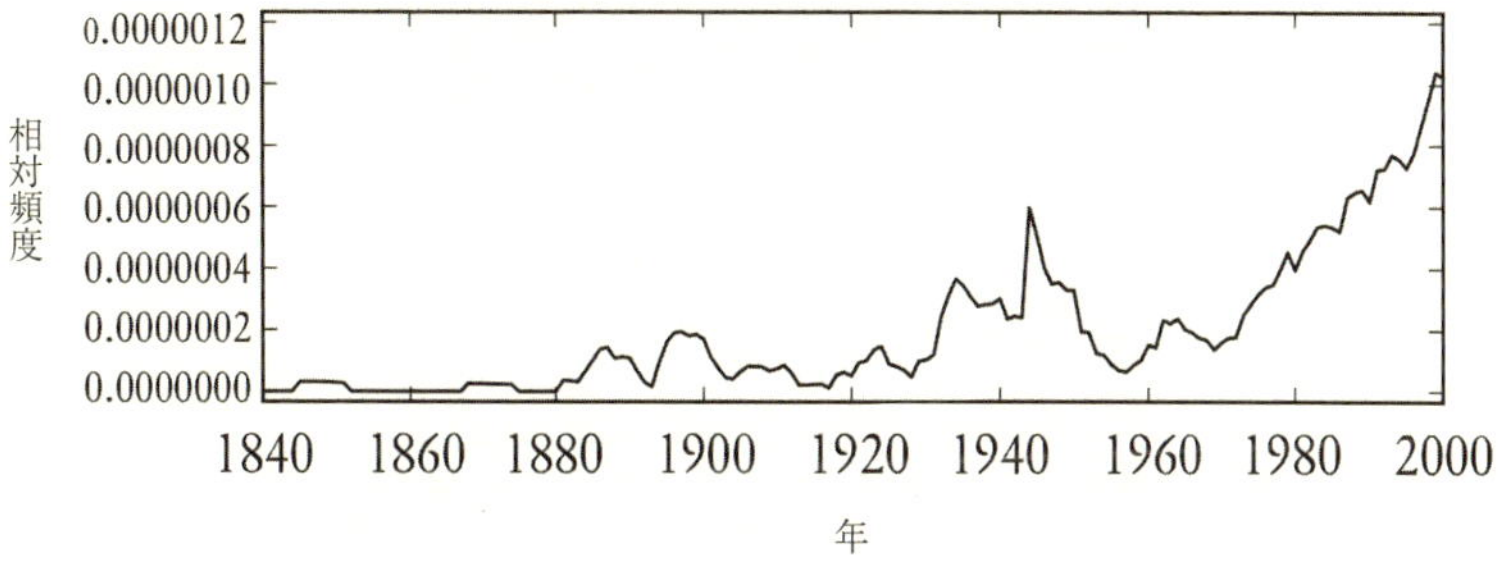

しくは「マカロン・ジェルベ」と呼ばれ、ペーストリーとカフェの店「ラデュレ」からたちまち世に広まった。今日《こんにち》ではマカロン・パリジャンと一枚で食べる伝統的なマカロンの両方がフランス中に浸透している。アメリカでマカロンと言えば、ガナッシュをはさんだ新しい菓子だけを指し、マカルーンはココナツ・クッキーを指す。もちろんアメリカ人にとってマカロニとは、エルボ・マカロニ〔曲がった短い管状のパスタ〕だけである。

マカロニにはかつてもうひとつの意味があった。一八世紀のイギリスでは、流行を追う裕福な若者たちが奇抜な髪型（白粉を塗った高さのあるかつらをかぶり、てっぺんに小さな帽子を載せる）と、きざな服装を楽しんでいた（私のプロムでの髪型もひどかったが、こちらには負ける）。こうした若い貴族たちは「マカロニ」と呼ばれていた。イタリアへ旅行して、当時は珍しかった異国の流行りの食べ物、パスタの味をおぼえたからだ。この呼び名は「ヤンキードゥードゥル」の歌〔米国独立戦争時の愛国歌〕でなじみがあるかもしれない。恰好をつけようとして「帽子に羽をさすだけでマカロニ男気取りになって」いる、だらしない身なりをした米国兵士《ヤンキー》をからかった歌だ。

マカロニ・ファッションの男たちに先駆けて、珍しい外国の食べ物に飛びついて流行のきっかけを作った人たちが裕福な上流階級のなかにいた。王侯貴族やただの金持ちが、本章で取り上げた食べ物を自国へ取り

「マカロニ男。最近の仮装舞踏会における実在の人物」
風刺漫画家フィリップ・ダウによる1773年制作の銅版画。

入れるのに一役買っているのだ。バグダードのアラブの王たちはペルシアからラウジーナージを、ノルマンやシチリアの裕福な諸公はアラブ人からマジパンと乾燥パスタを、イギリスの金持ちな伊達男たちはイタリアからマカロニを、裕福なアメリカ人はカリブ海諸国からココナツを取り入れた（その他、バナナのように最初は高価だった食べ物を）。そして現在では、パリの高価なマカロンをまねしている。

　ササン朝ペルシアの王もまた、どこかからラウジーナージを取り入れたようである。ラウジーナージは「アーモンドを含む」という意味で、ペルシア語ではなくセム語の *lauz* がアーモンドを指している。この言語的な手がかりから、おそらくペルシア人たちはアラム語を話す近隣諸国からアーモンド・ペーストリーを手に入れたのではないかと推定される。

シクバージやケチャップと同様に（次の章で見ていくがシャーベットも）、このようにして他国の食べ物が取り入れられてきたことは、社会学者のゲオルク・ジンメルとソーンスタイン・ヴェブレンの説を裏付けている。二人は一九世紀末に、高級なもの（食べ物やファッション、商品など、あらゆる種類の流行）はまず、裕福な上流階級の人間によってもたらされる傾向があると指摘した。第1章で取り上げた高価なレストランのメニューや第2章のテーマとしたアントレなどのフランス語のように、新たに輸入された贅沢品は、金持ちだけが楽しむことのできるステータスの高い珍味であることを示す目印として働くのだ。ジンメルとヴェブレンの言うように、珍しい品々が現われると中産階級も当然のようにそれを欲しがる。そうするとその食べ物や商品の値段が下がり、ますます多くの人々に消費されてついには大衆文化の一部となる。レイチェル・ローダンが『*Cuisine and Empire*（料理と帝国）』で述べているように「高級料理は食を進化させる原動力となった」が、ステータスの高い商品は結局、庶民のもとへと転がり落ちていく。雅俗混交体のフランス語はあまり高価ではないレストランの目印となり、ココナツやココア、マカロニ、ヌガー、アーモンド・キャンディは（もともとはアジアから輸入されイギリス貴族が消費していた高価なケチャップも）、ついに私たちの日常生活の一部となった。かつては上流階級と結びついていた料理マカロニ・アンド・チーズは、私が幼い頃から食べてきたきわめて一般的なアメリカ人のおかずとなり、アメリカ南部では黒人と白人双方にとって日曜日のディナーに欠かせないメニューとなり、あらゆる地域に住む子どもたちの好物となった。高価なパリ風マカロンも、今や大型卸売店コストコに行けば安売り価格で手に入る。

マカルーンとマカロン、マカロニが教えてくれるのは、昨日は稀少で贅沢な輸入品だったものが、今日は地元にあふれる大衆文化になっているということだ。異国から伝わった食べ物は、卵白やココナツを入れてふんわりさせることで自分たち独自の食べ物になり、春の訪れを祝うそれぞれの口に運ばれてゆくのだ。

第11章　シャーベット、花火、ミント・ジュレップ

去年の夏、サンフランシスコではいつもより霧の立ちこめるのが遅かった。そのおかげでジャネットと私は、七月四日の見事な花火をバーナル・ヒルの頂上から見物することができた（市の主催する花火大会と、住民たちが町中の建物の屋上から打ち上げる合法とは言えない花火の両方を）。この「冷たく曇った愛の町」〔アメリカの詩人ジョージ・スターリング（一八六九～一九二六年）の"The Cool, Gray City of Love (San Francisco)"より〕では暑い日はめったにないので、ミッション・ストリートを歩く見知らぬ人々が笑みを交わしたり、アイスクリーム屋の前の歩道に長い行列ができたり、ドロレス・パークでは氷のように冷たいソーダの缶やアグア・フレスカ〔果汁を水で薄め砂糖で甘くしたメキシコ風ジュース〕、レモネードの入ったコップを手に、ピクニックを楽しむ人の輪があちこちにできたりしていた。

これらの夏の風物が互いに密接に結びついていることは、あまり知られていないかもしれない。アイスクリームはもともと、花火を制作するために考案された化学反応に少し手を加えて誕生したものであり、それを果物のシロップに応用することでレモネードやアグア・フレスカ、ソーダができた。そして次の章で説明するが、アイスクリームのフレーバー名の付け方と、人類の微笑みにまつわる進化上の起源には驚くような関係があることもわかっている。

アイスクリームはサンフランシスコで、つねに人気が高い。「スウェンセンズ」や「ダブル・レイ

サンフランシスコのアイスクリーム店「ミスター・アンド・ミセス・ミセレイニアス」での、ある日の日替わりフレーバー。

ンボー」「イッツイット」はこの町で創業し、ロッキーロード〔バスキン・ロビンズ（日本ではサーティワンアイスクリーム）のチョコレートアイスクリームにアーモンドとマシュマロを加えたフレーバー〕は、大恐慌時代に湾の対岸にあるオークランドで考案された。最新の発明は、目下流行の分子料理学《ガストロノミー》と独特のフレーバーである。ヘイズ・ヴァレーの「スミッテン」では、注文を受けてから混合液を液体窒素で急速冷凍させて新鮮なアイスクリームを作る。「ハンフリー・スロコム」では、フォアグラ味、ピンク・グレープフルーツ・タラゴン味、ストロベリー・ブラック・オリーブ味などのフレーバーが楽しめる。「バイライト・クリーマリー」では、ハニー・ラヴェンダー味やバルサミック・ストロベリー味、さらには今では定番となった塩キャラメル味が提供されている。「ミッチェルズ」では、ハロハロ〔かき氷とミルクに果物、アイスクリームなどを混ぜたフィリピンのデザート〕やルクマ〔ペルー産の果物〕、パープルヤム〔ヤムイモの一種）、アヴォカドといったフィリピン風フレーバーやトロピカルなフレーバーが特徴的だ。「ミスター・アンド・ミセス・ミセレイニアス」では、おしゃれな最新フレーバーのオレンジ・ブロッサム味がつねに売り切れているらしい。

だが実際のところ、オレンジ・ブロッサムは目新しいフレーバーではない。じつはアイスクリームが発明された一六〇〇年代半ばのもっとも古いレシピに登場する、最初のフレーバーなのだ。アイスクリームは早くも一六七一年に王政復古時代のチャールズ二世の宮殿で供されており、食品研究家のエリザベス・デイヴィッドが、一六八〇年代に書かれた〝グランヴィル伯爵夫人のレシピ集〟に収録されているイギリス王室の手書きのレシピと思われるものを紹介している。

アイスクリーム

プディング鍋のような、2分の1から4分の1ヤードの深さがあり、大きな木皿ほどの底面がある立派な鍋を用意する。クリームに砂糖を混ぜて甘くして、オレンジ花の水を小さじで3杯入れ、鍋の4分の3の深さまで流し込む。

一六九六年までには、ラ・ヴァレンヌ作とされる料理書の新しい版に、新鮮なオレンジの花を使うレシピが載っていた。

オレンジの花の雪

甘いクリームを用意して、そこに二つかみの粉砂糖と、オレンジの花の花弁を細かく切り刻んで入れる。新鮮なオレンジの花がなければ、砂糖漬けのオレンジの花に上質のオレンジ花の水を一滴落とし、それらを鍋に入れる。（以下略）

そうして一七〇〇年には、パンプキンやチョコレート、レモンといった他のフレーバーのアイスクリームも作られるようになっていた。さらにはスミノミザクラやカルダモン、コリアンダーとレモン、ストロベリーといった味の初期のソルベも数多く誕生した。

これらのフレーバーの起源は何なのか。現代の自家製アイスクリーム製造機でも使われている、塩と氷の容器を用いた冷凍技術を最初に発明したのは誰なのか。オレンジ花の水が材料に使われていることが手がかりとなるはずだ。つまりアイスクリームとソルベの起源は、現代の食べ物の多くと同じようにイスラム世界にある。

物語はアラブやペルシアの国々にあった、果物と花のシロップやペースト、粉から始まる。たとえば中世のカイロで書かれた料理書には、マルメロにハチミツか砂糖を混ぜてペーストにし、酢と香辛料で味をつける料理のレシピがある。マルメロは西洋ナシに似た明るい黄色の果物で、古代ギリシアの時代から薬効性があることで有名だったため、高く評価されていたのだろう。マルメロのペーストは、カイロからイスラム支配下にあったはるか西方のアンダルシア地方にまで広まった。一三世紀にアンダルシアで記された料理書の写本に、そのレシピが載っている。これに由来する食べ物は今も人気がある。南米やスペインではメンブリージョ *membrillo*（果実のマルメロを意味するスペイン語）と呼ばれ、イギリスとアメリカでは「マーマレード *marmalade*」というものになる（マルメロを意味するポルトガル語の *marmelo* より）。イギリスでは、マーマレードは一七世紀初頭まで「マルメロのペースト」を意味しており、アメリカではもう少し長くその意味で使われていた。イギリスの古いレシピには、イスラム支配下のアンダルシアのレシピから受け継がれた麝香とバラ水も記されていたが、一七九六年に出版されたアメリカ初の料理書であるアメリア・シモンズの『*American Cookery*（アメリカの料理法）』にこのレシピが掲載される頃には、材料はマルメロと砂糖と水だけになっていた。

マーマレードの作り方

マルメロ2ポンドに砂糖¾ポンドと湧き水1パイントを混ぜて火にかけ、柔らかくなるまで煮る。火から下ろし、実をつぶす。汁に戻して四五分間煮詰め、瓶か小皿に入れる。

少し脱線するが、同じ頃イギリスでは、マルメロの代わりにセヴィル・オレンジが一般的なマーマレードの材料として使われていた。まずはスコットランドから、オレンジ・マーマレードが朝食の定番となった。食物歴史家のC・アン・ウィルソンが紹介する、一七六〇年代におけるスコットランドのレシピを挙げよう。

オレンジ・マーマレードの作り方

大きな上質のセヴィル・オレンジと、それと同じ重さの一度精製した砂糖を用意する。セヴィル・オレンジの皮をおろし、二つに切って汁をしぼる。果肉は捨て、皮をできるだけ薄く、2分の

1インチ程度の長さに切る。砂糖1ポンドに水1パイントを入れてシロップを作り（中略）皮とすりおろしたものを加え、色が透きとおって柔らかくなるまで煮る。果汁を加え、適度な濃さになるまで煮詰める。（以下略）

とはいえ、中世のアラブ世界で食された甘い果物料理はペーストではなくシロップにしたもののほうが多く、薬として飲んだり、水を混ぜて清涼飲料にしていた。こういったシロップを表わすアラビア語は、もともとは「飲む」という意味をもつシャラーブ *sharāb* である。ここで一二六〇年にカイロに住んでいた薬屋のユダヤ人が書いた中世の薬剤師のための手引書から、シロップのレシピを紹介しよう。

ルバーブ・シロップ

肝臓の詰まりを取り除き、機能を強化する。ルバーブ20ディルハムに水3ラトルを振りかけ、一昼夜おく。棒砂糖3ラトルを加えて弱火でふつふつ煮る。シロップ状になったら、火から下ろす。

このアラビア語で書かれた薬剤師の手引書がラテン語に翻訳されると、シャラーブという単語が中世ラテン語のシロプス *siropus* となった。英語のシロップ *syrup* の祖先にあたる単語である。

中世ペルシアではこれと似たシロップが、バラの花びらやオレンジの花、あるいはスミノミザクラやザクロなどの果実から抽出されていた。こうしたシロップはシャルバット *sharbat* と呼ばれており、これもまた先のアラビア語シャラーブの別の形に由来する。シャルバットは、シロップに水を加えて、山から降ろしてきた雪と氷で冷やした清涼飲料を指す名前でもある。ペルシアにやってきたトルコ系民族はこのシャルバットを大いに好み、トルコ語でシャーベットと発音した。

雪と氷を山から運んで氷室《ひむろ》に貯蔵し夏に飲み物を冷やす習慣は、世界各地で古くからあった。記録に残る最古の氷室は、四〇〇〇年前にメソポタミアで作られた、ギョリュウの枝で内壁を覆った穴である。氷室は古代中国や古代ローマでも広く使われており、聖書でも言及されている。シャルバットは今でもペルシアやトルコで、さらには地中海東部全域でも広く飲まれている。クローディア・ローデン〔イギリスの文化人類学者。『*A Book of Middle Eastern Food*（中東の料理本）』など中東料理にかんする著書で有名〕は、子どもの頃にエジプトで飲んだ、レモンやバラ、スミレ、タマリンド、クワの実、レーズン、カンゾウなどで味をつけたシャルバットについて懐かしく語っている。ここで、ナジュミエ・バトマングリ〔ペルシア料理研究家〕によるペルシア風のレシピを挙げよう。

ライム・シャルバット

砂糖6カップ
水2カップ
新鮮なライム果汁1½カップ

付け合わせ：
新鮮なミント数本
薄切りにしたライム

鍋に砂糖と水を入れて沸騰させる。ライム果汁を注ぎ入れ、中火で一五分間、時々かき混ぜながら煮込む。冷やしてから乾いた清潔な瓶に入れ、コルクの栓を固く締める。

水差しに一人当たりシロップ1、水3、角氷2の割合で入れてスプーンでかき混ぜ、よく冷やして出す。新鮮なミント数本とライムの薄切りを添える。


一六世紀になる頃にはフランス人とイタリア人の旅人たちが、こうしたトルコやペルシアのシャーベットを指す単語を自国に伝えていた。ヨーロッパでシャーベットに言及した初期のもののひとつに、一五五三年にフランス人博物学者のピエール・ブロンがイスタンブールで目にした、イチジクとプラム、アンズ、レーズンで作ったシャーベットがある。喉を渇かした道行く人々が、行商人から、あるいは屋台でコップ一杯のシロップを買っていた。それは夏の暑さをやわらげるために、果汁に水を混ぜて雪や氷で冷やしたものだった。たいていのシャーベットには酸味があった。レモンやスミノミザクラが人気の味で、酢が使われることもあった。

トルコとエジプトでは、粉末や板状の材料からシャーベットを作ることもよくあった。一七世紀にペルシアとオスマン帝国を旅したフランス人、ジャン・シャルダンの見聞録にもこう記されている。

トルコでは、砂糖のような粉状にしてシャーベットを保存している。アレクサンドリア産のシャーベットはこの大帝国のいたるところでもっとも珍重されており、アレクサンドリアから各地へはたいてい粉状で運ばれる。壺や箱に入れて保存されており、小さじ一杯分を、水を入れた大きなコップに投じて使う。

現代のトルコで食べられているシェルベット *şerbet* はたいていシロップから作られている。ただしクローヴで味をつけた旧式の赤い板状のシャーベットは今でも、出産を終えて母親になったばかりの女性に飲ませる、ラフサ・シェルベット *lohusa şerbet* という香辛料の利いた温かいシャーベットを作るために使われている。

一六六二年には、シャーベットはヨーロッパ全土に広がっていた。ロンドンのエクスチェンジ・アレイにあったコーヒーハウス「モラッツ」では、「レモンとバラとスミレの香りがするトルコで作られたシャーベット、コーヒー、シャーベット」と宣伝されていた。フランスでは一六七六年までに、シャーベットは清涼飲料製造販売業者組合の管轄下におかれることとなった。この組合はレモネードや氷水、凍らせた果物と花、シャーベット、コーヒーを扱っていた。それより以前にアラブ人が、レモンそのものと甘味をつけたレモン果汁をシチリアとスペインに持ち込んだ。当初レモンは裕福な人々の手にしか入らなかったが、一七世紀になる頃には、ロンドンやパリでさらに多くの人々が買えるようになっていた。パリ在住の清涼飲料製造販売業者のニコラ・オドジェは、一六九二年にフランス語で初めて書かれたレモネードのレシピを収めた『*La Maison Reglée*（きちんとした家）』を出版した。

おいしいレモネードの作り方

水1パイントにレモン3個分の果汁を加え、さらにレモンの皮を7、8片入れる。レモンが大きくて果汁が多ければ2個で十分。砂糖を¼ポンドから5オンス加える。砂糖が溶けて完全に混ざり合ったら、濾してから冷やして供する。

ではいったいどこで、現在ソルベやシャーベットと呼ばれている果物の氷菓を、シャーベットやレモネードを凍らせて作るというアイデアと技術が生まれたのか。確かに人々は四〇〇〇年以上も前から、飲料に氷や雪を入れて冷たくしたものを飲んではいた。しかし甘味を加えた果汁やクリームを凍らせるには温度をさらに低くすることが必要であり、それは氷だけでは不可能だ（純水は零度で凍るが、水一リットルに砂糖を一グラムずつ加えると、氷点は約二度ずつ下がる）。流行最先端の料理で好んで使われる液体窒素を用いた冷凍技術は、もちろん一六世紀には存在しなかった。

ひらめきは花火から得たものだった。九世紀の唐の時代に、中国人が硝石（硝酸カリウム）と硫黄と石炭を混ぜると、今では火薬と呼ばれている爆発性の混合物になることに初めて気づいた。火薬はすぐにイスラム世界に取り入れられ、硝酸カリウムはアラビア語で「中国の雪」と呼ばれた。

硝酸カリウムの精製プロセスが完成したのは中国ではなくアラブ世界でのことだった。その技術はダマスカスで発見された。医師のイブン・アビ・ウサイビアが一二四二年に著した『*Uyūn al-anbā*（医学の歴史）』において、硝石には物を凍らせる性質があり、硝酸カリウム（硝石）を加えた水が冷たくなると書いている。ただしウサイビアは、この事実はもっと以前の一〇二九年に、イスラム教徒の医師イブン・バフタワイが突き止めたものだと述べている。硝酸カリウム（KNO_3）などの塩を水に溶かすと、カリウムと硝酸イオンの結合が壊れる。結合を壊すにはエネルギーが必要であり、そのために周囲の水から熱が奪われる。現在では冷湿布の基本的な原理として利用されているこの吸熱反応によって、純水なら凍るぐらいには水の温度を下げることができる。ただし果物の氷菓やアイスクリームが凍るほどまでは、温度は下がらない。

一六世紀初頭には、この発見はイスラム国家のインドで飲み水を冷やすために広く利用されていた。

晩年に描かれたムガル帝国アクバル大帝
（1542～1605）

現在のインド北部と中部、パキスタン、バングラデシュ、さらにはアフガニスタンの一部にあたる地域が、当時はムガル帝国のアクバル大帝によって統治されていた。ムガル人はもともと、中央アジアからやってきたチュルク語を話す民族である。デリーを征服した王族の家系はチンギス・ハーンの子孫であるが（ムガル *Mughal* は「モンゴル」を意味するペルシア語）、ペルシアの言語と文化を受け継いでいた。アクバル大帝の時代には、ペルシア語を公用語とするアグラの宮廷は、芸術と建築、文学の中心となっていた。『ラーマーヤナ』と『マハーバーラタ』はこの時代にサンスクリット語からペルシア語に翻訳された。またアクバル大帝は絵画と建築に強い関心を抱いていたため、ペルシア、ヒンドゥー、ヨーロッパの様式が混ざり合った芸術が発達した。科学や料理の分野で様々な革新や融合が起こったが、多くの土地（ムーア人統治下のスペインや、その昔ノルマン人に征服されたシチリアなど）と同様に、アクバル大帝の統治には、宗教的な寛容性が比較的高いという特徴があった。イスラム教徒以外に課されていた人頭税が廃止され、イスラム教以

ムガル人の冷やし瓶にならった、冷却用の冷やし瓶と手桶。ブラス・ビジャフランカの『*Methodus Refrigerandi ex Vocato Sale Nitro Vinum Aquamque*（硝石を用いてワインと水を冷やす方法）』より。

外の宗教にも自治が認められた。アグラの気候は蒸し暑く（後に宮廷を移したラホールもそうだった）、硝石と水を混ぜた溶液に首の長いフラスコを浸して回すことで飲み物を冷やしていた。次に、帝国の記録をまとめたアクバル大帝の法典『アニ・ア・アクバル』から、一五九六年の記述を挙げる。

火薬として使うときは爆発の熱を生じる硝石が、陛下によって水を冷やすために用いられ、様々な喜びの源となっている。（中略）水1シーアを白目もしくは銀製、あるいはその他の金属製の冷やし瓶に入れて、蓋をする。容器に硝石2½シーアと水5シーアを混ぜる。そこに瓶を浸して一五分ほど回すと、瓶のなかの水が冷たくなる。

硝石を用いて水を冷やすというアイデアは、すぐさまイタリアで取り入れられた。ローマで医師をしていたスペイン人のブラス・ビジャフランカが一五五〇年にこの考えを発表し、硝石の溶液を用いることがローマでワインを冷やす一般的な手法になっていると述べた。前ページの図には、インドのフラスコを明らかにまねた、球根のような形のフラスコを用いた手法が描かれている。こういう形をしていると冷たい溶液のなかで回しやすく、冷却が速く進むのだ。

一五八九年、ナポリ人のジャンバッティスタ・デッラ・ポルタによって、アイスクリーム製造技術は次の段階へと進んだ。著書『自然魔術（*Magia Naturalis*）』〔抄訳は澤井繁男訳、青土社〕の第二版に記されたように、硝石を水ではなく雪に加える実験を行ない、その結果、水を入れたワインが見事に凍ったのだ。

グラスのなかのワインを凍らせる

宴会にふさわしい目玉として、とりわけ夏に、氷のように冷たいワインをふるまうのはいかがだろうか。ワインがただちに冷えるばかりか、凍る方法を教えよう。凍ったワインは、飲むことはできないがすることはできる。ワインをガラス瓶に入れ、速く氷ができるように、水を少量加える。それから木の容器に雪を入れ、そこに粉状の硝石、あるいは下等硝石と呼ばれる洗浄用の硝石を撒く。ガラス瓶を雪のなかで回すと、徐々に凍る。

デッラ・ポルタの用いた組み合わせは、思いがけない幸運をもたらした。氷と混ざったことによる冷却作用は硝石の溶解による吸熱反応ではなく、まったく異なる化学的な反応から生じたものだった。

水と溶質（溶液中に溶けている物質、実際はどのような物質でもよい）を混ぜると溶質は水が凍るのを妨げるため凝固点が下がる。たとえば氷に溶質として塩または塩化カリウムを加えると、水の凝固点が下がるため氷はゆっくりと溶けだし、塩気のあるかき氷のようになる。氷が水に融解するときに周囲の熱を奪うため（融解による吸熱反応）、いっそう冷たい氷まじりの塩水になる。温度はマイナス二〇度にまで下がり、アイスクリームや果物の氷菓を十分に凍らせることができる。

一六一五年から一六五〇年のあいだに、ナポリ人がオスマン・トルコで飲まれていた液体のシャーベットと、新たに発明された硝石と氷を使った冷凍技術を組み合わせ、新しい食べ物を誕生させた。それがフローズン・シャーベット、またはフローズン・ソルベだ。牛乳やカスタードのような他の液体を凍らせるアイデアもすぐに実現した。イギリスやフランスで書かれた古いレシピはあっても、イタリアの古いレシピは残っていない。しかし製氷技術を学ぶためにイタリアに渡ったとされるニコラ・オドジェなどのフランス人アイスクリーム製造業者の残した記録に、イタリア人がこのような新しい食べ物を開発した形跡が認められる。その後まもなく、イタリア人が硝石よりもふつうの塩のほうが冷凍に適していることを発見した（塩の分子は硝石の分子よりも小さく、分子が小さいほど溶質一グラム当たりの冷凍を妨げるイオンの数が多くなる）。一六六五年にはすでに、イギリス人化学者のロバート・ボイルが「雪と塩の混合物」について、「ここイギリスではあまり知られておらず、用いられてはいないが」、イタリアで飲み物や果物を冷却するために「広く用いられている」と述べている。

一七〇〇年代には、新たな発明品の名前がヨーロッパの諸言語でようやく定まった。フランス語ではソルベ *sorbet*、イタリア語ではソルベット *sorbetto* というように、トルコ語のシャーベット *sherbet* から派生した単語はシロップではなく果物の氷菓を指すものとなった。アイスクリームには、

「凍った」あるいは「氷」という意味の単語から作られた、まったく新しい名前が与えられた（前者がイタリア語のジェラート *gelato*、後者がドイツ語のアイス *Eis*、フランス語のグラス *glace*、英語のアイスクリーム *ice cream*）。

シャラーブやシャルバットといった昔の名前から派生した現代の名称は、シャーベットやソルベ、シロップ、アイスクリームだけではない。英語のシュラブ *shrub* はかつて、ライムと砂糖のシロップ、さらには船乗りたちがそのシロップにラムやアラックを混ぜて作った飲み物を指す名前だった。カクテルの研究家デイヴィッド・ウォンドリッチは、イギリス船に壊血病予防のためシュラブが積み込まれていたことが、世界初のカクテル「パンチ」の発明につながったのではないかと考えている。シュラブは一八世紀から一九世紀にかけて、レモンよりもラズベリーが多く生育していたアメリカで普及していった。ラズベリーと酢と砂糖を煮詰めてシロップにしたラズベリー・シュラブは瓶に詰められ、夏には冷たい水で割って飲まれていた。

ラズベリー・シュラブ（一八三四年）

水で割ったラズベリー・シュラブは、夏にふさわしい、澄んだおいしい飲み物である。ラズベリーが豊富にある国では、ポートワインやカタルーニャワインよりも経済的である。鍋にラズベリーを入れ、酸味の強い酢をひたひたになるまで注ぐ。果汁1パイントにつき砂糖1パイントを加え（中略）煮込み、上澄みをすくって、冷めたら瓶に詰める。

シャーベットという用語は、アメリカでは低脂肪のアイスクリームを指す。食品医薬品局（FD

A）がシャーベットに含まれる乳脂肪分を非常に低い値に定めており（一〜二パーセント）、自家製シャーベットのレシピには、ふつうクリームではなく牛乳が使われる（それでも乳製品を一切使わないソルベとは区別される）。

しかしイギリスのシャーベットという名前には昔の意味がいくらか残っている。イギリスでは一八四〇年代からすでに、シロップよりも粉末のほうが好まれており、当時のロンドンの街角では「レモネード」または「ペルシア風シャーベット」と呼ばれるものが売られていた。ただしこれらは、単なるレモン味の粉末に水を加えたものだった。粉末には、さわやかな泡が立つように炭酸ナトリウムが入っていた。街頭に立つ行商人がヘンリー・メイヒュー（一六五ページ参照）に渡したレシピがある。

レモネード

炭酸水1ポンド
酒石酸1ポンド
棒砂糖1ポンド
レモンのエキス

行商人は混合粉末を壺に入れておく。石の瓶から注いだコップ一杯の水に、半ペニーにつき小さじ一の粉末を混ぜて、メイヒューいわく「起泡性の飲み物」を作る。

現在のイギリスでは粉末のシャーベットに代わり、そのまま食べるキャンディ・パウダーが売られている。アメリカで子どもたちが食べている「ピクシー・スティックス」や「ポップ・ロックス」とよく似たものだ。「ポップ・ロックス」のようなキャンディは、加圧した二酸化炭素の作用で泡が立つ。しかし「ポップ・ロックス」や「クールエイド」「タン」、あるいは私が子どもの頃に飲んでいた粉末レモネードの酸味は、昔も今も酒石酸やクエン酸、あるいはリンゴ酸に由来する。

酒石酸やクエン酸もまた、イスラム世界から取り入れられたものである。酒石酸は初めワインの製造過程の残留物から、クエン酸は柑橘類から、八世紀より一〇世紀にかけてペルシア人やアラブ人の薬剤師によって取り出された。クエン酸やリン酸は、現在のコカ・コーラやペプシコーラ、セブンアップのぴりっとした味わいの源でもある。薬効性のある材料を豊富に使い、一九世紀の薬屋が特許を取っていたシロップが前身となるこうした炭酸飲料は、この章の物語のきっかけとなった一三世紀のカイロの薬屋で売られていたシロップとあまり変わらないのである（これらの飲料の原材料にも言語学的な歴史が隠れている。「コーラ」は一四世紀に西アフリカのマンディンカ族や他の民族が売りさばき、奴隷貿易によって新世界へと持ち込まれた、カフェインを豊富に含むコラナッツ〔コラノキの実〕に由来する）。

そういえば、薬屋の砂糖シロップをかつて指していた英単語を耳にしたことがあるかもしれない。ジュレップ *julep* という単語で、ペルシア語のグラブ *gulab*（バラ水）に由来する。この単語は一四〇〇年以降、薬効性のあるシロップを指して使われていたが、現在ではある飲み物だけに使われる。ケンタッキーダービー〔ケンタッキー州のチャーチルダウンズ競馬場で行なわれるアメリカ最高峰のレース〕でみんなが飲む、夏にぴったりのさわやかな飲み物、ミント・ジュレップだ。

アイスクリームやジェラート、ソルベ、シャーベット、レモネード、ソーダ、ミント・ジュレップ（マーマレードはさておき）など夏に欠かせない冷たい飲み物は、中世のイスラム世界で夏に飲まれていたシロップやシャルバットの子孫なのだ。私が子どもの頃に夏のカリフォルニア郊外で粉末をスプーンですくい水に混ぜて飲んでいたインスタント飲料もまた、ヴィクトリア朝初期のロンドンの街角に立つ売り子を経て、今から五〇〇年前の一六世紀にトルコとペルシアの道端で売られていた飲み物へとさかのぼる。

硝石と雪、シャーベットと塩が、中国人からアラブ人へ、さらにはムガル人からナポリ人へと受け継がれて広まり、美しいものが生み出され、ついにはアイスクリームというとろけるように甘い食べ物が誕生した。以前は戦争に利用されていた硝石が、その数百年後には夏の暑い日に人々を笑顔にさせる手段として使われるようになったことを考えると、気分が良い。

去年の夏にドロレス・パークから帰る途中、ジャネットと私は近所の家に立ち寄り、その家の子どもたちがガレージの前に作った屋台でレモネードを一杯もらった。どうやらこの町の路上では、今でもシャルバットが売られているようだ。

第12章　太って見えるのは名前のせい？
なぜアイスクリームとクラッカーの商品名は違うのか

ここまで、食べ物の言語に隠されている多くの事柄を見てきた。中国におけるケチャップの歴史や、イスラム世界におけるシャーベット、マカルーン、エスカベーチェの歴史からは、東洋文化が西洋文化の誕生にきわめて重大な役割を果たしてきたことがわかった。エアルーム *heirloom*〔先祖伝来の〕やア・ラ *a la*〔～風の〕、おいしい *delicious*、エキゾチック *exotic* などの言葉をメニューのなかでどのように使うかによって、社会階級や食べ物の宣伝にたいする考え方がわかる。だが食べ物の言語について、その歴史や描写に用いる形容詞という観点からは検討してきたが、食べ物の言語の〝音〟そのものについては何も触れなかった。

音から何かがわかるとするのなら、それはなぜだろうか。名前のもつ音が、たとえばそれが表わす食べ物の味やにおいを暗示するかもしれないとしても、その理由は明らかではない。シェイクスピアは『ロミオとジュリエット』において、この疑問を限りなく美しく表現している。

名前に何があるというの。バラと呼ばれる花が
たとえ他の名前であったとしても、甘い香りに変わりはないのに。

ジュリエットの語っていることは、いわゆる「規約主義」という理論である。すなわち、何かの名前

は約束によって合意されているだけだ、という考え方である。卵を表わすのに英語ではエッグ *egg* というが、広東語では蛋《ダーン》、イタリア語ではウオーヴォ *uovo* という。たまたま別の名前になっていても、皆が合意している限り問題はない。もうひとつの考え方に、その名前と対象が自然に一致して、他の名前よりも「心地よく響く」名前があるだろうとする「自然主義」と呼ばれる理論がある。

現代の言語学では規約主義が標準となっている。なぜなら、たいてい単語の音からでは意味が伝わらないことがすでにわかっているからだ。言語学者はこれを、音と意味の関係が「恣意的」であると表現する。これは政治哲学者のジョン・ロックが『人間悟性論』〔加藤卯一郎訳、岩波文庫。『人間知性論』大槻春彦訳、岩波文庫〕において初めて用いた用語だ。音と意味のあいだに必然性があるとしたら、すべての言語においてあらゆるものが同じ名前をもつようになっていただろうし、卵を表わす英語やイタリア語の単語も、中国語の単語と同じものになっていただろう、とロックは指摘した。

少し考えてみれば、少なくとも（書き言葉にたいする）話し言葉については、自然主義よりも規約主義のほうが理にかなっているように思われる。話し言葉には個別の「音《おん》」（言語の音構造を構成する別々の音）が五〇個ほどしかないが、表現対象となる概念は明らかに、五〇よりはるかに多くあるからだ。

しかし二五〇〇年前に、プラトンが『クラテュロス』〔『対話篇』のひとつ〕において、規約主義と同じよう自然主義にももっともな主張があると指摘している。ソクラテスは最初、「ギリシア人と異邦人の両方」にとって、すべての物には「本質的に正しい」名前があるとするクラテュロスの意見に同意していた。自然で「本質的に正しい」ひとつの方法は、単語の意味に一致した文字を使うことである。たとえば o（オミクロン）という文字は丸い形をしており、「だから *gogguion*（丸い）という単語には多くのオミクロンが含まれている」。同様に r という音（ギリシア語の ρ〔ロー〕。現代スペイン語にあるような巻き舌のｒの発音）をもつ単語は運動に関連する意味を示すことが多い（*rhein*［flow 流れる］、*rhoe*［current 流れ］、*tromos*［trembling 震え］）。ところがその後ソクラテスは立場を変え、ヘルモゲネスの規約主義的立場を擁護した。たとえばギリシア語でも方言によっては異なる発音をすることから、結局は規約が必要であると述べている。

言語学の分野では規約主義的な理論が支持されている。ジュネーブ大学の教授を務め、近代言語学の父のひとりに数えられるフェルディナン・ド・ソシュールは、言語学の基礎となる「記号の恣意性」という原則を打ち立てた。しかしオットー・イェスペルセンやロマン・ヤコブソンといった二〇世紀に活躍した言語学の巨人たちの業績に加え、この数十年の間に行なわれた研究から、やはり自然主義にも一理あることが明らかになっている。つまり名前の音が実際に食べ物の味と関連している場合もあるのだ。

音が意味を伝える現象を「音象徴《おんしょうちょう》」という。音象徴は哲学や言語学での考察にとどまらず、他の分野にも影響を及ぼしている。マーケティング戦略に利用される言語学的な他の手がかりと同じように、音もまた、食べ物のマーケティングとブランド戦略において非常に重要な役割を果たすものなのだ。

音象徴の研究は、母音を対象としてもっとも深く行なわれてきた。とりわけ「前舌母音」と「後舌母音」という二種類の母音の違いについて研究が盛んである。この二つの名称は、母音を発音するときの舌の位置から付けられている。

母音のｉ（cheese や teeny の母音）と母音のɪ（mint や thin の母音）は前舌母音である。前舌母音はおおまかに言えば、舌を口のなかの前方で高く上げて発音する。次ページの二つの図は頭部の断面を示しており、向かって左に唇と歯がある。左の図は口の前方で舌を高く上げている。

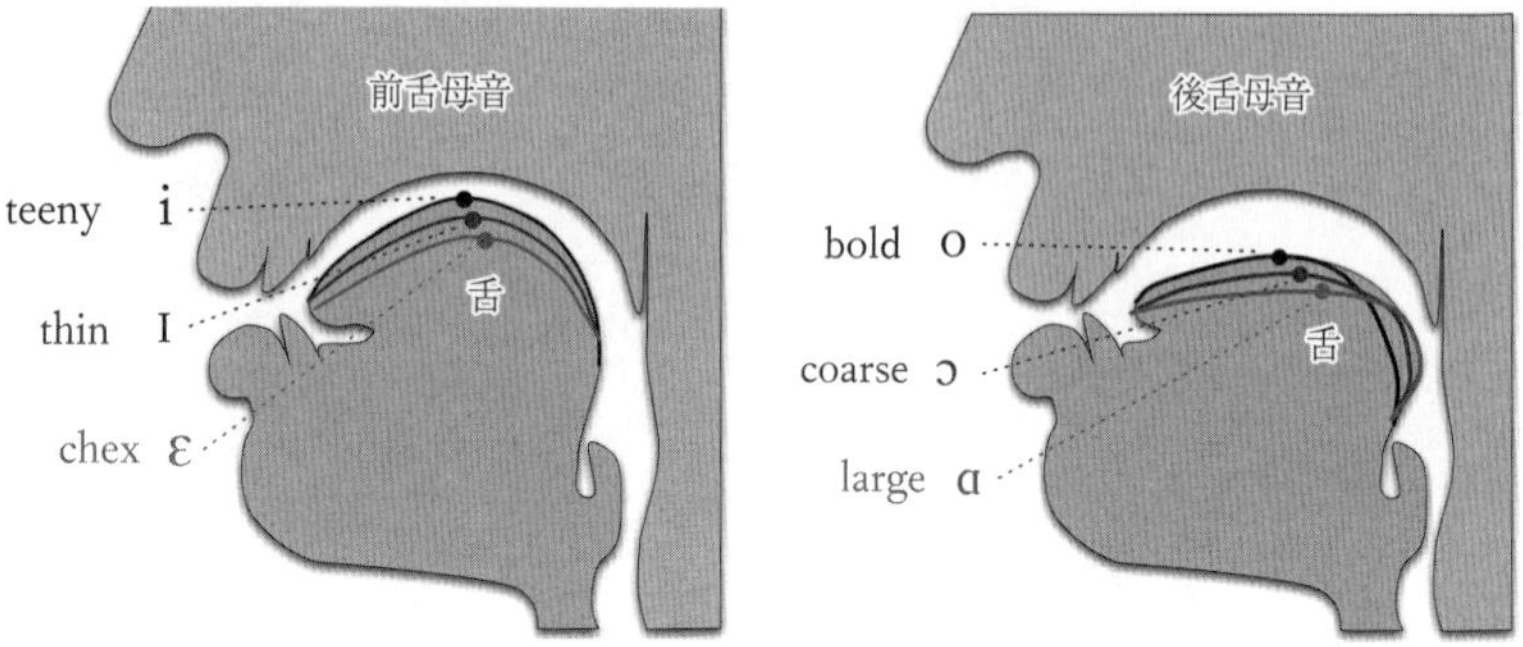

一方、母音ɑ（large、pod、on の母音）は後舌母音である。この音は、舌を口のなかの後方低めの位置に置いて発音する。後舌母音には他に、o（bold の母音）とɔ（coarse の母音、あるいは私の母がニューヨークなまりで caught を発音するときの母音）がある。右側の図には、後舌母音を発音する際の舌の位置を簡単に示してある。舌の位置はおおむね低めで、喉に近い後ろのほうが高くなっている。

過去一〇〇年間ほどのあいだに行なわれた数々の研究から、多くの言語において、小さい物や細長い物、軽い物を指すときには前舌母音が、大きな物や丸々とした物、重い物を指すときには後舌母音が使われる傾向が明らかになった。つねにそうとは限らず、もちろん例外もある。しかし前舌母音 *little* や *teeny*〔「小さい」の口語〕、*itsy-bitsy*〔「小さい」の口語〕と、後舌母音 *humongous*〔どでかい〕や *enormous*〔莫大な〕などの単語で、強勢〔音の強弱・高低などで示される強さの山〕の置かれる母音を比較すると、そうした傾向が見えてくる。スペイン語の *chico*（前舌母音、意味は「小さい」）にあるiの母音と、*gordo*（後舌母音、意味は「太った」）にあるɔの母音、あるいはフランス語の *petit*〔小さい〕（前舌母音）と *grand*〔大きい〕（後舌母音）を比べてもそうだ。

あるマーケティングの研究でリチャード・クリンクが、前舌母音か（*detal*）、後舌母音か（*dutal*）以外にはまったく違いのない架空のブランド商品のペアを作り、被験者に次のような質問を提示した。

デタル Detal とダタル Dutal、どちらのブランドのノートパソコンのほうが大きいと感じるか。
ケフィ Keffi とカフィ Kuffi、どちらのブランドの掃除機のほうが重いと感じるか。
ネラン Nellen とナラン Nullen、どちらのブランドのケチャップのほうがこくがあると感じるか。
エサブ Esab とアサブ Usab、どちらのブランドのビールのほうが色が濃いと感じるか。

どの場合においても、後舌母音をもつブランド名（ダタル Dutal、ナラン Nullen など）のほうが、大きく、こくのある商品に選ばれた。

アイスクリームは濃厚で滑らか、クリーミーであることを目指す商品なので、後舌母音があるブランド名のアイスクリームのほうが好まれるとしても意外ではない。ニューヨーク大学のエリック・ヨークストンとギータ・メノンは、発売間近のアイスクリームの新製品にかんするプレスリリースを被験者に読ませた。被験者の半数には前舌母音の「フリッシュ Frish」というブランド名を、残りの半数には後舌母音の「フロッシュ Frosh」というブランド名を提示した。被験者のうち、「フロッシュ」を提示された側のほうが「フリッシュ」を提示された側よりも、この架空のアイスクリームがより滑らかでクリーミーで濃厚だと評価して、購入したいと答えた人が多かった。

ヨークストンとメノンはもうひと工夫した。一部の被験者には、同時に別の作業を行なわせて注意をそらし、アイスクリームの文章に十分に集中できないようにしたのだ。気をそらされた被験者たちは母音の影響をいっそう強く受けた。つまり母音にたいしては、潜在意識のレベルで自動的に反応することがわかる。

私は市販のアイスクリームの商品名も、後舌母音があることで潜在意識において、より濃厚でクリーミーに感じることを利用して付けられているのではないかと考えた。これを調べるために、ペンシルヴァニア大学の言語学者マーク・リーバーマンが朝食実験と名付けた実験を行なった。リーバーマンは、言語学を社会的な事象と関連づける必要性を粘り強く主張している。彼は朝食前に、ニュースで目にした言語学にかんする事柄をテーマに簡潔な実験を行なっては、その結果を言語学研究の「覚え書き」としてつけているブログ「ランゲージ・ログ」に投稿している〔http://languagelog.ldc.upenn.edu/〕。リーバーマンは言語学の複雑な統計分析を数分でやってのける能力があることで有名で、それはピアノ調律師として経験を積んだおかげだと彼自身が述べている。

私は、アイスクリームの商品名やフレーバー名には後舌母音が多く、逆にクラッカーのような軽い食べ物の名前には前舌母音が多いとする仮説を立てた。

この仮説を、インターネットで探した食品名のリスト二種類をもとに検証した。ハーゲンダッツやベン&ジェリーズが販売しているアイスクリーム八一種類のフレーバーのリストと、ダイエット関連のウェブサイトに載っているクラッカー五九二種のリストを用いた。各々のリストについて、前舌母音（i、ɪ、ɛ、e、æ）の合計数と、後舌母音の合計数を数えた。

その結果を次ページのグラフに示した。Rocky Road や Jamoca Almond Fudge、Chocolate、Caramel、Cookie Dough、Coconut のように、アイスクリームの商品名にはより多くの後舌母音がある。一方クラッカーの商品名には Cheese Nips、Cheez It、Wheat Thins、Pretzel Thins、Ritz、Krispy、Triscuit、Thin Crisps、Cheese Crisps、Chicken in a Biskit、Snack Sticks、Ritz bits のように、前舌母音（母音の ɪ がものすごく多いことに注目）が見つかった。

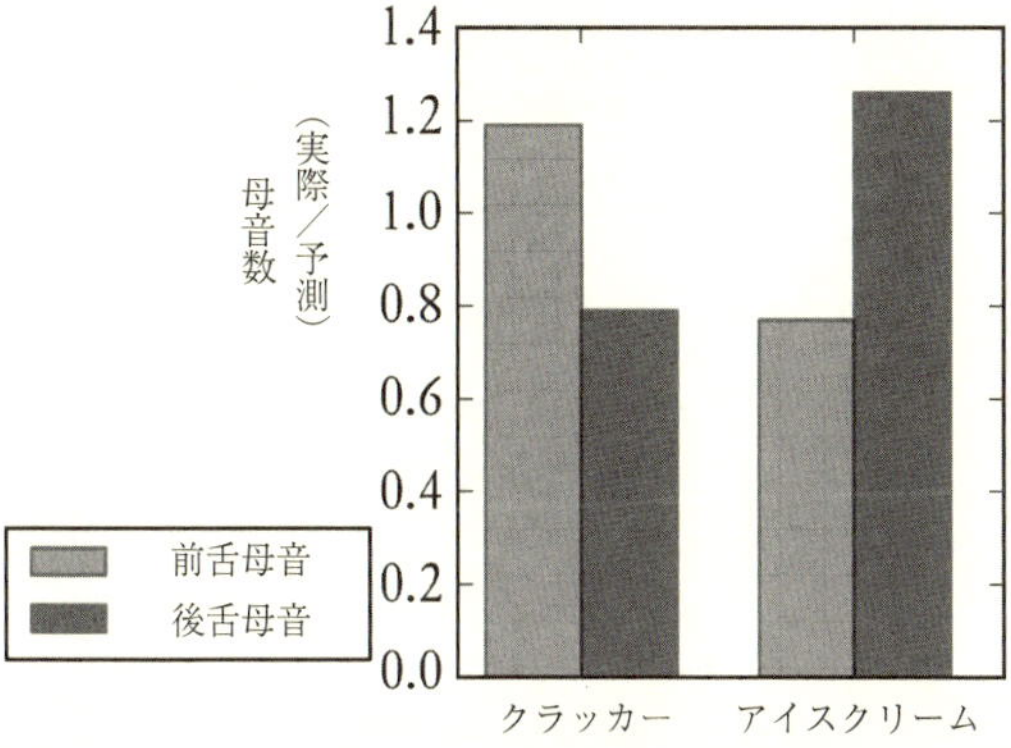

クラッカーの商品名とアイスクリームのフレーバー名にある前舌母音と後舌母音（英語の大辞典から計算して求められた前舌母音と後舌母音の予測数で割って正規化した）。

もちろん例外はある。たとえばvanilla（現代のオレンジ花）にはɪがある。ただし、アイスクリームのフレーバー名にある前舌母音のほとんどは、アイスクリームに使われている材料のうち小さくて細長い物の名前である傾向が強い（thin〔細い〕、mint〔ミント〕、chip〔薄切りのかけら〕、peanut brittle〔ピーナッツ味キャンディ〕）。

音象徴はこのように、現代の広告主やブランド名のデザイナーが用いる重要なツールとなっており、実際にブランド戦略会社は言語学からひらめきを得ていることもある。

アイスクリームとクラッカーの名前に見られる母音との関係は潜在意識レベルのものかもしれないが、規則性はある。言語学者たちは、なぜ前舌母音が小さい物や細長い物、軽い物と関連があり、後舌母音が大きい物や中身のしっかりした物、重い物と関連があるのか、その根拠についていくつかの説を唱えている。

「周波数信号」という広く知られた理論では、低周波数（低音）と高周波数（高音）はそれぞれ特定の意味と関連している。周波数信号理論は、言語学者のジョン・オハラ（私がカリフォルニア大学バークレー校の学部生だったときの音声学の教授）が、スミソニアン協会のユージーン・

モートンの研究をさらに発展させ確立したものである。

モートンは、哺乳類と鳥類は攻撃的になったり敵意を示したりするときには低周波の（より低い）音を使う傾向にあるが、恐怖をおぼえたり、相手をなだめたり、好意を示したりするときには高周波の（より高い）音を使う傾向があることに気づいた。身体の大きい動物はおのずと低い音を出し（ライオンの咆哮）、身体の小さい動物はおのずと高い音を出す（鳥のさえずり）ことから、モートンの説では、動物は相手と競ったり攻撃をしかけるときには自分を大きく見せようとするが、反対の場合には身体を小さく見せて脅威を与えないようにしている。

モートンとオハラはそこから、人間は本能的に音の高低と大きさを結びつけるのではないかと考えた。すべての母音は周波数共鳴がそれぞれに異なっている。舌が口の前方の高い位置にあると、前方に小さな空洞ができる。空洞が小さいと高い音が共鳴する（振動する空間が小さいほど波長が短くなり、周波数が高くなる）。ある特定の共鳴（第二フォルマント〔音を特徴づけ区別させる周波数成分をフォルマントという。周波数の低いものから順に第一フォルマント、第二フォルマント……と呼ぶ〕）は前舌母音ではいっそう高く、後舌母音ではいっそう低くなる。

周波数信号理論では、ɪや:iのような前舌母音は小さく細長い物と、aやoなどの後舌母音は大きく重い物と関連づけられる。それは前舌母音のほうが共鳴音が高いためであり、私たちは本能的に高い音を体の小さい動物、ひいては小さい物と関連づけるのではないかと考えられている。

研究者らはこの説をさらに発展させ、音を高くしたり、母音を「前舌化」したりする（舌を前のほうに動かし、すべての母音の第二フォルマントをわずかに高くする）ことは、どちらも乳児や子どもと関連が深いことを示した。私は以前、論文を書くために世界中の六〇以上の言語を調べたことがある。小ささや軽さを示すために多数の言語で用いられている語尾は、歴史的に見て「子ども」を意味

「ブーバ／キキ」（マルマ／タケテ）

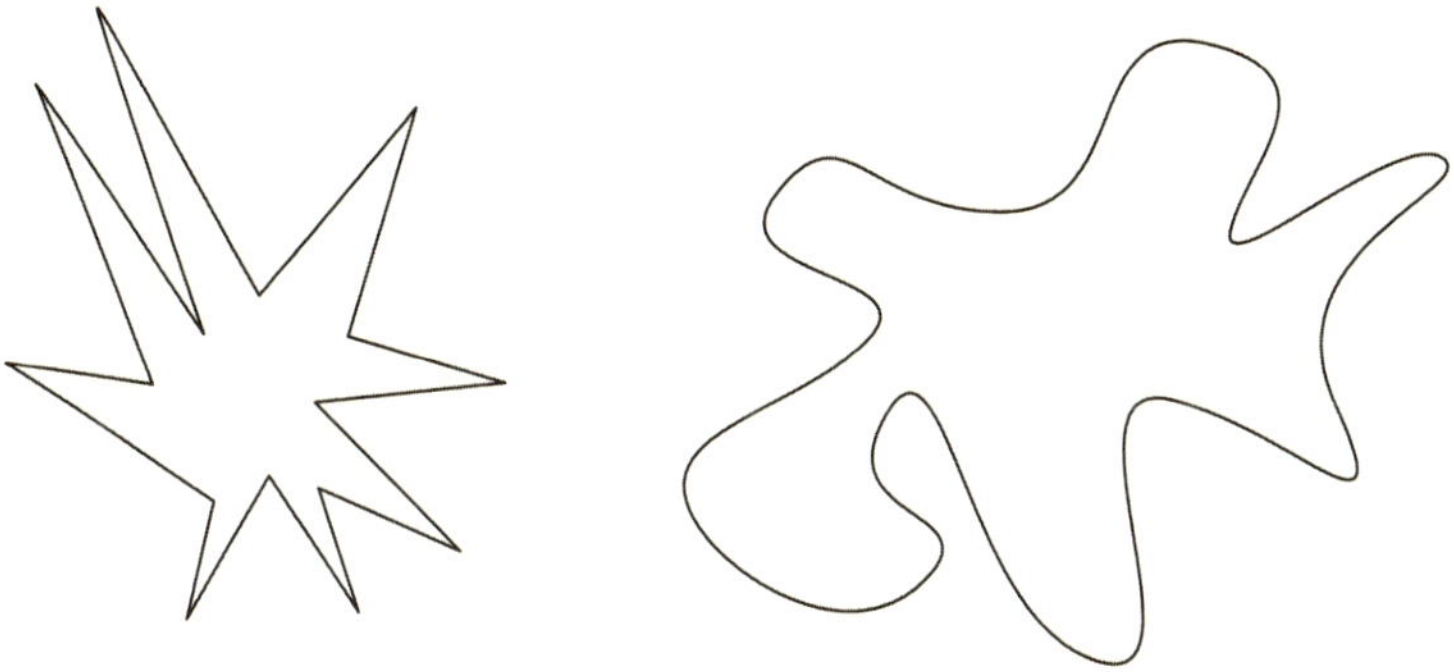

する単語に由来するか、バービーやロビーといった愛称にあるyの音のように子どもの名前と関連していると主張した。同僚の言語学者ペニー・エッカートは、前舌母音にはプラスの効果もあることを提示している。前思春期の少女はときおり、母音の前舌化を駆使して、甘ったるい話し方をしたり子どもらしい無邪気さを出したりしているというのだ。言語学者のキャサリン・ローズ・ギーンバーグは、アメリカ英語の話者が幼児語を使うときに母音を前舌化することを発見し、心理学者のアン・フェルナルドは、乳児に話しかけるときには様々な言語で音が高くなる傾向があることを明らかにしている。

　食べ物にかんする音象徴は周波数信号の他にもある。なぜかを知るには、ほんの少し脇道にそれる必要がある。上の二つの図形を見てほしい。

　火星語では二つの図形のうち、一方がブーバ、もう一方がキキと呼ばれている。どちらがどちらなのか、少し考えてみてほしい。あるいはマルマとタケテならどうだろう。

　もしもあなたが多数派なら、左側のぎざぎざの図形をキキ（またはタケテ）と呼び、右側の丸みのある図形をブーバ（またはマルマ）と呼ぶだろう。このテストは、ゲシュタルト心理学の創設者の一人であるヴォルフガング・ケーラーが一九二九年に考案したものである。言語学者と心理学者は、ブーバとキキに似た音をもつあらゆる種類の造語を用いてこの実験を繰り返してきたが、スウェーデン語からスワヒリ語、ナミビア北部の僻地《へきち》で遊牧民族が使う言語まで、対象とした言語が何であれ、さらには被験者が二歳半の幼児でも、その結果は驚くほど一致している。ぎざぎざの形にはキキと呼ばせる何かがあり、曲線でできた形には自然とブーバと呼ばせる何かがあるようなのだ。

こうしたことと食べ物との関連は、オックスフォード大学の心理学者であり、世界一流の知覚研究者でもあるチャールズ・スペンスの研究所で発見された。スペンスらは最近発表された多数の論文において、様々な食べ物の味と、曲線／ぎざぎざの図形、マルマ／タケテなどの単語のつながりを研究している。

ひとつの論文では、スペンスとメアリー・キム・ンゴ、リーヴァ・ミシュラが被験者にチョコレートをひとかけら食べてもらい、その味がマルマとタケテのどちらの単語にしっくりくるか尋ねた。ミルク・チョコレート（リンツのカカオ三〇パーセント含有エキストラクリーミー）を食べた人は、その味がマルマという単語にぴったりくると回答した（さらには曲線の図形にぴったりだと回答）。反対に、ブラック・チョコレート（リンツのカカオ七〇パーセントと九〇パーセント）を食べた人はタケテのほうを選んだ（ぎざぎざの図形にぴったりだと回答）。別の論文では炭酸について同様の結果が得られた。炭酸水はより「キキ」らしく（とがっている）、普通の水はより「ブーバ」らしい（丸みがある）と感じられた。つまり、マルマ［maluma］のようにmとlの音がある単語はよりクリーミーでまろやかな味と関連づけられ、タケテ［takete］のようにtとkの音がある単語は、より苦く炭酸の入った味と関連づけられた。

こうした関連性は、私がアイスクリームとクラッカーの名前の子音について発見したことと非常によく似ている。見たところ、アイスクリームの名前にはlとmが、クラッカーの名前にはtとdが頻繁に現われるのだ。

ではブーバとマルマが人々に、丸みと曲線の視覚的なイメージやクリーミーで滑らかな味を感じさせるものは何なのか。一方でキキとタケテが、ぎざぎざした視覚的なイメージや、辛味や苦味、酸味と関連づけられるのはなぜなのか。最近では多数の言語学者が、厳密にはどの音がこういう効果を引き起こしているのかを研究している。

こうした状況を説明するひとつの妥当な論が、連続性と滑らかさにかんするものだ。mやl、rなどの音は、音響学的に継続しており滑らかである（音が最初から最後までほぼ一貫している）ことから「継続音」と呼ばれるが、これらは曲線図形と強く結びつけられる場合が多い。反対に、tやkのように唐突に始まり唐突に終わる「粗擦音」は、とげとげした図と結びつけられる。子音のtは英語のすべての子音のなかでもっとも際立った破裂音である。

目で見て理解できるように、次ページに図を用意した。これは私が「マルマ」「タケテ」と発音したときの波形である。マルマの音波が比較的滑らかだとわかるだろう。空気の流れが比較的滑らかだからだ。反対に右側のタケテの音波では、tとkの音を発音したときにできた唐突な切れ目が三つある。これら三つの子音を発音するたびに、口のなかの空気の流れが舌によって一瞬ふさがれ、その後、空気が外にぱっと吐き出されている。

私が共感覚仮説と名付けた理論がある。そこでは人間に備わっている五感のうち、聴覚によって音響的な滑らかさを知覚することは、視覚（ぎざぎざの形でなく曲線的な形を見る）と味覚（辛味ではなくクリーミーな味を感じる）によって滑らかさを知覚することと、何らかの形で結びついているのではないかと仮定している。

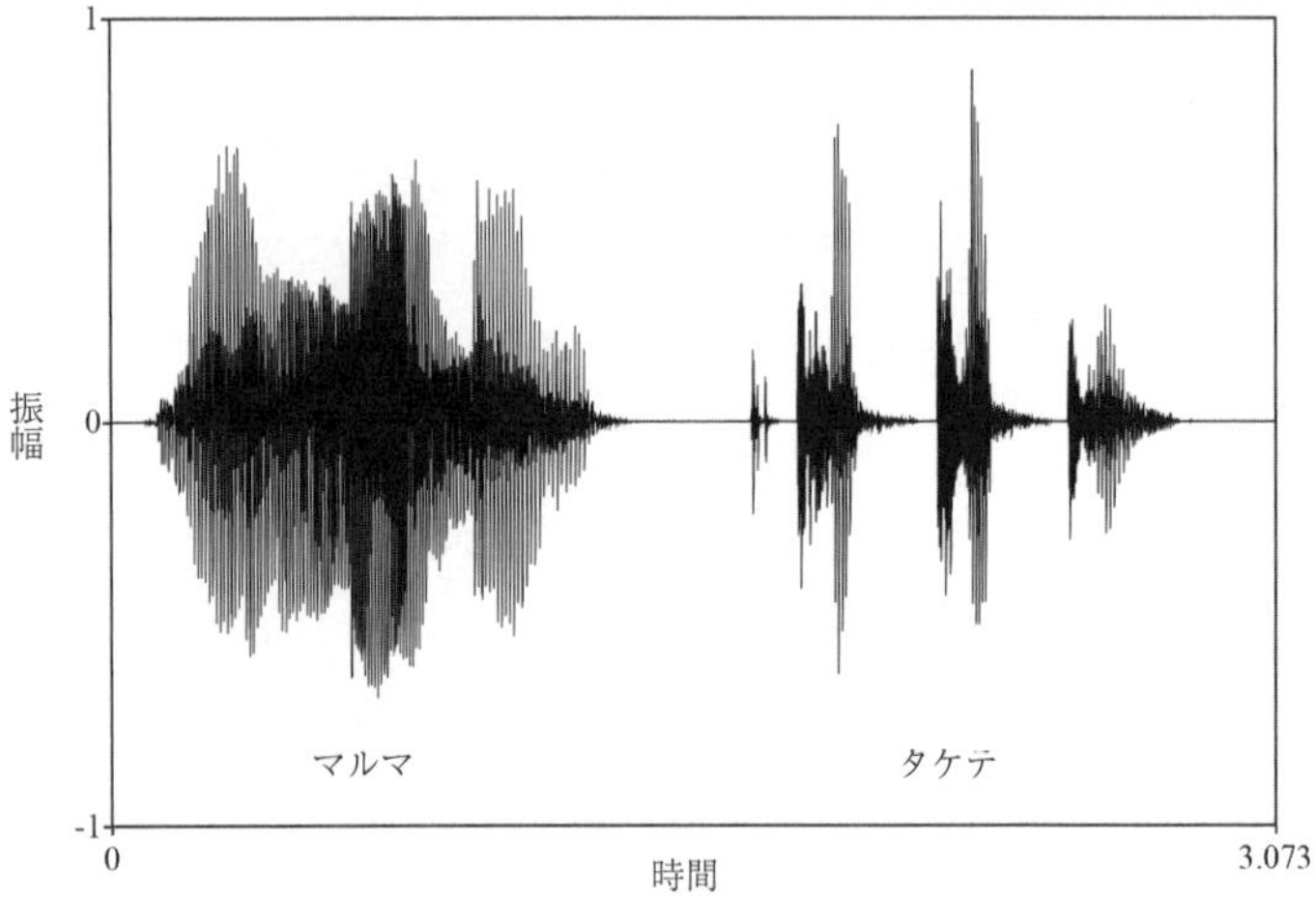

「マルマ」と「タケテ」と発音したときの波形（音波）

「共感覚」とは、異なる感覚のあいだに強い結びつきが存在する現象を表わす一般的な名称である。カリフォルニア大学バークレー校の心理学と言語学の教授であるダン・スロービンのように、とても強い共感覚をもつ人々がいる。スロービンには音楽の調それぞれがひとつの色と結びついている。ハ長調はピンクで、ハ短調は黒がかった濃い赤である。だがブーバとキキの実験から、誰でもある程度は共感覚をもっているのではないかと考えられている。少なくとも、ある感覚で滑らかだと感じられるものが他の感覚でもそう感じられたり、嗅覚で鋭いと知覚されるもの（チェダーチーズ）と、触覚や視覚で鋭いと知覚されるもの（鋭角）、聴覚で鋭いと知覚されるもの（突然の音の変化）とのあいだに類似性を感じる程度には味覚や嗅覚、視覚、聴覚にかんする何かが互いに関係しているのだ。

　日常的な語彙のなかにも感覚間の結びつきが認められる。*sharp*〔鋭い、辛い、刺激性のある〕と*pungent*〔刺すような、ぴりっと辛い〕は先端のとがったものや視角の小さいものなど、もともとは触覚や視覚でとらえられるものを指すが、どちらも味覚や嗅覚にも使うことができる。

こうした共感覚的なつながりがどの程度、生まれつきなのか遺伝的なのか、あるいは文化的なものなのかは定かではない。たとえばナミビアの遊牧民族はタケテをぎざぎざの図と結びつけたが、他の多くの言語話者とは異なり、単語や絵をブラック・チョコレートの苦味や炭酸の味と結びつけることはなかった。このことから、私たちがブラック・チョコレートをミルク・チョコレートよりも「苦い」と感じたり、炭酸水を普通の水より「とがっている」ととらえることは、文化的に学習した結果、食べ物と結びつけるようになった隠喩であると示唆される。しかし実際のところはまだよくわかっていない。こうした知覚の側面にかんする研究は、まだ始まったばかりだからだ。

一方、共感覚的滑らかさ仮説と周波数信号には、何らかの進化論的な関連性が存在する。

ジョン・オハラは、トーンの高い声が敬意や友好と関連することから、微笑みの起源を説明できるかもしれないと述べている。微笑みもまた、人をなだめる行為や友好的なふるまいと関連づけられるからだ。私たちは口角を上げて微笑みを作る。猿などの動物も口角を上げて服従を表現する。攻撃を表わすときは反対に、口角を前に寄せて唇を少し突き出した表情をする（オハラはこれを「oフェイス」と呼ぶ）。

口角を上げたときに口の前方にできる空洞は、ちょうど母音のɪやiを発音するときのように小さくなる。実際、微笑んでいるときと母音のiを発音しているときの口の状態が似ていることから、写真を撮られるときに「チーズ」と言うようになったのだ。iは、微笑みの母音なのだ。

オハラの理論では、微笑みはもともと「かわいいぼくをいじめないで」などの意味を含んだ、相手をなだめるしぐさである。その後微笑みは、争い合う哺乳類がいっそう高い声を出す手段として進化した。微笑むことで身体が小さく、攻撃性が薄れて見えるため、より友好的に受け止められるのだ。

周波数信号と共感覚的滑らかさ仮説はどちらも、言語の起源と関係する可能性がある。もしもある種の意味がこれらの仮説どおりに音と類似的なかかわりがあるとすれば、言語の進化が始まったばかりの頃、話し手が聞き手に自分の考えを理解させる手段となっていたかもしれない。言語の起源は深い謎に包まれている。それでもいくつかの仮説は立てられ、たとえば「ワンワン説」という言語の進化についての理論がある。犬や猫の鳴き声をまねることからその動物にかんする名前ができたというような、自然を模倣することによって言語が出現したとするものだ。周波数信号の理論からは、石器時代に洞穴で暮らす女性が作り出した最初期の言葉には、「赤ん坊」を意味する高いiの音や、「大きい」を意味する低いaの音、またおそらくは「鋭い」を意味する、音響的にぎざぎざの波形をもつキキキ *kikiki* が含まれていたのではないかと考えられる。このような類似性は、私たちが言語を用いて話す厖大な事柄のうちのごく一部にすぎないが、人類の言語が遠い昔にゼロから生じたという重要な事柄をいくらかでも理解する助けにはなるだろう。

古の起源が何であれ、母音と子音は音を組み合わせて言葉にすることによって、複雑な意味を表現する豊かで美しい体系に組み込まれた。また微笑みも、様々な意味合いの幸福や愛情、その他多くのことを表現する手段へと進化していった。

言葉や微笑みにどのような隠された意味があるにせよ、結局のところ、そこにはいつだってアイスクリームが存在する。後々詩人のウォレス・スティーヴンズが歌ったように。

見かけ　のフィナーレは　中身　にしろ。
唯一の皇帝は　アイスクリームの皇帝。

（柴田元幸選・訳、河出書房新社『アイスクリームの皇帝』より引用）

第13章　なぜ中華料理にはデザートがないのか

流行の先端を行く町、サンフランシスコの最新のデザートは、トゥエンティフォース・ストリートにある「ハンフリー・スロコーム」のバナナ・ベーコン・アイスクリームのような珍しいフレーバーのアイスクリームだ。ここしばらくベーコンは、ベーコン・ブラウニーやベーコン・キャンディ、ベーコン・ピーナッツ・ブリトルなど、あらゆる種類のデザートに登場している。今や私も、ジャネットが言うとても説得力のある、ベーコンがあれば何でもおいしくなるという意見に同感だ。でもベーコンがこれほどデザートで使われる理由は、他にもあると私は思う。流行に敏感な人たちがこんなにもベーコンのデザートに注目しているのには、何か根拠があるのだろう。その謎を解くために、デザートが誕生した遠い昔にさかのぼろう。

第一に、デザートは「甘い食べ物」だけを指すのではない。ジムに行く途中に食べるドーナッツはデザートではない。ただの意志の弱さの表われだ。デザートとは、コース料理に出てくる甘い一品であり、最後に食べるものである。

食事の最後という順番は、その語源にも表われている。*dessert* という単語はフランス語に由来する。もともとは「de-serve」、すなわち「出されたものをさげる」という意味の *desservir* の分詞であった。この単語は一五三九年にフランスで、食事が片づけられた後に食べるものという意味で初めて使われた。その内容は、ヒッポクラス *hippocras* と呼ばれる香辛料入りのワインに、新鮮な果物またはドライフルーツ、ぱりっとした薄いウエハース、香辛料や木の実に糖衣をかけたコンフィやドラジェと呼ばれる菓子を添えたものだった。様々な名前で呼ばれたこれらのデザートには中世以降の長い歴史がある。現存するなかで最古の、一二八五年頃にイギリスで開かれた祝宴のメニューにも見つけることができる。「テーブルが片づけられた」後に、客にドラジェと「たくさんのウエハース」を供するという記述がある（ドラジェは今でも、ジョーダン・アーモンドやM&M'Sのような、硬い砂糖のコーティングをした菓子を指す専門用語として使われている）。

ドラジェという単語と、ディナーの後にワインとともにちょっとした甘い食べ物をつまむという習慣は、中世よりはるか昔から存在した。ドラジェはギリシア語のトラゲマタ *tragemata* に由来する。これは古代ギリシアで、食事の後にテーブルが片づけられてからワインとともに食べた軽食を指す名前であると、歴史家のアンドリュー・ダルビーは述べている。ワインと、ケーキや新鮮な果物またはドライフルーツ、木の実、甘い物、ヒヨコマメや他の豆などのトラゲマタで「第二の食卓」が整えられた。

しかしトラゲマタは、中世に引き継がれたコンフィやドラジェと同じように、今で言うデザートではなくまさしく軽食であった。紀元前五世紀にヘロドトスが著書『歴史』において、デザート好きなペルシア人が〝ギリシアにはちゃんとしたデザートが全然ない〟と嘲笑していると書いたほどだ。

［ペルシア人の］料理には食べごたえのあるものが少ないが、デザート［〝epiphorēmata〟］として食後に供される料理はたくさんあり、それは一品に限らない。そういうわけでペルシア人は、ギリシア人が空腹のままディナーを終える、と言う。なぜなら、ディナーの後にデザートと呼ぶに値するものが何も出されないからだ。良いデザートが出てきていたら、これほど早く食事

を終えることはないだろうと。

ペルシア人のデザートへの愛が原動力となって、素朴なウエハースや木の実が現在のようなデザートへと変わっていった。かつてペルシア帝国の領土であったメソポタミア地方にバグダードが建設されると、料理の新しい波が訪れた。カリフに仕える優れた料理人たちが、甘いアーモンド・ペーストリーのラウジーナージや澱粉で作ったキャンディのファールーダージ、シクバージのような酸っぱい料理、様々な甘い煮込み料理など、ペルシアのデザートを取り入れて料理のレパートリーを充実させていったのだ。

現存する古い時代のメニューを見ると、これらの甘い料理はおおむね食事の最後のほうに集まる傾向があった。おそらく甘い料理が発祥したバグダードでの習慣が引き継がれたのだろう。順序も、中世の健康と消化についての考えに沿ったものなのだろう。すなわち、甘いものは重い食べ物の消化を助けるという考え方だ。バグダードで九五〇年から一〇〇〇年頃に書かれた最古の料理書、アル＝ワッラクの『キターブ・アッ＝タビーハ』では、甘いプディングやフリッター、ラウジーナージ、クレープなどはすべて食事の最後に供するとされている。『千夜一夜物語』のような中世アラビア文学に描写される素晴らしい食事は、想像するだけでたまらなく食欲をそそられる。この物語にはこれでもかというぐらいデザートが登場する。たとえば「ジュダルと兄弟の物語」には次のような食事が列挙されている。

鶏肉のロースト、ローストト肉、ハチミツをかけた米、ピラフ、ソーセージ、詰め物をした仔羊の胸肉、ハチミツたっぷりのナッツ・クナーファ〔細麵状の小麦粉生地で作った菓子〕、ズラビア〔小麦粉で作った発酵生地を揚げた菓子。ハチミツやシロップに浸して食べる〕、甘い木の実のフィリングを詰めたカターイフ〔チーズや木の実を包んで揚げた円形のパンケーキ〕、バクラヴァ〔薄いペーストリーとハチミツやアーモンドを重ね合わせた菓子〕。

「六番目の兄の物語」では、肉のポリッジ、ガチョウの酢煮、ピスタチオで太らせた鶏のマリネが出た後、主人が客にデザートを勧める。「皿を片づけて甘い物を持ってこい」と指示し、アーモンドの砂糖漬けと麝香風味の「シロップをたっぷりたらした」フリッター、アーモンドのゼリーが運ばれてきた。

中世のイスラム勢力支配下のアル・アンダルス〔スペインのアンダルシア地方を中心とするイスラム国家が建設された地域〕においてこれらの料理をバグダードから西方へともたらしたとされる人物が、コルドバにあるアブド・アッラフマーン二世の宮廷に八二二年にやってきた音楽家のジルヤーブである。ジルヤーブはアンダルシアの音楽様式を生み出した人物でもある。何万もの歌を記憶しており、毎夜更かしをしては精霊《ジン》たちと楽曲について語り明かしたと伝えられている。また食事をコースで供するように初めて提案したのもジルヤーブだと言われている。最初の一品は、彼が考案しタファヤ*tafaya*と名付けた、アーモンドとシラントロを入れた仔羊肉のスープだった。一一世紀に活躍したコルドバの歴史家イブン・ハイヤーンは、バグダードから入ってきたラウジーナージやカターイフなどアル・アンダルスの伝説に残るデザートの多くは、ジルヤーブが「発明」したものだと人々は信じていた、と述べている。ジルヤーブはこうした伝説において、アル・アンダルスの栄光とバグダードの東方宮殿で食されていた豊かな食べ物、両方の象徴とされていたようである。

それから二百年後の一三世紀にアンダルシアで書かれた料理書に、食事はタファヤで始まり（とりわけ「健康的」であるから）、終わりはデザートと卵料理が三品という計七品のコースで供すること、と記されている。国土回復運動《レコンキスタ》後の一五二五年に初めて出版されたスペイン語の料理書、ロベルト・デ・ノラの『*Libro de Cozina*（料理の本）』には、宮廷での食事は当時もスープで始まり甘いものと果物で終わると書かれている。

これらの美味な食べ物は、主にイスラム勢力の支配下にあったアンダルシアとシチリアを通じてヨーロッパ全域へと広がった。アンダルシアで中世に書かれた料理書『*Manuscrito Anonimo*（匿名写本）』には、もともとは甘酸っぱい鶏肉の煮込みだったジルバージャ *zirbaja* や、バラのシロップを使った鶏肉料理のジュラビッヤ *jullabiyya*（〝バラ水の飲料〟を意味するペルシア語 *sharâb al-jullâb* から）、あるいはマルメロ、酢、サフラン、コリアンダーを使った仔羊肉の煮込みなどのレシピが記されている。これらの料理は、シチリアとナポリとイギリス（どの国もノルマン人が統治していた）、その後はヨーロッパ全域で模倣された。やがては私たちが「中世的」な食事とみなすような、ドライフルーツとショウガ、バラ水、その他の中東の香辛料で味付けをした肉料理に発展した。英語で書かれた初の料理書『*Forme of Cury*（料理の方法）』には、砂糖とショウガとレーズン、あるいはハチミツとサフランを使ったウサギ肉の料理、豚や鶏のひき肉とナツメヤシのワインと砂糖漬け、さらにはマウマニー *mawmanee* やブランクマウンジャー *blankmaunger* といった料理（中世アラブ料理のマムニッヤ *ma'muniyya* を原型とする、雄鶏または魚と、甘く煮た米、アーモンドミルクを入れた香りの良いプディング）のレシピが載っている。

しかしヨーロッパ全体を見ると、甘い料理が食事の最後のほうに出される習慣は、中世ではまだ定まっていなかった。多くの甘い料理が食事のなかほどで出され、雄鶏のパイや鹿肉といった辛口の料理《セイヴォリー》が最後に出されていた。実際、一六世紀になる頃に砂糖の価格が値下がりしたことで、甘い料理が食事のなかで順不同に出されるようになった（言語への影響も広まった。「スイート」はシェイクスピアが好んで使った形容詞のひとつである）。塩味と甘味が混ざり合った料理の例として、羊の脚をレモンとスグリ、砂糖でぐつぐつ煮込んだり、鶏肉をスイバ（酸味のあるハーブ）やシナモン、砂糖で調理したものがある。一五四五年に書かれたチューダー朝初期の料理書『*A Propre Newe Booke of Cokerye*（まったく新しい料理の書）』に収められた「鶏肉のソップ」のレシピ（もともとはシナモン・トーストに鶏肉を載せたもの）を引用しよう。

鶏肉のソップ

スイバのソースをたっぷり用意し
シナモンと砂糖を入れ
これを煮立てて
ソップの上から注ぎ
鶏肉を載せる

中世では、甘い食べ物は食事後半のいろいろな順番で出されたが、徐々に現代と同じように食事の最後に落ち着くようになっていった。料理史研究家のジャン＝ルイ・フランドランは、古い時代からのフランスのレシピで砂糖が使われるものに丹念に注釈を付け、フランス料理が一四世紀から一八世紀にかけて確立されていく過程において、肉料理と魚料理で砂糖の使用量が急激に減っていったことを発見した。これは甘いデザートが増えていった時代と一致する。肉に砂糖や果物を合わせた料理はモロッコやペルシア、中央アジア、一部の東ヨーロッパではまだよく見られたが、フランスでは少しずつ姿を消していっていた。

一六〇〇年という年は、こうして現代的な食事へと移行するちょうど中間点にあった。当時のフランスの肉料理はまだ甘い味付けのものが多く、デセール *dessert* という単語はなおも食後の軽食かナッツ類、とりわけ果物かナッツを指して使われていた。このことは、一六一二年に英語でのデザートにかんする初めての言及から明らかである。ウィリアム・ヴォーンの『*Naturall and Artificial Directions for Health*（健康についての自然かつ人為的な指南）』という健康と食事についての古い手引きに、デセールは外国語である「フランス語」として記されており、「フランス人がデセールと呼ぶ食べ物は不自然で、医術や食事療法に反している」とある。

こってりした「外国の」デザートに含まれる脂肪分や糖分について、ヴォーンがこれほど古くから警告を発していたことに拍手を送りたくなるかもしれない。実際のところ、その頃のデザートが指すものはこってりした食べ物だけではなかった。ヴォーンは新鮮な果物にも触れ、食事の最後に食べるには十分に熱を通していなければ消化が難しいと懸念していた。この意見には、私の祖母アンナもまったく同意したことだろう。ブロンクスの祖母のアパートで食べるディナーは、鶏肉か魚の煮込みにゆでたジャガイモを添えたもの、デザートは煮た果物と決まっていた。一九七〇年代にカリフォルニアに住む私たちの家を訪れた祖母は、おいしそうに熟れたアンズとモモを木からもぎ、すぐに煮込んでコンポートにした。

それから一〇〇年がたった一八世紀には、*dessert* という単語がイギリス英語とアメリカ英語の両方に取り入れられていた。イギリス英語には〝食事の後の少量の食べ物〟という意味が残っていた。一方、アメリカ人の食べ物にたいする態度（「ケーキとアイスクリームにホイップクリームとチョコレートシロップをかけたデザートがあるのに、何でリンゴをそのまま食べるの?」のようなもの)からすれば当然だが、独立戦争の頃には、この単語がケーキやパイ、アイスクリームなど、もっとたっぷりした量のある甘い食べ物も指すように変化していった。このことが知られているのは、一七八九年にニューヨーク市で行なわれた大統領就任式の後、ワシントン大統領夫妻がチェリー・ストリートの公邸でパーティーを開いたとき、ペンシルヴァニア州選出の上院議員ウィリアム・マクレイがそのメニューを日記に記録していたからだ。「デザートは最初にアップルパイとプディング、その次にアイスクリームとゼリー、それからスイカ、マスクメロン、リンゴ、モモ、ナッツが出た」

一九世紀と二〇世紀には、エスコフィエに代表される正統派のフランス料理において、甘い物はデザートに限られるとする考え方が比較的厳格なものとなっていった。例外もあったが、それはエスコフィエの鴨のオレンジソースや、ヌーベルキュイジーヌが出現した後の鴨胸肉のチェリー添え、フライパンで焼いたフォアグラのブドウその他の果物のジャム添えのように、特定のものに限られていた。

アメリカの食事では、カタルーニャ人のスーパーシェフ、フェラン・アドリアがかつて語ったように(「ケチャップ入りのハンバーガーとコカ・コーラ? 想像しうるなかでもっとも強烈な、甘味と塩味の共生だ」)、その境界線はもう少し曖昧だ。肉料理にも歴史家のケン・アルバーラが「先祖返り」と呼ぶ中世の名残が認められる。バーベキューの甘味と塩味、赤砂糖とクローヴを使ったハム、フルーツソースをかけた鴨料理、クランベリーソースやアップルソースをかけた肉料理、ヤムイモの砂糖煮など、主にクリスマスや感謝祭の古くからある食事にそうした特徴がとどめられている。近代人類学に初めて食べ物の観点から切り込んだ偉大な人類学者、シドニー・W・ミンツは、こうした断片が「人類学者が昔から主張してきたこと、すなわち日常が失ったものは祝日に残ることを示す」と述べている。

こうした例外を除くと、私たちはおおむね食事の最初で塩味を、デザートとして甘味を食べている。デザートの歴史をたどると、塩味の料理が数品出されて甘い料理で終わるという食事の進行様式は、ヨーロッパの料理において最近になって確立されたことが明らかになった。言い換えるなら、特定の順序とデザートという概念は、一部の料理には存在し（現代アメリカ料理、古代ペルシア料理）、一部の料理には存在しない（古代ギリシア料理と、この後見ていくように中国の料理）。

料理の類似点と相違点、さらには時とともにどのように変化するのかを説明するために、「料理の文法」という理論を提唱したい。料理は言語のようなものだとするこの理論は、言語学の文法を比喩として用いている。たとえば英文法は、形容詞は名詞の前にくる（「fudge hot」ではなく「hot fudge」）、目的語は動詞の後にくる（「chocolate eat」ではなく「eat chocolate」）といった暗黙のルールでできている。文法とは、言語学的な全体構造のなかにどのように部分が位置づけられるかを定義するものである。

言語においてネイティブ・スピーカーが説明することはできなくても暗黙のうちに了解している文法があるように、料理にも暗黙の構造がある。その構造とは、どの料理とどの料理が合うのか、ある料理法において「文法的に正しい」一品や食事が何から構成されるのかなどについての一連のルールである。料理にある暗黙のこの構造は、一品が材料によってどのように構成されるか、一品から食事がどのように構成されるか、特定の味の組み合わせや要求される調理法を用いて全体的な料理がどのように構成されるかというルールによって成り立っている。こうした各々の構造によって、料理法の性質と、その類似点や相違点を説明づけることができる。

私たちはすでに料理の文法がもつひとつの側面を見てきた。食事の順番である。アメリカとヨーロッパの料理には「デザートが最後に出る」という制約ともうひとつ、アントレにかんする制約がある。

アメリカのディナーには既定の順番があり、これを料理の順序についてのある種の「ルール」として次のように表わすことができるだろう（選択できる料理を括弧に入れた）。

アメリカのディナー＝（サラダまたはアペタイザー〔前菜〕）↓メイン／アントレ〔主菜〕↓（デザート）

このルールが示すのは、アメリカのディナーにはメインの料理があり、その前にサラダかアペタイザー（あるいは両方）を選択でき、最後にデザートが出る場合もあるということだ。

フランス料理ではこれとは違い、チーズ料理が入り、軽いグリーン・サラダをメインの前ではなく後に食べることもある（それにもちろん最後にはデザートが出る。フランス人に言わせれば、塩味の次に砂糖が出る）。

フランスのディナー＝（アントレ〔前菜〕）↓プラ〔主菜〕↓（サラード〔サラダ〕）↓（フロマージュ〔チーズ〕）↓（デセール〔デザート〕）

ヨーロッパのなかでもひとつ隣の国に行くだけで、ものごとはまた変化する。イタリアのコース料理には独特の一品（プリモ）があり、それはパスタかリゾットである場合が多い。

イタリアのディナー＝（アンティパスト〔前菜〕）↓プリモ〔第一の料理〕↓セコンド〔第二の料理〕↓（インサラータ〔サラダ〕）↓（フォルマッジ〔チーズ〕）↓（ドルチェ〔デザート〕）

さらに最近になって、アメリカの食事の順序にある変化が生じた。フランス人は今もそうだが、アメリカ人はサラダを食事のもっと後のほうで食べていた。アメリカの優れた散文家で、私の好きなフードライターである故M・F・K・フィッシャーは、メイン料理の前にサラダを食べるという現代的な習慣は二〇世紀初めにカリフォルニアで始まったと述べている。第一次世界大戦の頃にロサンゼルスの東にあるホイッティアで育ったフィッシャーは、食事の最初に新鮮なレタスのサラダを食べていた。サラダをもっと後のほうで食べる東海岸出身の友人たちが、食事をサラダで始める「西側」の習慣にショックを受けたとフィッシャーは書いている。（二〇世紀前半の東海岸での食事は、サラダではなくグレープフルーツで始まっていた。ニューヨークに住む私のもう一人の祖母ベッシーは、この習慣を一生守っていた）

こういったおおまかな違いはあっても、アメリカと西ヨーロッパの食事の順序はかなり似ている。反対に中華料理では、デザートは食事に含まれない。厳密にデザートを指す中国語は昔から存在しないのだ。現在もっともよく使われる訳語は広東語で甜品《ティンパン》、標準中国語で甜点《ティエンディエン》だが、これらはもともとデザートではなく甘い軽食を指す言葉を西側から取り入れて、その意味を拡大したものだろう。伝統的な広東料理を例にとれば、食事の最後には塩味のスープか、ときには（テーブルの上を片づけてから）新鮮な果物が出されることが多い。

こうした背景から、フォーチュン・クッキーがアメリカでデザートとして発展した理由がわかる。ジェニファー8・リーの『*The Fortune Cookie Chronicles*（フォーチュン・クッキー年代記）』には、運勢を書いた紙を入れた小さな菓子が、一九世紀から日本で食べられるようになったと説明されている。だがカリフォルニアの日本食レストランで、それに次いで中華料理店でこのクッキーがデザートとして出されるようになったのは二〇世紀になってからのことだった。そのわけは料理の文法によって説明できる。中華料理には昔からデザートがなかった。食事の最後に甘い物を欲するアメリカ人の客たちに応えて、フォーチュン・クッキーが一種の進化論的なニッチを埋めたのだ。

またデザートが存在しないことから、焼く《ベーキング》という調理法、ひいてはオーブンが中華料理ではあまり出番がないことの説明がつく。私が中国で使ったキッチンにはオーブンがひとつもなかったうえに、ジャネットのお母さんは今でも、サンガブリエル・ヴァレーにある家のオーブンを、鍋をしまう場所として便利に使っている。

もちろん中華料理にも甘い料理はある。たとえば、糖水《トンスイ》(文字通り「砂糖の水」)と呼ばれる甘くておいしいスープがあり、デザートとして出すこともできる。だがむしろ、おやつや軽い夜食として食べることのほうが多い。ジャネットと私は、ギアリーにある甘いスープを出すひいきのレストラン「九龍塘《ガウロントン》」で午前一時に、米の団子(汤圆《タンユン》)を入れた花生糊《ホアションフー》と呼ばれるピーナッツのスープと、ハチミツをかけた豆腐、小豆のスープ、カメのゼリーなどの軽食をよく食べている。ただし赤棗《あかなつめ》とカエルの卵管(雪蛤《スウコウ》)はあまり好きではない(そのわけは尋ねないでほしい)。

中華料理には食事の最後に甘い物を出すという概念はないが、それとは違った種類の構造がある。材料と組み合わせについての制約がそうだ。たとえば広東料理は、澱粉(米、麵、粥)と非澱粉(野菜、肉、豆腐など)の食べ物から構成される。これらを混ぜ合わせてひとつの料理にすることもあるが(炒麵、炒粉、炒飯など)、白いご飯と非澱粉の料理を別々の皿で出し、それぞれが料理を自分のご飯にかけて食べることもある。この構造を英語で説明するには「ノン・スターチ(非澱粉)」という不便な用語を使わなければならないが、広東語には餸《ソン》という言葉がある。「食料品を買う」を広東語で言うと「餸を買う」となる(澱粉は必需食品であり、すでに家にあるから)。したがって典型的な広東料理は、澱粉と餸から構成される。この文法のルールを書き表わすとなると、次のようになるだろう。

食事＝澱粉＋餸

料理の文法は、食事の構造を定義する以上の働きをする。それぞれの料理法には一品がもつ味についての暗黙のルールも存在する。私は料理の品々を単語として、特定の材料や味の要素を単語あるいは料理の一品を構成する音（「単音」）としてとらえるのが好きだ。

音は言語によって異なるが、同時に驚くほど似通ってもいる。たとえばどの言語にも、英語の t や p に似た音があるようだ。なぜなのか。言語学者の故ケネス・スティーヴンズは（論文「Quantal Theory of Speech〔発話の量子的理論〕」において）、人間は生理学的に見て誰もが同じ舌と口をもっており、t のような音は話者が容易かつ確実に形作ることのできる舌（および唇と声帯）の特定の配置によって生じるもので、そうして生じた音は聞き手が容易かつ確実に聞き分けることができると解説している。

ただし普遍的な音の t や p でも、それぞれの言語ではわずかに異なる発音がなされる。英語の t はイタリア語や広東語の t とは異なり、フランス語の p はスペイン語の p とは異なる。これが、私たちが外国語を話すときに出るなまりの原因である。英語を母国語とする人は t を英語の発音で発することに熟練しており、それをいったん忘れて日本語やフランス語の t を発音することは困難なのだ。

音の普遍性と同様に、誰でも同じという人間の舌がもつ、甘味や酸味、苦味、塩味、うまみなどの風味成分を感知する能力もまた人間すべてに等しく備わっている。しかしそれぞれの料理法において、その文化独特の味わいを出す材料を使って、普遍的な風味成分を作り出すこともある。

たとえばそれぞれの料理法には甘味を出す独自の風味成分があるようだ。私が好きなのはマレーシアのグラメラカという、煙のにおいをほのかに漂わせる、カラメル味のココナツパームシュガーだ。パームシュガーならアメリカで簡単に見つかるが、良いグラメラカはなかなかない。だからたまにマレーシアに行ったときに買って帰るか、アジアからの気前のよい旅行者に頼るしかない。

反対にアメリカの甘味は、精製された白いショ糖やコーンシロップ、あるいは特別な場合にはメープルシロップに由来する。ゴールドラッシュの時代、サンフランシスコの住民たちはこれらの代わりに廃糖蜜を何にでも使い、ケチャップのように料理にかけていた。イギリスやイギリス連邦のデザートにはゴールデンシロップ〔廃糖蜜の一種〕がよく使われ、メキシコ料理には生のピロンチージョ〔サトウキビから採った赤砂糖〕という粗糖が、タイ料理にはパルミラヤシから採ったパームシュガーが使われる。

酸味の風味成分は、中国では米酢、東南アジアではタマリンド、アメリカではレモン果汁か穀物酢、中米ではサワー・オレンジかキーライム、フランスではワインビネガーとなる（ここから *vin-aigre*〔酸っぱいワイン〕という語が生まれた〔フランス語の「酢」という単語〕）。ユダヤの食べ物は、サワーソルトと呼ばれるクエン酸の結晶で酸味をつける。これのおかげで、私の母が作る米と牛肉とトマトを詰めたキャベツ料理に、甘酸っぱさが加わるのだ（私の大好物だが、父はこれを「牛肉の経帷子《きょうかたびら》包み」と呼ぶ）。この他の一般的な風味成分には、塩味やうまみがある（天然塩やオリーブの塩漬け、ケッパー〔フウチョウボクのつぼみの酢漬け〕、醤油、魚醬、発酵させたエビのペースト、アンチョビなどが使われる）。

すべての風味成分がどのような料理にも用いられるわけではない。それぞれに異なる特定の風味を組み合わせることで、ひとつの料理法が完成する。これは食物研究家の故エリザベス・ロジンが「風味の原則《フレーバー・プリンシプル》」と名付けた考え方である。ロジンは、醬油と米酢、ショウガを使った料理は中華料理の味がし、材料は同じでもサワー・オレンジとニンニク、アナトー〔ベニノキの実の色素〕で味付けした料理はユカタン料理〔メキシコ、グアテマラ、ベリーズにまたがるユカタン半島の郷土料理〕の味がすると指摘する。代わりに玉ネギと鶏の脂、白コショウ（あるいはオーブンで焼く料理なら、バターとクリームチーズにサワークリーム）を加えれば、私の母と祖母が作るユダヤ料理のレシピとなる。

最近では、レシピのオンライン・データベースをコンピュータで分析し、料理法の領域を越えて、ロジンの唱える風味の原則を分子レベルで一般法則化する試みが行なわれている。インディアナ大学のY・Y・アーンと同僚らは、「食べ物の組み合わせ仮説」を検証する目的でオンライン上の六万点のレシピを調べた。この仮説は、おいしい料理のレシピは同じ風味化合物を共有する材料を組み合わせている傾向が強いとする、最近の理論である。たとえばトマトとモッツァレラチーズは、4-メチルペンタン酸を共有している。アーンらは、北米や西欧のレシピと東アジアのレシピには興味深い違いがあることに気づいた。前者には同じ風味化合物をもつ材料を組み合わせる傾向が確かにあるが、後者では同じ風味化合物をもたない材料（牛肉、ショウガ、トウガラシ、豚肉、玉ネギなど）を組み合わせているのだ。こうした違いから、よく似た風味化合物の組み合わせと異なる風味化合物の組み合わせのどちらが好まれるのかということも、料理法を構成する要素の一部ではないかと考えられる。

おもしろいことに、東アジアにデザートが存在しないことが彼らの研究結果に大きな影響を与えているようだ。北米の料理に使われる材料のうち、同じ風味化合物をもっとも多くもつのは牛乳やバター、ココア、バニラ、卵、クリームチーズ、イチゴ、ピーナッツバターといったデザートの材料であることが明らかになった。こういうわけで、東アジアと北米で食べ物の組み合わせの傾向が異なることは、北米にはデザートが存在するという事実に起因するのではないかという可能性が考えられる。

料理文法の最後の側面は、風味よりも料理技術に関係するものだ。中華料理では材料は食べる前に調理されていなければならない。グリーン・サラダのような生の料理は、とにかく料理の構造に反するのだ。中華料理においてサラダは「非文法的」であると言えるだろう。今やサラダは中国以外の中華料理店ではふつうに食べられているが（広東語でサラダは「沙律《サーロッ》」）、ほとんどのアメリカ人にとって鴨の脳みそを食べることが奇異に映るように、中国では従来、生のニンジンやセロリやピーマンをむしゃむしゃ食べる姿は、同じく異様なものとして見られていたのだろう。

かつて中国では調理が文明化の概念と結びついていた。生の物を食べる近隣諸国の文化は、食べ物を調理する文化と比べて未開であるとみなされていた。人類学者のクロード・レヴィ＝ストロースは、こうした生食と調理の対比は、おそらくはどの文化にも普遍的に見られるのではないかと述べた。つまりどういった文化においても、調理は文明や社会化、自然の制御と結びつけられるというのだ。

しかし中国で生食が避けられる最大の理由は、おそらく衛生上の問題だろう。水ですら生のまま飲むことはなく、つねに沸かしてから飲んでいるのだから。沸かした水（と殺菌されたお茶）を飲むことで、西洋を襲ったような、水を介して広がる伝染病の流行を防ぐことができたのだろう。アメリカ人やヨーロッパ人は昔から生の水を飲んでおり、それが原因のひとつとなってコレラのような伝染病に悩まされていたのだ。一九世紀に都市水道が整備されるようになるまでは。

中国における生の水にたいする文化的制約は、非常に根が深い。現在は香港や台北でも水道水が処理され、そのまま飲んでも完璧に安全だ。それにもかかわらず、友人のフィアをはじめ洗練された都市で育った人々は、今でも飲み水はすべて沸かし、そればかりか沸かした水を冷蔵庫で冷やしてもいる。

デザートは甘くあるべき、クニッシュ〔肉、チーズ、ジャガイモなどを小麦粉の衣に包んで焼いたユダヤ料理〕はバターではなく鶏の脂の味がすべき、などと思い込ませる暗黙の文化規範も、同様にとても根が深いものである。フィアは台北で生の水を飲むことを不快に感じ、M・F・K・フィッシャーの友人はサラダが間違った順序で出てきたことにショックを受け、カエルの卵管や生のニンジンに嫌悪感をおぼえる人もいる。料理とは豊かな構造をもつ文化的事象であり、その構成要素である風味成分や組み合わせについての文法規則のすべては、幼い頃から学習し、深く根を下ろしたものなのだ。

最近、デザートに豚肉を使うことが流行っているが、この根底には料理の文法があるのではないかと私はにらんでいる。ベーコン・アイスクリームはアメリカ料理の暗黙のルール、すなわちデザートは甘くあるべきで肉を使ったり塩辛いものであってはならないという決まり事に反している。私たちがベーコン・アイスクリームに夢中になるのは、必ずしもベーコンを食べる最高においしい方法だからではなく、少なくともいくらかはルールに反するから、楽しいから、反抗的だから、まさに……非文法的であるからなのだ。

実際、規範への反抗は、革新的なことを成し遂げるためのひとつの方法である。それはモダニストの料理（「分子料理学《ガストロノミー》」や「脱構築主義者」の料理）を見れば明らかだ。こうした料理では、創造的なツールとして非文法的料理が利用される（ポップコーンのスープ、ホワイトチョコレートと鴨のレバーのタフィー、トマトのカラメルと温かいラズベリーのゼリー）。ここでケチャップやアイスクリーム、マカロンなど、世界各地から取り入れて、やがて日常食品となった食べ物についても考えよう。もともとは裕福な人々のために外国から輸入し、徐々に自国の食べ物としてなじんでいったものたちだ。こうした自国化の原動力となったものが何なのか、これらの食べ物がそれぞれに自国の新しい料理に適応していくなかで、何が具体的な変化を引き起こしたのかについては、まだ説明をしていないなかった。それは料理の文法で解き明かすことができる。外国から輸入した贅沢な食べ物は、料理にある暗黙の構造に適合し変化していくことで、日常的な料理となっていった。中世では不可欠だった香辛料が西ヨーロッパの風味づけの原則においては主役の座から追われたように、マカロンとマーマレードの材料から、中世で使われていたバラ水と麝香が姿を消した。トマトと砂糖がアメリカ大陸において風味づけの原則に加えられると（ケチャップ、トマトスープ、パスタソースを思い浮かべてほしい）、魚醬に代わり甘酸っぱいトマトソースの人気が急激に高まった。一方中国では中華料理の文法（澱粉＋餡）にのっとって、トマトがケチャップやパスタソースではなく、卵の炒め料理に使われるようになっていった。ヨーロッパの料理では牛乳とクリームが重要な要素だったことから、中東のシャルバットが西洋ではアイスクリームに、アメリカではシャーベットに変化した。中世キリスト教の信仰や文化、食事には四旬節の断食が大きな位置を占めていたことから、甘酸っぱい肉料理のシクバージがフィッシュ・アンド・チップスに変化した。デザートが料理に欠かせないものになると、新たに輸入された材料を使ってマカロンやココナツ・ケーキ、アンブロシアなどの新しいデザートが、あるいはペカンの実のようなアメリカ土着の食べ物からペカンパイが作られるようになった。料理の文法を用いれば、もともとは日本の寺で食べられていた小さな菓子のフォーチュン・クッキーがアメリカの中華料理店で出される標準的なデザートになり、中華料理とアメリカ人との隔たりを埋めることになった理由までもが解き明かされる。

デザートは感覚に快楽をもたらすだけのものではない（レストランのレビューに高い点をつけさせるだけのものでもない）。これは、私たちが味わう一口の根底にある暗黙の文化構造、すなわち平凡な光景のなかに隠された食べ物の言語の表われなのだ。

結び

毎週金曜日の夜には、バーナル・ヒルにある明るい空色の我が家につねに誰かがやってきて、みんなで一緒に料理をしている。友人が家族連れで遊びにきてディナーの準備を手伝ってくれたり、新しい料理に挑戦したり、最近出た料理本のレシピを試してみたりする。長年のあいだにたくさんの男女が出会い、私たちがこれまでに住んでいたいろんな家でニンニクやショウガを刻んでいるうちに、結婚にたどりついた。やがて生まれてきた子どもたちが、調理台でジンジャーブレッドの家を作ったり、クッキーを型で抜いたりしてきた。そうしたカップルにはジャネットと私も含まれる。私たちは「ディナーに朝食を食べよう」をテーマにした料理パーティーで出会い、今では結婚記念日に、みんなを招いてディナーに朝食をふるまっている（夜に朝の食事を摂ることは、料理の文法に違反する楽しい遊びだ）。

人々が集まって料理をする習慣は世界中にある。私が研究休暇《サバティカル・イヤー》を過ごしたスペインのバスク語を話す地方では、チョコ *txoko* と呼ばれる私的な料理クラブがバスク文化の中心となっていた（ヨーロッパの他の言語とは一切関連のないバスク語は、フランコ政権時代には話すことが法律で禁じられていたが、今ではカタルーニャ語と同じように若い世代のあいだで盛んになりつつある）。チョコ（スペイン語ではソシエダ・ガストロノミカ *sociedad gastronómica*）は一九世紀に始まった習慣だ。このクラブの会員たち（もともとは男性のみ）が地域で用意した台所に集まり、料理を作って食事をする。このクラブの発祥の地はドノスティア、スペイン語ではサン・セバスティアンと呼ばれるバスクの町だ。しかし現在ではバスク語を話す地方のどこにでもある。サン・セバスティアンは美しい海岸線をもつビスケー湾に面し、青々と葉が茂り霧の立ちこめる緑の丘に囲まれた、私の住む町をほうふつさせる町だ。古くは漁師の町だったが、今や革新的な料理を生み出す輝かしい中心地である。ミシュランの星を獲得したレストランがたくさんあり、革新的なタパス（バスク語ではピンチョス *pintxos*）が食べられる。

私たち夫婦は数年前の収穫月の頃、サン・セバスティアンを訪れていた。サンフランシスコの家では中国の収穫月の祭りである中秋節を伝統に従って祝っている。お客を招いて、外に出て飲み物を片手に満月を鑑賞するのだ（サンフランシスコの裏庭は狭いので、「外」は「屋根の上」を意味する。ワインが入っているからちょっと危険かもしれない）。サン・セバスティアンでは屋根に上る代わりにエネコ・アギーレ教授が古い町並みの散歩に連れ出してくれた。ドライアイスのような霧に包まれる街中でそここのバールに入っては、シードルやチャコリン *txakolin* と呼ばれる辛口のスパークリング白ワインを、焼いたイカや片口イワシの酢漬け、見たこともないバラの形をしたロブスターのグリルといった、シーフードのつまみとともに味わった。

どの料理も極上で、バスク人のシーフードにたいする昔からのこだわりを物語っていた。マーク・カーランスキーが驚嘆すべき著書『鱈――世界を変えた魚の歴史（*Cod*）』〔池央耿訳、飛鳥新社〕に記したように、バスク人はタラを追いかけて大西洋を横断しているうちに偶然、北米大陸に遭遇したが、あえて誰かに教えたりはしなかった。この大陸を自分たち専用のタラを干すための大きな棚にしておきたかったのだ。食べ物にこだわるのは少数のクラブやレストランだけではない。正式なチョコ以外でも、サン・セバスティアンでは多数の公共キッチンが借りられる。人々が集まって料理をすることは、バスク文化ではよく見られる習慣なのだ。

サン・セバスティアンでもサンフランシスコでも、みんなで料理をすることがなぜ特別かというと、好みの食材や料理の技術、家庭のスパイスをそれぞれが持ち寄ってテーブルに出し合うものから食事が生まれるからだ。この「石のスープ」の比喩は、文明と文明の出会いが食べ物を生み出し、さらには今の世界を形作ったことのまさに根底をなすと述べておこう。ケチャップやシロップ、アスピック、シチメンチョウ、マカロン、シャーベット、アラックは、ペルシアの王やバグダードのカリフ、プロヴァンスの王子、ニューヨークのアスター家などが食した高級料理や、福建人の船乗り、エジプトの薬屋、メキシコの尼僧、ポルトガルの商人、シチリアのパスタ製造者、アマーストの詩人、ニューヨークのパン屋が現代に残した、言語学的な化石なのだ。これらの食べ物が後の時代へと受け継がれるうちに、マカロンとマーマレードからは中世に材料として使われていたバラ水と麝香が消え、果物のシャルバットは甘いアイスクリームになり、肉と酢で作ったシクバージは四旬節にふさわしいキリスト教徒のための魚料理になった。つまりこれらの食べ物を取り入れた国の料理に、ひそかに存在する構造へ適応するための変化を遂げていった。食べ物は変化しても、かつて共有していた過去において多くの恩恵を受けた記念として言葉は残っている。ターキーという言葉からは、ポルトガル人たちが六〇〇年前に海にかかわる小さな秘密を守り通したことが、トーストやサパーといった言葉からは、中世のポタージュやトーストの入ったワッセイルが思い起こされる。

食べ物についての話し方にも、人の願いが表われる。健康的で自然の法則に従った本物の人生を送りたい、家族や文化と結びついていたいという願望や、私たちの心の奥底にある楽観性や積極性という性質がそうだ。これは私たちの認識にも影響する。ひとつの例に、母音の認識と微笑みの進化とのあいだにつながりがあったことを挙げよう。また、「トマト」ケチャップと言葉を重ねたり、メニューを高級に見せるために「新鮮」「おいしい」といった言葉をちりばめたり、ジャンクフードの包装に健康にまつわる言葉を連ねたりといった事例もあった。こうした言葉を使いすぎる現象はグライスの「量の公理」で説明できた。ちなみにこの公理を用いれば、本書を書くきっかけとなったケイティーの質問に答えることができる。

言い換えれば、自分の民族や自国にある言語と料理の習慣は、すべての民族や国にある習慣ではないのだ。それでいて、すべての言語や文化には深い共通性が存在する。そうやって共有している社会的、認識的な特徴が、私たちを人間たらしめている。それぞれの違いにたいする配慮や共有する人間性への信頼——こうした側面こそが、思いやりというレシピの材料なのだ。これで、食べ物の言語の授業を締めくくろう。

謝辞

本書の執筆には驚くほど長い年月がかかった。多数の人々の助けがなければ完成にはいたらなかっただろう。次の人々に心からの感謝を捧げたい。信じがたいほど素晴らしいエージェントのハワード・ユンは何年も前に本書の執筆を私に勧めてくれ、それからずっと知的で冷静な助言を授けてくれた。驚くほど素晴らしいエディターのマリア・ガーナーシェリは寛容で人を巻き込む熱意の持ち主で、編集はもちろん思慮深いアドバイスももらった。最高のコピー・エディター、キャロル・ローズと、編集助手のミッチェル・コールズ、広報ディレクターのルイーズ・ブロケット、デザイナーのカッサンドラ・パパス、制作マネジャーのアンナ・オラー、マネージング・エディターのナンシー・パームクイストなど、ノートン社での素晴らしいチームの方々にも感謝したい。スタンフォード大学には研究休暇中に支援をいただいた。スタンフォード大学行動科学高等研究センターにはその後も支援を続けてもらい、執筆中の自宅の知的環境を整えてもらったり、司書のトリシア・ソトとアマンダ・トーマスをはじめとするセンターの素晴らしいスタッフに助けてもらったりした。エリック・ハーンとエレイン・ハーンにはときおり素敵な自宅を執筆に使わせてもらった。スタンフォード大学一年生向けの私の言語学の授業「食べ物の言語」を履修した優秀な若い学生たちにも感謝する。なかでも共同研究者となったジョシュ・フリードマンは、第8章に記した共同研究の他にも、原稿を読んでもらい、全体にわたり様々な提案をもらった。私の驚嘆すべきいとこでお手本でもある社会学者のロン・ブレイガーには、様々な助言はもちろんのこと、何よりもアンドレ・グンダー・フランクの研究について教えてもらった。ステファニー・シフには、マカルーンと小麦の歴史について調べてみてはどうかと勧めてもらった。当時、香港科技大学学長を務めていた呉 家 瑋《ウー・ジアウエイ》は、ケチャップの起源は中国にあると最初に指摘してくれた。母と父にも支えてもらった（父は、九〇を超えてもなお鋭い観察眼をもち、相変わらずはっとするような助言をくれた）。ジョン・マクォーター、レラ・ボロディツキー、エリン・デアには、本プロジェクトを通して優れた助言や提案をもらった。

一部の章は、*Slate*、*Gastronomica*、*Stanford Magazine* に寄稿した記事を膨らませたものであり、これらの機会でローラ・アンダーソン、ダニエル・エングバー、ジニー・マコーミック、そしてとりわけダーラ・ゴールドスタインとジュリエット・ラピドスなど素晴らしいエディターに出会えたことは、このうえない幸運だった。

最後にはもちろん、この人に感謝を。妻ジャネットのアイデアや編集手腕、提案や支えがなければ、本書は完成しなかっただろう。

何年ものあいだ、多くの人々がアドバイスやアイデアを授けてくれたり、私の質問に答えてくれたり、情報源や人を紹介してくれたり、間違いを見つけてくれたりした。アーロン・ストレイト社のアラン・アドラー、KT・アルビストン、ドメニカ・アリオート、マイク・アンダーソン、マイク・バウアー、ピート・ビーティ、レスリー・バーリン、ジェイ・ボーデロー、ジェイソン・ブレニエ、ラモン・カセレス、マリーン・カープア、アレックス・キャヴィネス、ジョン・キャヴィネス、ヴィクトール・チョーナウ、カレン・チェン、ポーラ・チェスリー、フィア・チウ、シャーリー・チウ、アンナ・コルクホーン、アラナ・コナー、エリン・デア、メロディ・ダイ、ペニー・エッカート、ポール・エーリック、エリック・エンダートン、ジャネット・フェラリィ、シャノン・フィンチ、フランク・フリン、トーマス・フランク、シンシア・ゴードン、サム・ゴスリング、サラ・グレース・リメーンシュナイダー、エレイン・ハーン、ローレン・ホールリュー、ベン・ヘメンズ、アラン・ホーウイッツ、黄居仁《ホアン・ジューレン》、カルヴィン・ジャン、キム・キートン、ダッチャー・ケルトナー、フェイ・クリーマン、サラ・クライン、スコット・クレマー、スティーヴン・コスリン、ロビン・レイコフ、ジヨシュア・ランディ、レイチェル・ローダン、エイドリアン・レーラー、ジュール・レスコベック、ベス・レヴィン、ダニエル・レヴィタン、マーク・リーバーマン、マーサ・リンカーン、アロン・リスキンスキー、ドリス・ロー、ジャン・マー、ビル・マッカートニー、マイケル・マコフスキー、マデリーン・マホーニー、ビクター・メア、ピラール・マンチョン、ジム・マーティン、ケイティー・マーティン、リンダ・マーティン、ジム・メイフィールド、ジュリアン・マコーリー、ダン・マクファーランド、ジョー・メン、リーサ・メン、ボブ・ムーア、ペトラ・モーザ、ロブ・マンロー、スティーヴン・ヌガイン、カール・ノルテ、リース・ノークリフ、バリー・オニール、デブラ・パシオ・イヴ・ピーズマン、ジェームズ・ペネベーカー、チャールズ・ペリー、エリカ・ピーターズ、スティーヴン・ピンカー、クリストファー・ポッツ、マット・パーヴァー、ミヒャエル・ラムスカー、テリー・リギア、セシリア・リッジウェイ、サラ・ロビンソン、マニシェヴィッツ・カンパニーのデボラ・ロス、ケヴィン・サヤマ、タイラー・シュネーベレン、アーミン・セペフリ、ケン・シャン、ノア・スミス、ピーター・スミス、レベッカ・スター、マーク・スティードマン、ジャニス・タ、デボラ・タネン、ポール・テイラー、ピーター・トッド、マリサ・ヴィジランテ、ロブ・フォークト、ドーラ・ワン、リンダ・ウォー、ボニー・ウェバー、ロブ・ウィラー、デカイ・ウー、メイ・ヒン・イー、コートニー・ヤング、リンダ・ユー、サマンサ・ジー、カチャ・ゼルジャット、ダニエル・ジブラート、アーノルド・ツウィッツキーに感謝を捧げる。

図版クレジット

p. 41	Image © The British Library Board. 1037.g.9, f.415
p. 44	Image courtesy of the New York Public Library
p. 55	Library of Congress image LC-USZ62-58235
p. 66	Image courtesy Department of Special Collections, Stanford University Libraries
p. 76	Image courtesy Cambridge University Press
p. 80	Image courtesy Department of Special Collections, Stanford University Libraries
p. 109	Image courtesy Florence, The Biblioteca Medicea Laurenziana, ms. Med. Palat. 218, c. 312v. On concession of the Ministry for Goods, Cultural Activities and Tourism. Further reproduction by any means is prohibited.
p. 115	Image courtesy Werner Wittersheim.
p. 118	Image courtesy Department of Special Collections, Stanford University Libraries
p. 155	Image © Bettmann/Corbis
p. 165	Image courtesy the Yale Babylonian Collection
p. 178	Image courtesy Matthias Süßen
p. 189	Image courtesy The Emily Dickinson Collection, Amherst College Archives & Special Collections
p. 192	Image courtesy of The Lewis Walpole Library, Yale University
p. 196	Image Courtesy Janet Yu and Mr. and Mrs. Miscellaneous
p. 205	Image © The British Library Board 1037.g.9, f.415
p. 206	Image courtesy Bayerische Staatsbibliothek München, Signatur: 4 Oecon. 1550 m

言語と食の大海を旅する醍醐味

高野秀行

世界のあちこちを三十年近く旅してきたが、最近、人間集団――大きいものは国民や民族、小さいものは家族や学校まで――の内面的なアイデンティティを形作る三大要素は「言語」「食」「音楽（踊りを含む）」ではないかと思うようになった。

私自身、外国へ行って「なつかしい」と思うのは日本語、日本食、昔なじみの歌などであるし、多くの国の人もそうであるように見える。

ならば、食と言語の組み合わせが面白くないわけがないのだが、一つ問題なのは、この手の語源話はあまり当てにならないものが多いこと。記録に残っているものはごく一部だから追究が難しいのだ。とくに国や言語グループをまたぐと難易度は飛躍的にあがる。一人の研究者や文学者の手に負えないのだ。

だから食の語源には要注意――と思っていたところで、本書に出会ってしまった。

本書は「言語と食」という大海を豪華クルーズ船で縦横無尽に航海するような、いわば夢の旅行記である。

一流の言語学者である著者が自分の所属するスタンフォード大学の学生や研究者仲間の協力をえて、

あるいは最新のデータベース、コンピュータ解析（著者はコンピュータ言語研究の第一人者であるという）を駆使して、現在、世界的にメジャーとなっている料理や食べ物を研究している。語源についての本はいくらでもあるが、こんなに言語学的に厳密かつ包括的に研究執筆された本は稀だろう。読者はこの立派な船に安心して身をゆだね、心ゆくまで時代と空間を越えた大航海を楽しむことができる。

例えば、「天ぷら」がポルトガル人によってもたらされ、その言葉も tempero（調味料）というポルトガル語に由来するという程度なら、広辞苑などのさまざまな辞書や本に書かれているが、実は六世紀ササン朝ペルシアで皇帝に好まれた「シクバージ」という具だくさんの牛肉料理が原型だなどと言われると驚くしかない。それが十世紀のアラビア半島（オマーン）や十三世紀のエジプトでは名前はそのままで魚料理にすり替わり、やがて地中海を経由して現地のさまざまな地元食材と合流し、全世界に広がる。日本に行ったものが「天ぷら」、イギリスに行ったものは「フィッシュ・アンド・チップス」、南米にわたったものは「セビーチェ」といった具合に。

論証に使われている言語も、アラビア語、中世ペルシア語、カタルーニャ語、ロマンス語、オクシタン語、シチリア語、ナポリ語、ジェノヴァ語、ラテン語、スペイン語、日本語、英語……と膨大なものである。およそ個人旅行ではかなわぬ旅であり、贅沢なことこのうえない。

「ケチャップ」のあとをたどるクルーズにも感動した。もとは福建語の ke-tchap という言葉で、魚醬を意味したという。ke は何か魚を表す漢字、tchap は「汁」という漢字であるという。言ってみれば「魚汁」（「魚」はてきとうに当てただけ。念のため）なのだ。中国南部や東南アジアの魚醬は私にたいへんなじみ深い食品だ。タイのナンプラーやベトナムのニョクマム、ミャンマーのンガピもその一種だ。あれがケチャップだったとは。

十六世紀にはヨーロッパ人の船乗りや商人が米の焼酎を飲みながらこの魚汁を飲んでいたというから、なにやら痛快である。ちなみに、今ではケチャップの主体となっているトマトがレシピに加えられたのはやっと十九世紀だからいかにも遅い。しかもトマトだって言うまでもなく南米原産。本書を読むと、ヨーロッパの食文化がいかに歴史の浅いものであるか、また中国やイスラム圏の影響がいかに大きかったかがよくわかる。

本書の意義はここにある。ただ語源やレシピの歴史をたどるだけなら、それは雑学の域を出ない。でもここまで徹底してやれば別のものが浮かび上がる。それは古代から連綿と続く人と文化の交流史である。

人間集団は言語と食にこだわるが、いとも容易《たやす》く他人のそれを取り入れたりもする。そして、ほんの百年か二百年がたつとすっかり「昔からうちの伝統料理です」みたいな顔をする。グローバリズムを捨象し、ナショナリズムに傾く。天ぷらや寿司然り、フィッシュ・アンド・チップス然り、ケチャップ然り。

いや、それを否定するわけじゃないけれど、もっと大らかに世界を見ようよと言いたくなる。

今、私が取材している納豆もそうなのだ。「日本独自の伝統食品」と思い込んでいる人が多いが、実は東南アジアからヒマラヤにかけての内陸部でも広く食べられている。中には「納豆はわれわれのソウルフード」と呼び、日本人よりはるかに熱心に食べている民族も複数存在する。

ご飯にかける一辺倒である日本に比べ、アジア各地の納豆は調理法も多様だ。乾燥させてせんべい状にしたり、カレーに入れたり、味噌のようにしてもち米につけたり、麺類に入れたりする。日本は「納豆後進国」とさえ言えて、日本人の納豆観はガラガラと音を立てて崩れていく。

私たちが知らないのは外国の納豆だけではない。肝心の日本の納豆でさえ、調べてみると知らないことだらけだった。例えば、われわれ日本人が納豆をご飯にかけるようになったのは、つい幕末の頃だという。その前はもっぱら納豆汁として食べていたから驚きだ。ついでにいえば、大阪の人はもともと納豆を食べないとよくいわれるが、実は生粋の大阪人である千利休は納豆汁が大好きで、秀吉や細川幽斎に茶の湯の席でせっせと振る舞っていた。日本人は昔から同じように納豆を食べていたわけではない。時代とともに変わり続けているのだ。

取材するうちに、「納豆の起源と変遷を解き明かしたい」という野望にとらわれるようになった。だが実際に始めて見たら想像以上の難しさだ。

まず「納豆」という言葉の意味が不明だ。「納所《なっしょ》（寺院の台所）で食べられたから」などと説明されることもあるが、まったくの推測である。「納豆」という字面からもやまと言葉とは思えないので中国起源だと推測する説もあるが、実は「納」を「な（っ）」と読むのは呉音、「豆」を「とう」と読むのは漢音である。両方とも呉音なら「な（っ）ず」、両方とも漢音なら「のうとう」と読まなければいけないらしい。呉音と漢音は日本に伝わった時代がちがうのでこの言葉が中国から直接もたらされた可能性はひじょうに低い。

「もしかしたらアイヌの言葉なのでは？」と私は思ったが、アイヌ学者に訊くと「少なくとも今のアイヌ人は納豆を食べず、納豆にあたるアイヌ語もない」と言われて頓挫した。

もう一つ、話をややこしくしているのは、名称と中身のズレだ。文献上の「納豆」がすべて、ネバネバの糸引き納豆を意味しているならいいが、現在「浜納豆」や「塩納豆」などの名前で知られるしょっぱくて糸を引かない豆を指していることが多々ある。こちらは納豆菌でなく麴菌による発酵だし、形状も味もまったくちがう。食べ方は納豆汁ではなく調味料的な使い方だったらしい。でも昔の文献にはどちらもただ「納豆」と書かれているから混同する。

もしかしたら、と私は思う。「納豆」という名称とあのネバネバ食品はもともとアジア大陸の〝本場〟の納豆民族から納豆がもたらされ、のちに浜納豆などと混同されて「ナットウ」と呼ばれるようになったのかもしれない。

また、朝鮮にも「チョングッチャン」という納豆があるが、日本の納豆との関係は今のところまったく不明だ。誰も研究している人がいないのだ。なぜ納豆が極東の日本と朝鮮、それから熱帯アジアの内陸部だけに残されているのかも大いなる謎である。

それを解き明かせば、納豆を中心としたアジアの民族や文化の動きが巨大な地殻変動のようなダイナミックさで見えてくることだろう。それは「納豆は日本独自の伝統食」という（間違った）思考で止まっているよりはるかに豊かなことにちがいない。

でもなあ。それは私一人では無理だ。やはり、本書の著者ダン・ジュラフスキー氏に登場いただきたい。日本語学、中国語学、チベット・ビルマ語族やタイ・カダイ語族、ミャオ・ヤオ語族あるいはアイヌ語や朝鮮語を専攻する言語学者、さらにはそれぞれの地域を専門とする歴史学者や比較文化学者などとオールスターチームを結成して超豪華客船を仕立ててほしい。私も雑用係くらい務めよう。

「一緒に納豆大航海に出かけましょう！」とお誘い申し上げたい次第である。

二〇一五年八月

訳者あとがき

本書は、*The Language of Food: A Linguist Reads the Menu*（2014）の全訳である。著者のダン・ジュラフスキーは、ニューヨーク生まれのカリフォルニア育ち、カリフォルニア大学バークレー校で言語学の学士号およびコンピュータ・サイエンスの博士号を修得し、現在はスタンフォード大学の言語学およびコンピュータ・サイエンスの教授を務めている。本書は、著者初の一般読者向けの作品であり、二〇一五年ジェームズ・ビアード賞において書籍部門の最終候補に選出された〔料理業界のアカデミー賞と称される賞で、レストラン、シェフ、フード・ジャーナリスト、料理本などのカテゴリーに分かれる〕。著者の研究は、コンピュータ言語学、自然言語処理、機械翻訳、言語学研究の社会科学・行動科学への応用など多岐にわたる。本書でもぞんぶんに語られているが、料理愛好家でもあり、食べ物にまつわる言語の研究にも取り組んでいる。

では、本書の原題でもある「食べ物の言語学」とは何だろう。本書では、メニューに使われる言葉や、料理の名前の語源や変遷、ポテトチップの包装に書かれた宣伝文、鮨料理のネーミング、インターネット上に投稿されたレストランの評価などが取り上げられる。第1章の「メニューの読み方」では、インターネットのアーカイブに保存された何千件ものメニューのデータを分析し、高級レストランと庶民的な店での言葉の使い方の違いを明らかにする。第2章の「アントレ」では、アメリカでは主菜、フランスでは前菜の意味で使われている「アントレ」という言葉が、もともとは食事の最初に出される十分な量の調理された肉料理だったことを様々な時代のメニューとともに解説する。第8章「ポテトチップと自己の性質」では、著者が学生と共同で取り組んだ食品の宣伝に使われる言語についての研究を具体的に記している。価格の高い商品と低い商品ではターゲットにする購買層が異なり、それぞれに応じた宣伝文が使われているのだ。

もちろん、世界中のおいしい料理についてもふんだんに語っている。第3章「シクバージから天ぷらへ」では、日本の天ぷらの原型が、ペルシア王が好んだ甘酸っぱい牛肉の煮込み料理（シクバージ）であったとわかる。美味でなおかつ酢を使った保存性の高いシクバージは、地中海を旅する船乗りたちを介してヨーロッパ諸国へと急速に広まっていった。やがて肉の代わりに魚が使われるようになり、スペインの魚のマリネ料理、エスカベーチェとなり、これが南米に伝わってペルーのセビーチェとなった。エスカベーチェの変形であるペスカド・フリートは、魚に衣をつけてから油で揚げる。これがポルトガル人宣教師によって日本に持ち込まれ、天ぷらと呼ばれるようになった。この名前は、ポルトガル語の *tempero*（調味料）に由来するらしい。ちなみにシクバージは、ヨーロッパ大陸を追われたユダヤ人移民とともにイギリスにも渡っていった。これが、ロンドンの街角で売られているフィッシュ・アンド・チップスだ。

このようにして、ひとつの料理が近隣諸国に取り入れられ世界中で様々な料理に派生した例は、シクバージだけではない。第4章「ケチャップ、カクテル、海賊」では、アメリカの国民食のようにみなされているケチャップが、じつは中国南部で作られていた塩漬けにして発酵させた魚料理だったことが解き明かされる。これがさらに、東南アジアの魚醤《ぎょしょう》や、日本の味噌や醤油、熟鮨《なれずし》へと発展していった。これらの例の他にも、アラビアンナイトに記述される豪華な料理やデザート、中世ヨーロッパで作られていた黒パンや白パン、古代シュメール人の醸造していたビール、シチリアで誕生したパスタ、ペルシア王が愛したアーモンドのペーストリー、現在の洗練されたパリ風のマカロンなど、古今東西のおいしい食べ物やお酒の物語が満載だ。シクバージとそれから派生した料理の数々、イギリスやアメリカのケチャップ、ペルシアやエジプトの甘いペーストリー、イギリス王室で供された初期のアイスクリームなど、様々な時代に記されたレシピも登場する。

料理が異文化に遭遇すると、それまでとは違う材料が取り入れられ、調理法に変化が生じ、味や名前が変わり、その土地特有の料理に発展していく。だから、料理の内容や名前は、それぞれの文化の独自性を保ちながらも、他の国や民族のものとも通じ合うところがあるのだ。今、あなたが口にしているパスタや菓子や酒のルーツは、どこか遠い国の人々の食べ物と交差しているかもしれない。

本書を翻訳しているあいだ、ずっと頭の片隅にあったものがある。沢木耕太郎著『深夜特急』で描かれる旅の終わりの場面だ。インドのデリーから路線バスを乗り継いでロンドンまで行くという無謀な旅に出発した若き日の沢木氏が、ユーラシア大陸の西端、ポルトガルの大西洋岸にあるサグレスという小さな町にたどりついた。泊めてもらったペンションの名前は「レストランと紅茶の家」。ポルトガル語では紅茶はchá（シャ）と書く。ユーラシアの東の果ての国を出て、東南アジアやインド亜大陸、中東諸国など茶をチャ、チャイと呼ぶ「C」の国々を旅し、ギリシアの国境を越えると今度は、茶をティーやテと呼ぶ「T」の国々に入っていった。ところが、イタリア、スペインを経てユーラシアの西端にたどりつくと、そこはふたたび「C」の国だった。沢木氏はようやくこの町で、長い旅を終える決心がついた。不粋になるが少し補足すると、茶の名前は広東語の「チャ」の系統が陸路で、福建語の「テー」の系統が海路で伝わったことから、世界で二つに大別されるらしい。ポルトガルは広東のマカオを統治していたために、「チャ」系統のcháになったという。世界を放浪する若者たちもまた、こうした身近な事例から、食べ物の言語が世界各地でつながっていることを実感しているのだろう。

なお、本書に引用されている文章の訳は、断りを入れたもの以外はすべて私訳である。最後に、目にもおいしい本書を翻訳する機会を与えてくださった早川書房の三村純氏、ご担当の皆さまには、細やかなサポートをしていただいた。この場を借りてお礼申し上げたい。

二〇一五年八月

参考文献

Adams, Robert McCormick. 1965. *Land behind Baghdad: A History of Settlement on the Diyala Plains.* University of Chicago Press.

Adamson, Melitta Weiss. 2004. *Food in Medieval Times.* Greenwood Press.

Ahlner, F., and J. Zlatev. 2010. "Cross-Modal Iconicity: A Cognitive Semiotic Approach to Sound Symbolism." *Sign Systems Studies* 38(1): 298–348.

Ahn, Yong-Yeol, Sebastian E. Ahnert, James P. Bagrow, and Albert-László Barabási. 2011. "Flavor Network and the Principles of Food Pairing." *Scientific Reports* 1: 196.

al-Hassan, Ahmad Y. 2001. "Military Fires, Gunpowder and Firearms." Chapter 4.4 in *Science and Technology in Islam. Part II: Technology and Applied Sciences*, edited by Ahmad Y. al-Hassan, Maqbul Ahmed and Albert Zaki Iskandar. UNESCO. http://books.google.com/books?id=h2g1qte4iegC&q=ibn+bakhtawayh.

Al-Nassir, A. A. 1993. *Sibawayh the Phonologist.* Kegan Paul.

Albala, Ken. 2007. *The Banquet: Dining in the Great Courts of Late Renaissance Europe.* University of Illinois Press.

———. 2011. "Historical Background to Food and Christianity." In *Food and Faith in Christian Culture,* edited by Ken Albala and Trudy Eden, 7–200. Columbia University Press.

Albala, Ken, and Trudy Eden, eds. 2011. *Food and Faith in Christian Culture.* Columbia University Press.

Allen, Robert C., Jean-Pascal Bassino, Debin Ma, Christine Moll-Murata, and Jan Luiten Van Zanden. 2011. "Wages, Prices, and Living Standards in China, 1738–1925: In comparison with Europe, Japan, and India." *The Economic History Review* 64(S1): 8–38.

Amerine, Maynard Andrew, and Edward Biffer Roessler. 1976. *Wines: Their Sensory Evaluation.* New York: W.H. Freeman.

Anderson, Eugene N. 1988. *The Food of China.* New Haven: Yale University Press.

———. 2005. *Everyone Eats.* New York University Press.

Ankerstein, Carrie A., and Gerardine M. Pereira. 2013. "Talking about Taste: Starved for words." In *Culinary Linguistics: The Chef's Special.* Edited by Cornelia Gerhardt,

Maximiliane Frobenius and Susanne Ley. Benjamins.

Antoine, Thomas. 1917. "La Pintade (poule d'Inde) dans les Textes du Moyen Âge." *Comptes-Rendus des Séances de l'Académie des Inscriptions et Belles-Lettres* 61(1): 35–50.

Aprosio, Sergio. 2003. *Vocabolario Ligure Storico Bibliografico. II.2.* Società Savonese di Storia Patria.

Audiger, Nicolas. 1692. *La Maison Reglée.* Paris.

Augustine, Adam A., Matthias R. Mehl, and Randy J. Larsen. 2011. "A Positivity Bias in Written and Spoken English and Its Moderation by Personality and Gender." *Social Psychological and Personality Science* 2(5): 508–15.

Austin, Daniel F. 1988. "The taxonomy, evolution and genetic diversity of sweet potatoes and related wild species." In *Exploration, Maintenance and Utilization of Sweet Potato Genetic Resources: Report of the First Sweet Potato Planning Conference* 1987. Lima, Peru; International Potato Center, 27–59. http://cipotato.org/ library/pdfdocs/SW19066.pdf で閲覧可能。

Austin, Thomas, ed. 1964. *Two Fifteenth-century Cookery-books*. Published for the Early English Text Society by the Oxford University Press. Available online at University of Michigan Humanities Text Initiative のウェブサイトで閲覧可能。

Baker, James W. 2009. *Thanksgiving: The Biography of an American Holiday.* Hanover: University Press of New England.

Baker, William Spohn. 1897. *Washington after the Revolution: 1784–1799*. Philadelphia.

Ballerini, Luigi, ed. 2005. *The Art of Cooking: The First Modern Cookery Book. By The Eminent Maestro Martino of Como.* Jeremy Parzen 訳および注釈。 University of California Press.

Barros, Cristina. 2004. "Los Moles. Aportaciones Prehispánicas." In *Patrimonio Cultural y Turismo. Cuadernos 12. El mole en la ruta de los dioses: 6° Congreso sobre Patrimonio Gastronómico y Turísmo Cultural. Memorias (Cultural Heritage and Tourism, Volume 12: Mole on the Route of the Gods. Proceedings of the 6th Congress on Gastronomic Heritage and Cultural Tourism),* 19–28. Puebla: Consejo Nacional para la Cultura y las Artes.

Batmanglij, Najmieh. 2011. *Food of Life: Ancient Persian and Modern Iranian Cooking and Ceremonies.* Mage.

Bauer, Robert S. 1996. "Identifying the Tai substratum in Cantonese," in *The Fourth International Symposium on Language and Linguistics,* Thailand, pp.1806–1844. Institute of Language and Culture for Rural Development, Mahidol University.

Bayless, Rick. 2007. *Authentic Mexican*. William Morrow.

Belon, Pierre. 1553. *Les Observations de Plusieurs Singularitez et Choses Memorables Trouvées en Grèce, Asie, Judée, Egypte, Arabie et Autres Pays Étrangèrs*. http://books.google.com/books?id=VYcsgAYyIZcC.

Benson, Adolph Burnett. 1987. *Peter Kalm's Travels in North America: The English Version of 1770*. New York: Dover.

Benveniste, Emile. 1969. *Indo-European Language and Society.* University of Miami Press.

Berdan, Frances F., and Patricia Rieff Anawalt. 1997. *The Essential Codex Mendoza.* Vol. 2. University of California Press.

Berger, Jonah, and Katherine L. Milkman. 2012. "What Makes Online Content Viral?" *Journal of Marketing Research* 49(2): 192–205.

Beverland, Michael B. 2006. "The 'Real Thing': Branding Authenticity in the Luxury Wine Trade." *Journal of Business Research* 59: 251–58.

Beverland, Michael B., Adam Lindgreen, and Michiel W. Vink. 2008. "Projecting Authenticity Through Advertising." *Journal of Advertising* 37(1): 5–15.

Biber, Douglas. 1988. *Variation Across Speech and Writing.* Cambridge: Cambridge University Press.

Biber, Douglas. 1995. *Dimensions of Register Variation: A Cross-Linguistic Comparison.* Cambridge: Cambridge University Press.

Bottéro, Jean. 2004. *The Oldest Cuisine in the World: Cooking in Mesopotamia.* University of Chicago Press.（ジャン・ボテロ『最古の料理』松島英子訳、法政大学出版局、2003）

Boucher, Jerry, and Charles E. Osgood. 1969. "The Pollyanna Hypothesis." *Journal of Verbal Learning and Verbal Behavior* 8(1): 1–8.

Bourdieu, Pierre. 1984. *Distinction: A Social Critique of the Judgement of Taste.* 1979年フランス語版原書のRichard Niceによる翻訳。Harvard University Press.（ピエール・ブルデュー『ディスタンクシオン——社会的判断力批判』石井洋二郎訳、藤原書店、1990）

Boyle, Robert. 1665. *New Experiments and Observations Touching Cold, or an Experimental History of Cold, Begun.* London: John Crook. http://quod.lib.umich.edu/e/eebo/A29001.0001.001.

Braudel, Fernand. 1981. *The Structures of Everyday Life. Volume 1 of Civilization and Capitalism 15th - 18th Century.* New York: Harper & Row.（フェルナン・ブローデル『物質文明・

経済・資本主義――15－18世紀 I 日常性の構造』村上光彦訳、みすず書房、1985）
Brears, Peter. 1993. "Wassail! Celebrations in Hot Ale." In *Liquid Nourishment*, edited by C. Anne Wilson, 106–41. Edinburgh University Press.

Bremner, Andrew J., Serge Caparos, Jules Davidoff, Jan de Fockert, Karina J. Linnell, and Charles Spence. 2013. "'Bouba' and 'Kiki' in Namibia? A Remote Culture Make Similar Shape–Sound Matches, But Different Shape–Taste Matches to Westerners." *Cognition* 126: 165–72.

Briscoe, John. 2002. *Tadich Grill*. Ten Speed Press.

Brook, Nath. 1658. *The Compleat Cook.* Printed by E.B. for Nath. Brook, at the Angel in Cornhill. London.

Buell, Paul D., and Eugene N. Anderson. 2010. *A Soup for the Qan: Chinese Dietary Medicine of the Mongol Era as Seen in Hu Sihui's Yinshan Zhengyao.* Leiden: Brill.

Burenhult, Niclas, and Asifa Majid. 2011. "Olfaction in Aslian Ideology and Language." *The Senses and Society* 6(1): 19–29.

Burkert, Walter. 1985. *Greek Religion.* 1977年ドイツ語版原書のJohn Raffanによる翻訳。Harvard University Press.

Butler, Anthony R., and Martin Feelisch. 2008. "Therapeutic Uses of Inorganic Nitrite and Nitrate: From the Past to the Future." *Circulation* 117: 2151–59.

Bynum, Caroline Walker. 1987. *Holy Feast and Holy Fast: The Religious Significance of Food to Medieval Women.* Berkeley: University of California Press.

Campopiano, Michele. 2012. "State, Land Tax and Agriculture in Iraq from the Arab Conquest to the Crisis of the Abbasid Caliphate (Seventh–Tenth Centuries)." *Studia Islamica, nouvelle édition/new series* 3: 5–50.

Carroll, Glenn R., and Dennis Ray Wheaton. 2009. "The Organizational Construction of Authenticity: An Examination of Contemporary Food and Dining in the U.S." *Research in Organizational Behavior* 29: 255–82.

Carter, M. G. 2004. *Sibawayhi*. Oxford: I. B. Tauris.

Cato. 1934. *De Agricultura.* Loeb Classical Library edition, Bill Thayerのウェブサイト。University of Chicago. http://penelope.uchicago.edu/Thayer/E/Roman/Texts/Cato/De_Agricultura/K*.html.

Chan, Sucheng. 2000. "A People of Exceptional Character: Ethnic Diversity, Nativism, and Racism in the California Gold Rush." Chapter 3 in *Rooted in Barbarous Soil: People,*

Culture, and Community in Gold Rush California, edited by Kevin Starr and Richard J. Orsi, 44–85. California Historical Society.

Chang, K. C., ed. 1977. *Food in Chinese Culture: Anthropological and Historical Perspectives.* Yale University Press.

Chardin, Sir John. 1673–1677. *Travels in Persia, 1673–1677*. Vol. 2. From Chapter 15, "Concerning the Food of the Persians." http://www.iras.ucalgary.ca/~volk/sylvia/Chardin15.htm.

Chipman, Leigh N., and Efraim Lev. 2006. "Syrups from the Apothecary's Shop: A Genizah Fragment Containing One of the Earliest Manuscripts of Minhaj al-Dukkan." *Journal of Semitic Studies* LI/1: 137–68.

Civil, Miguel. 1964. "A Hymn to the Beer Goddess and a Drinking Song." In *Studies Presented to A. Leo Oppenheim, June 7, 1964, 67–89*. The Oriental Institute of the University of Chicago.

Clément, Pierre. 1863. *Jacques Coeur et Charles VII.* Deuxieme edition. Paris: Didier et Cie.

Coe, Sophie D. 1994. *America's First Cuisines.* University of Texas Press.

Coe, Sophie D., and Michael D. Coe. 1996. *The True History of Chocolate.* Thames and Hudson.（ソフィー・D・コウ、マイケル・D・コウ『チョコレートの歴史』樋口幸子訳、河出書房新社、1993）

Cohn, Michael A., Matthias R. Mehl, and James W. Pennebaker. 2004. "Linguistic Markers of Psychological Change Surrounding September 11, 2001." *Psychological Science* 15(10): 687–93.

Colquhoun, Kate. 2007. *Taste: The Story of Britain through its Cooking*. Bloomsbury.

Cowen, Tyler. 2012. *An Economist Gets Lunch*. Dutton.

Curtis, Robert I. 1991. *Garum and Salsamenta*. E. J. Brill.

D'Ancoli, Francesco. 1972. *Lingua Spagnuola E Dialetto Napoletano*. Napoli: Libreria Scientifica Editrice.

D'Onofrio, Annette. 2013. "Phonetic Detail and Dimensionality in Sound-Shape Correspondences: Refining the *Bouba-Kiki* Paradigm." *Language and Speech*. 2013年11月15日オンラインで発表。

Dalby, Andrew. 1996. *Siren Feasts: A History of Food and Gastronomy in Greece*. Routledge.

Danescu-Niculescu-Mizil, Cristian, Moritz Sudhof, Dan Jurafsky, Jure Leskovec, and Christopher Potts. 2013. "A Computational Approach to Politeness with Application to

Social Factors." *Proceedings of the 51st Annual Meeting of the Association for Computational Linguistics*. Stroudsburg, PA: Association for Computational Linguistics.

Danescu-Niculescu-Mizil, Cristian, Robert West, Dan Jurafsky, Jure Leskovec, and Christopher Potts. 2013. "No Country for Old Members: User Lifecycle and Linguistic Change in Online Communities." *Proceedings of the International World Wide Web Conference.*

David, Elizabeth. 1977. *English Bread and Yeast Cookery*. Allen Lane.

———. 1979. "Fromages Glacés and Iced Creams." *Petits Propos Culinaire* 2: 23–35.

———. 1995. *Harvest of the Cold Months: The Social History of Ice and Ices*. Viking. Davidson, Alan. 1999. *The Oxford Companion to Food*. Oxford University Press.

Davis, R. 1961. "The Fitness of Names to Drawings: A Cross-Cultural Study in Tanganyika." *British Journal of Psychology* 52: 259–68.

de Sousa, Hilário. 2011. "Changes in the Language of Perception in Cantonese." *The Senses and Society* 6(1): 38–47.

Dixon, Clifton V. 1985. "Coconuts and Man on the North Coast of Honduras." In *Yearbook. Conference of Latin Americanist Geographers*, Vol. 11, 17–21.

Drahl, Carmen. 2012. "Molecular Gastronomy Cooks Up Strange Plate-Fellows." *Chemical & Engineering News* 90(25): 37–40.

Dundes, Alan. 1981. "Wet and Dry, the Evil Eye: An Essay in Indo-European and Semitic Worldview." In *The Evil Eye: A Folklore Casebook*, 257–312.

Dunlop, Fuchsia. 2008. *Shark's Fin and Sichuan Pepper: A Sweet-Sour Memoir of Eating in China*. Norton.

Eales, Mrs. 1742. *The Art of Candying and Preserving in Its Utmost Perfection*. London: R. Montagu. http://books.google.com/books?ei=T3awT7zRHuaJiALYltXWAw.

Eckert, Penelope. 2010. "Affect, Sound Symbolism, and Variation." *Penn Working Papers in Linguistics* 16.1. University of Pennsylvania.

Edwords, Clarence Edgar. 1914. *Bohemian San Francisco: Its Restaurants and Their Most Famous Recipes; The Elegant Art of Dining*. P. Elder and Company.

Eilers, Wilhelm. 2000. "Chapter 11: Iran and Mesopotamia." In *The Cambridge History of Iran*. Volume 3, Part 1: *The Seleucid, Parthian and Sasanian Periods*. Cambridge University Press.

Endelman, Todd M. 2002. *The Jews of Britain: 1656 to 2000*. University of California Press.

Entani, E., M. Asai, S. Tsujihata, Y. Tsukamoto, and M. Ohta. 1998. "Antibacterial Action of Vinegar Against Food-Borne Pathogenic Bacteria Including *Escherichia coli* O157:H7." *Journal of Food Protection* 61(8): 953–59.

Escoffier, Auguste. 1921. *The Complete Guide to the Art of Modern Cookery: Le Guide Culinaire* の H. L. Cracknell および R. J. Kaufmann. による初の英語への全訳。John Wiley, 1979.（オーギュスト・エスコフィエ『エスコフィエフランス料理』井上幸作技術監修、角田明訳、柴田書店、1969）

Fernald, A., T. Taeschner, J. Dunn, M. Papousek, B. Boysson-Bardies, and I. Fukui. 1989. "A Cross-Language Study of Prosodic Modifications in Mothers' and Fathers' Speech to Preverbal Infants." *Journal of Child Language* 16:477–501.

Fiskesjö, Magnus. 1999. "On the Raw and the Cooked Barbarians of Imperial China." *Inner Asia* 1(2): 139–68.

Flandrin, Jean-Louis. 2007. *Arranging the Meal: A History of Table Service in France*. Vol. 19. University of California Press.

Forbush, Edward Howe, and Herbert Keightley Job. 1912. *A History of the Game Birds, Wild-Fowl and Shore Birds of Massachussetts and Adjacent States: With Observations on Their . . . Recent Decrease in Numbers; Also the Means for Conserving Those Still in Existence*. Wright & Potter printing company, state printers.

Foster, George. 1972. "The Anatomy of Envy: A Study in Symbolic Behavior." *Current Anthropology* 13(2): 165–202.

Frank, Andre Gunder. 1998. *ReOrient: Global Economy in the Asian Age.* University of California Press.（アンドレ・グンダー・フランク『リオリエント――アジア時代のグローバル・エコノミー』山下範久訳、藤原書店、2000）

Freeman-Grenville, G.S.P., ed. and trans. 1981. *The Book of the Wonders of India, Kitab ajaib al-hind*. Written by Captain Buzurg ibn Shahriyar of Ramhormuz. Translation published by East-West Publications. London.（ブズルグ・イブン・シャフリヤール『インドの不思議』藤本勝次・福原信義訳注、関西大学出版・広報部、1978）

Geenberg, Katherine Rose. Under review. *Sound Symbolism in Adult Baby Talk (ABT): The Role of the Frequency Code in the Construction of Social Meaning*.

Gelderblom, Oscar. 2004. "The Decline of Fairs and Merchant Guilds in the Low Countries, 1250–1650." *Jaarboek voor Middeleeuwse Geschiedenis* 7: 199–238.

Gilad, Y., M. Przeworski, and D. Lancet. 2004. "Loss of Olfactory Receptor Genes Coincides

with the Acquisition of Full Trichromatic Vision in Primates. *PLOS Biology* 2:E5.

Gilad, Y., O. Man, S. Pääbo, and D. Lancet. 2003. "Human Specific Loss of Olfactory Receptor Genes." *Proceedings of the National Academy of Sciences* 100: 3324–27.

Gilmore, James H., and B. Joseph Pine II. 2007. *Authenticity: What Consumers Really Want.* Boston: Harvard Business School Press.（ジェームズ・H・ギルモア、B・ジョセフ・パインⅡ『ほんもの――何が企業の「一流」と「二流」を決定的に分けるのか？』林正訳、東洋経済新報社、2009）

Glasse, Hannah. 1774. *The Art of Cookery, Made Plain and Easy: Which Far Exceeds Any Thing of the Kind Yet Published . . .* Printed for W. Strahan, J. and F. Rivington, J. Hinton. http://books.google.com/books?id=xJdAAAAAIAAJ.

Goody, Jack. 1982. *Cooking, Cuisine, and Class*. Cambridge: Cambridge UniversityPress.

Gopnik, Adam. 2011. *The Table Comes First: Family, France, and the Meaning of Food*. Random House.

Gortner, Eva-Maria, and James W. Pennebaker. 2003. "The Archival Anatomy of a Disaster: Media Coverage and Community-wide Health Effects of the Texas A&M Bonfire Tragedy." *Journal of Social and Clinical Psychology* 22: 580–60.

Greco, Gina L., and Christine M. Rose, trans. 2009. *The Good Wife's Guide. Le Menagier de Paris. A Medieval Household Book*. Cornell University Press.

Grice, H. P. 1989. *Studies in the Way of Words*. Harvard University Press.（ポール・グライス『論理と会話』清塚邦彦訳、勁草書房、1998）

Grocock, C. W., and Sally Grainger. 2006. *Apicius: A Critical Edition with an Introduction and an English Translation of the Latin Recipe Text Apicius*. Prospect Books.

Haddawy, Husain, and Muhsin Mahdi. 1995. *The Arabian Nights*. Norton.

Haley, Andrew. 2011. *Turning the Tables: Restaurants and the Rise of the American Middle Class, 1880–1920*. Chapel Hill: University of North Carolina Press.

Harley, J. B. 1988. "Silences and Secrecy: The Hidden Agenda of Cartography in Early Modern Europe." *Imago Mundi* 40: 57–76.

Harris, Aisha. 2013. "Is There a Difference between Ketchup and Catsup?" *Slate*, April 22.

Hess, Karen. 1996. *Martha Washington's Booke of Cookery: And Booke of Sweetmeats*. Columbia University Press.

Heywood, Vernon H. 2012. "The Role of New World Biodiversity in the Transformation of Mediterranean Landscapes and Culture." *Bocconea* 24: 69–93.

Hickman, Peggy. 1977. *A Jane Austen Household Book*. David & Charles.

Hieatt, Constance B., ed. 1988. *An Ordinance of Pottage: An Edition of the Fifteenth Century Culinary Recipes*. Beinecke MS 163. Yale University.

Hieatt, Constance B., and Sharon Butler, eds. 1985. *Curye on Inglysch: English Culinary Manuscripts of the Fourteenth Century (Including the Forme of Cury)*. Oxford University Press.

Hilton, Chris. 1993. "'The Ultimate Anchovy' and Tea Soup: Brief Notes on the Foods of the Dong People of Guanxi Province, South China." In *The Wilder Shores of Gastronomy: Twenty Years of the Best Food Writing from the Journal Petits Propos Culinaires*, edited by Alan Davidson and Helen Saberi, 76–80. Berkeley: Ten Speed Press, 2002.

Hines, Caitlin. 1999. "Rebaking the Pie: The WOMAN AS DESSERT Metaphor." In *Reinventing Identities: The Gendered Self in Discourse*, edited by M. Bucholtz, A.C. Liang, and L.A. Sutton. Oxford University Press.

Homan, Michael M. 2004. "Beer, Barley, and שֵׁכָר in the Hebrew Bible." In *Biblical and Judaic Studies*, Vol. 9: *Le-David Maskil: A Birthday Tribute for David Noel Freedman*, edited by Richard Elliott Friedman and William H. C. Propp, 25–38. Eisenbrauns.

Hormes, Julia M., and Paul Rozin. 2010. "Does 'Craving' Carve Nature at the Joints? Absence of a Synonym for Craving in Many Languages." *Addictive Behaviors* 35(5): 459–63.

Houben, Hubert. 2002. "Religious Toleration in the South Italian Peninsula during the Norman and Staufen Periods." *The Society of Norman Italy* 38: 319.

Huang, H. T. 2000. *Fermentations and Food Science. Needham's Science and Civilization in China*, Vol. 5, 382–83. Cambridge University Press.

Irwin, Mark. 2011. *Loanwords in Japanese*. Amsterdam: John Benjamins.

Ishige, Naomichi. 1986. "Narezushi in Asia: A Study of Fermented Aquatic Products (2)." *Bulletin of the National Museum of Ethnology* 11(3): 603–68.

———. 1993. "Cultural Aspects of Fermented Foods in East Asia." In *Fish Fermentation Technology*, edited by Cherl-ho Lee, Keith H. Steinkraus, and P. J. Alan Reilly. United Nations University Press.

Isin, Mary. 2003. *Sherbet & Spice: The Complete Story of Turkish Sweets and Desserts*. I. B. Tauris.

Jakobson, Roman, and Linda R. Waugh. 2002. *The Sound Shape of Language*. Walter de

Gruyter.（ロマン・ヤーコブソン、リンダ・ウォー『言語音形論』松本克己訳、岩波書店、1986）

Johns, Jeremy. 2002. *Arabic Administration in Norman Sicily: The Royal Diwan*. Cambridge University Press.

Johnson, Paul M., and Paul J. Kenny. 2010. "Dopamine D2 Receptors in Addiction-like Reward Dysfunction and Compulsive Eating in Obese Rats." *Nature Neuroscience* 13(5): 635–41.

Johnson, Steven. 2006. *The Ghost Map: The Story of London's Most Terrifying Epidemic—and How It Changed Science, Cities and the Modern World*. Riverhead Books.（スティーヴン・ジョンソン『感染地図——歴史を変えた未知の病原体』矢野真千子訳、河出書房新社、2007）

Johnston, J., and S. Bauman. 2007. "Democracy versus Distinction: A Study of Omnivorousness in Gourmet Food Writing." *American Journal of Sociology* 113(1): 165–204.

Jurafsky, Dan, Victor Chahuneau, Bryan R. Routledge, and Noah A. Smith. 2013. "Modest versus Ostentatious Language for Product Differentiation: A Case Study in Restaurant Menus." Submitted manuscript.

———. 2014. "Narrative Framing of Consumer Sentiment in Online Restaurant Reviews." *First Monday*, 19:4.

Jurafsky, Daniel. 1996. "Universal Tendencies in the Semantics of the Diminutive." *Language* 72(3): 533–78.

Kahneman, Daniel. 2011. *Thinking, Fast and Slow*. Farrar, Straus and Giroux.（ダニエル・カーネマン『ファスト＆スロー——あなたの意思はどのように決まるか？』村井章子訳、ハヤカワ文庫、2014）

Kamiya, Gary. 2013. *Cool Gray City of Love*. Bloomsbury.

Kao, Justine, and Dan Jurafsky. 2012. "A Computational Analysis of Style, Affect, and Imagery in Contemporary Poetry." *NAACL Workshop on Computational Linguistics for Literature*. Montréal, Canada. June 8, 2012. Stroudsburg, PA: Association for Computational Linguistics.

Katz, Joshua. 2013. "Beyond 'Soda, Pop, or Coke' Regional Dialect Variation in the Continental US." http://www4.ncsu.edu/~jakatz2/project-dialect.html.

Keefe, Patrick. 2009. *The Snakehead: An Epic Tale of the Chinatown Underworld and the*

American Dream. Doubleday.

Kimble, George H. 1933. "Portuguese Policy and Its Influence on Fifteenth Century Cartography." *Geographical Review* 23(4): 653–59.

Kiple, Kenneth F., and Kriemhildl Coneè Ornelas. 2000. *The Cambridge World History of Food*, 684–92. Cambridge University Press.（『ケンブリッジ世界の食物史大百科事典』石毛直道ほか監訳、朝倉書店、2005）

Kitchner, William. 1817. *Apicius Redivivus: Or, The Cook's Oracle*. London.

Klink, Richard R. 2000. "Creating Brand Names with Meaning: The Use of Sound Symbolism." *Marketing Letters* 11(1): 5–20.

Knoblock, John, and Jeffrey Riegel. 2000. *The Annals of Lü Buwei: A Complete Translation and Study*. Stanford University Press.

Kohn, Meir. 2003. "Organized Markets in Pre-Industrial Europe." Working Paper 03-12. Available at SSRN, http://ssrn.com/abstract=427764 で閲覧可能。

Kotthoff, Helga. 2010. "Comparing Drinking Toasts — Comparing ethnopragmatics." *Freiburger Arbeitspapiere zur Germanistischen Linguistik* 1.

Krumme, Coco. 2011. "Velvety Chocolate with a Silky Ruby Finish. Pair with Shellfish." *Slate*.

Kurlansky, Mark. 1997. *Cod: A Biography of the Fish That Changed the World*. Random House.（マーク・カーランスキー『鱈――世界を変えた魚の歴史』池央耿訳、飛鳥新社、1999）

———. 2002. *Salt: A World History*. New York: Walker and Company.（マーク・カーランスキー『塩の世界史――歴史を動かした小さな粒』山本光伸訳、中公文庫、2014）

Labov, William. 1966. *The Social Stratification of English in New York City*. Washington DC: The Center for Applied Linguistics.

Lakoff, Robin. 2006. "Identity a la Carte; or, You Are What You Eat." In *Discourse and Identity (Studies in Interactional Sociolinguistics)*, edited by Anna De Fina, Deborah Schiffrin, and Michael Bamberg, 147–65. Cambridge University Press.

Lambert, Carole. 2002. "Medieval France B. The South." In *Regional Cuisines of the Middle Ages: A Book of Essays*, edited by Melissa Weiss Adamson, 68–89. New York: Routledge.

Larousse Gastronomique. 2001. New York: Clarkson Potter.（『新ラルース料理大事典』辻調理師専門学校ほか訳、同朋舎メディアプラン、2007）

Laudan, Rachel. 2013. *Cuisine and Empire*. University of California Press.

Laudan, Rachel, and Jeffrey M. Pilcher. 1999. "Chiles, Chocolate, and Race in New Spain: Glancing Backward to Spain or Looking Forward to Mexico?" *Eighteenth-Century Life* 23(2): 59–70.

Leising, Daniel, Olga Ostrovski, and Peter Borkenau. 2012. "Vocabulary for Describing Disliked Persons Is More Differentiated Than Vocabulary for Describing Liked Persons." *Journal of Research in Personality* 46: 393–96.

Lesy, Michael, and Lisa Stoffer. 2013. *Repast: Dining Out at the Dawn of the New American Century, 1900–1910*. New York: W. W. Norton.

Leslie, Eliza. 1840. *Directions for Cookery, in Its Various Branches*. 11th ed. Philadelphia: Carey and Hart.

Lévi-Strauss, Claude. 1969. *The Raw and the Cooked: Introduction to a Science of Mythology*. Vol. I. New York: Harper & Row.（クロード・レヴィ＝ストロース『生のものと火を通したもの』早水洋太郎訳、みすず書房、2006）

Levitt, Steven D., and Stephen J. Dubner. 2006. *Freakonomics: A Rogue Economist Explores the Hidden Side of Everything*. William Morrow.（スティーヴン・D・レヴィット、スティーヴン・J・ダブナー『ヤバい経済学』望月衛訳、東洋経済新報社、2007）

Levitt, Steven D., and Chad Syverson. 2005. "Market Distortions When Agents Are Better Informed: The Value of Information in Real Estate." Working Paper 11053, National Bureau of Economic Research.

Levy, Esther. 1871. *Jewish Cookery Book*. Philadedphia: W.S. Turner.

Lewicka, Paulina B. 2011. *Food and Foodways of Medieval Cairenes*. Leiden: Brill.

Lewis, Edna. 1976. *The Taste of Country Cooking*. Knopf.

Liberman, Mark. 2004. "Modification as Social Anxiety." *Language Log*, May 16.

Lockyer, Charles. 1711. *An Account of the Trade in India*. http:// books.google.com/books?id=CdATAAAAQAAJ で閲覧可能。

Longchamps, Nigel de. 1960. *Speculum Stultorum*. Edited, with an Introduction and Notes, by John H. Mozley および Robert R. Raymo による序文、注釈、編集。 Berkeley and Los Angeles: University of California Press.

Lovejoy, Paul E. 1980. "Kola in the History of West Africa (La kola dans l'histoire de l'Afrique occidentale)." *Cahiers d'études africaines* 20(112): 97–134.

Macaulay, G. C., ed. 1890. *The History of Herodotus*. London: Macmillan and Company. 英訳版。

MacKenzie, D. N. 1971. *A Concise Pahlavi Dictionary*. London: Oxford University Press.

Majid, Asifa, and Niclas Burenhult. 2014. "Odors are expressible in language, as long as you speak the right language." *Cognition* 130(2): 266–70.

Makki, Mahmud Ali, and Federico Corriente, trans. 2001. *Crónica de los emires Alhakam I y `Abdarrahman II entre los años 796 y 847 (Almuqtabis II-1)*. Ibn Hayyan, Abu Marwan Hayyan ibn Khalafの翻訳。 Zaragoza, Spain: Instituto de Estudios Islamicos y del Oriente Próximo (Institute of Islamic and Near Eastern Studies).

Mann, Charles C. 2011. *1493: Uncovering the World that Columbus Created*. Knopf.

Marin, Manuela, and David Waines, eds. 1993. *Kanz Al-Fawa'id Fi Tanwi' Al-Mawa'id* (Medieval Arab/Islamic Culinary Art). Wiesbaden and Beirut: Franz Steiner Verlag.

Marks, Gil. 2010. *Encylopedia of Jewish Food*. Wiley.

Markus, Hazel Rose, and Alana Conner. 2013. *Clash! 8 Cultural Conflicts That Make Us Who We Are*. Penguin.

Mars, Gerlad, and Yochanan Altman. 1987. "Alternative Mechanism of Distribution in a Soviet Economy." In *Constructive Drinking: Perspectives on Drink from Anthropology*, edited by Mary Douglas, 270–79. Cambridge University Press.

Martellotti, A. 2001. *Il Liber de Ferculis di Giambonino da Cremona: La Gastronimia Araba in Occidente Nella Trattatistica Dietetica*. Fasano, Italy: Schena Editore.

Matsuoka, Yoshihiro, Yves Vigouroux, Major M. Goodman, Jesus Sanchez, Edward Buckler, and John Doebley. 2002. "A Single Domestication for Maize Shown by Multilocus Microsatellite Genotyping." *Proceedings of the National Academy of Sciences* 99(9): 6080–84.

Matthews, Donald M. 1997. *The Early Glyptic of Tell Brak: Cylinder Seals of Third Millennium Syria*. Vol. 15. Ruprecht Gmbh & Company.

Matthews, Stephen. 2006. "Cantonese Grammar in Areal Perspective." In *Grammars in Contact: A Cross-Linguistic Typology*, edited by Alexandra Y. Aikhenvald and Robert M. W. Dixon, 220–36. Oxford: Oxford University Press.

Maurer, D., T. Pathman, and C. J. Mondloch. 2006. "The Shape of Boubas: Sound-Shape Correspondences in Toddlers and Adults." *Developmental Science* 9: 316–22.

Mayhew, Henry. 1851. *London Labour and the London Poor*. London.（ヘンリー・メイヒュー『ロンドン貧乏物語――ヴィクトリア時代 呼売商人の生活誌』植松靖夫訳、悠書館、2013）

McAuley, Julian J., Jure Leskovec, and Dan Jurafsky. 2012. "Learning Attitudes and

Attributes from Multi-Aspect Reviews." IEEE International Conference on Data Mining. Brussels, Belgium. December 10–13, 2012.

McCoy, Elin. 2005. *The Emperor of Wine: The Rise of Robert M. Parker, Jr. and the Reign of American Taste*. Ecco.（エリン・マッコイ『ワインの帝王ロバート・パーカー』立花峰夫・立花洋太訳、白水社、2006）

McFarland, Daniel A., Dan Jurafsky, and Craig M. Rawlings. 2013. "Making the Connection: Social Bonding in Courtship Situations." *American Journal of Sociology* 118(6): 1596–1649.

McGovern, Patrick E. 2003. *Ancient Wine: The Search for the Origins of Viniculture*. Princeton University Press.

———. 2009. *Uncorking the Past: The Quest for Wine, Beer, and Other Alcoholic Beverages*. University of California Press.

McGovern, Patrick E., Armen Mirzoian, and Gretchen R. Hall. 2009. *Ancient Egyptian Herbal Wines. Proceedings of the National Academy of Sciences* 106(18): 7361–66.

McGovern, Patrick E., M. Christofidou-Solomidou, W. Wang, F. Dukes, T. Davidson, and W. S. El-Deiry. 2010. "Anticancer Activity of Botanical Compounds in Ancient Fermented Beverages." *International Journal of Oncology* 37(1): 5–21.

McRae, Jeremy F., Joel D. Mainland, Sara R. Jaeger, Kaylin A. Adipietro, Hiroaki Matsunami, and Richard D. Newcomb. 2012. "Genetic Variation in the Odorant Receptor OR2J3 Is Associated with the Ability to Detect the 'Grassy' Smelling Odor, cis-3-hexen-1-ol." *Chemical Senses* 37(7): 585–93.

Meyers, Cindy. 2009. "The Macaron and Madame Blanchez." *Gastronomica: The Journal of Food and Culture* 9(2): 14–18.

Michel, Andreas. 1996. *Vocabolario Critico Degli Ispanismi Siciliani*. Palermo: Centro di Studi Filologici e Linguistici Siciliani.

Michel, Jean-Baptiste, Yuan Kui Shen, Aviva Presser Aiden, Adrian Veres, Matthew K. Gray, William Brockman, The Google Books Team, Joseph P. Pickett, Dale Hoiberg, Dan Clancy, Peter Norvig, Jon Orwant, Steven Pinker, Martin A. Nowak, and Erez Lieberman Aiden. 2011. "Quantitative Analysis of Culture Using Millions of Digitized Books." *Science* 331(6014): 176–82.

Mintz, Sidney W. 1985. *Sweetness and Power: The Place of Sugar in Modern History*. Penguin.（シドニー・W・ミンツ『甘さと権力——砂糖が語る近代史』川北稔・和田光弘訳、

平凡社、1988）

Miranda, Ambrosio Huici. 1966. *La Cocina Hispano-Magrebí Durante La Época Almohade*. Ediciones Trea, 2005 edition.

Monroe, Burt L., Michael P. Colaresi, and Kevin M. Quinn. 2008. "Fightin' Words: Lexical Feature Selection and Evaluation for Identifying the Content of Political Conflict." *Political Analysis* 16(4): 372–403.

Montagné, Prosper, and Alfred Gottschalk. 1938. *Larousse Gastronomique*. Larousse.（プロスペル・モンタニェ『ラルース料理百科事典』三洋出版貿易株式会社編集部訳、三洋出版貿易株式会社、1986）

Monteagudo, José Luis Curiel. 2002. *Libro de cocina de la Gesta de Independencia: Nueva España, 1817*/Anónimo. Mexico: Conaculta.

———. 2004. "Construcción y Evolución del Mole Virreinal." In *Patrimonio Cultural y Turismo. Cuadernos 12. El mole en la ruta de los dioses. 6º Congreso sobre Patrimonio Gastronómico y Turísmo Cultural (Puebla 2004). Memorias*, 29–62. Puebla: Consejo Nacional para la Cultura y las Artes.

Montefiore, Judith Cohen. 1846. *The Jewish Manual*. London. http:// www.gutenberg.org/ebooks/12327 で閲覧可能。

Montgomery, L. M. 1915. *Anne of the Island*. Grosset and Dunlop.（L・M・モンゴメリ『アンの愛情』村岡花子訳、新潮文庫〔2008〕、松本侑子訳、集英社文庫〔2008〕、ほか多数）

Morton, Eugene S. 1977. "On the Occurrence and Significance of Motivation-Structural Rules in Some Bird and Mammal Sounds." *American Naturalist* 111(981): 855–69.

Moss, Michael. 2013. *Salt, Sugar, Fat: How the Food Giants Hooked Us*. Random House.（マイケル・モス『フードトラップ――食品に仕掛けられた至福の罠』本間徳子訳、日経ＢＰ社、2014）

Mozely, J. H., trans. 1963. *A Mirror for Fools: The Book of Burnel the Ass*, written by Nigel Longchamp. University of Notre Dame Press.

Nasrallah, Nawal. 2007. *Annals of the Caliphs' Kitchens: Ibn Sayyār Al-Warrāq's Tenth-Century Baghdadi Cookbook*. Brill.

———. 2013. *Delights from the Garden of Eden*. Equinox.

Needham, Joseph. 1971. *Science and Civilisation in China.* Volume 4: *Physics and Physical Technology.* Part III: *Civil Engineering and Nautics.* Cambridge University Press.（ジョゼ

フ・ニーダム『中国の科学と文明　第７巻　物理学』橋本万平ほか訳、思索社、1991）
New York Public Library. Miss Frank E Buttolph Menu Collection.
Newman, Elizabeth Thompson. 1964. *A Critical Edition of an Early Portuguese Cookbook*. University Microfilms International.
Nielsen, A., and D. Rendall. 2011. "The Sound of Round: Evaluating the Sound-Symbolic Role of Consonants in the Classic Takete-Maluma Phenomenon." *Canadian Journal of Experimental Psychology* 65(2): 115–24.
Noble, Ann C. 1984ff. The Wine Aroma Wheel. http://winearomawheel.com.
Nola, Roberto de. 1525. *Libro De Cozina*. 1969 年に Taurus Ediciones Madrid から再版。
Norman, Jerry, and Tsu-lin Mei. 1976. "The Austroasiatics in Ancient South China: Some Lexical Evidence." *Monumenta Serica* 32: 274–301.
Nostredame, Michel de. 1555. *Traité des fardemens et confitures*. Lyons.
Ogilvy, David. 1963. *Confessions of an Advertising Man*. Southbank Publishing, 2004 ed.（デイヴィッド・オグルヴィ『ある広告人の告白』山内あゆ子訳、海と月社、2006）
Ohala, John J. 1994. "The Frequency Codes Underlies the Sound Symbolic Use of Voice Pitch." In *Sound Symbolism*, edited by L. Hinton, J. Nichols, and J. J. Ohala, 325–47. Cambridge: Cambridge University Press.
Ott, Cindy. 2012. *Pumpkin: The Curious History of an American Icon*. University of Washington Press.
Pang, Bo, and Lillian Lee. 2008. "Opinion Mining and Sentiment Analysis." *Foundations and Trends in Information Retrieval* 2(1): 1–135.
Partington, James Riddick. 1960. *A History of Greek Fire and Gunpowder*. Cambridge: W. Heffer and Sons.
Peeters, Guido. 1971. "The Positive/Negative Asymmetry: On Cognitive Consistency and Positivity Bias." *European Journal of Social Psychology* 1(4): 455–74.
Pelchat, Marcia Levin, Cathy Bykowski, Fujiko F. Duke, and Danielle R. Reed. 2011. "Excretion and Perception of a Characteristic Odor in Urine after Asparagus Ingestion: A Psychophysical and Genetic Study." *Chemical Senses* 36(1): 9–17.
Pennebaker, James W. 2011. *The Secret Life of Pronouns*. Bloomsbury Press.
Pennebaker, James W., Roger J. Booth, and Martha E. Francis. 2007. LIWC2007 (Linguistic Inquiry and Word Count, software). Austin, TX.

Perry, Charles. 1981. "The Oldest Mediterranean Noodle: A Cautionary Tale." *Petits Propos Culinaires* 9: 42–44.

———. 1987. "The Sals of the Infidels, PPC 26." In *Medieval Arab Cookery*, edited by Maxime Rodinson, A. J. Arberry, and Charles Perry, 501. Prospect Books, 2006.

———. 2001. "A Thousand and One 'Fritters': The Food of the Arabian Nights." In *Medieval Arab Cookery*, edited by Maxime Rodinson, A. J. Arberry, and Charles Perry. Prospect Books, 2006.

———. 2004. "Through the Ages, a Fried Fish Triathlon." *Los Angeles Times*, October 27, http://articles.latimes.com/2004/oct/27/food/fo-fish27.

———, trans. 2005. *A Baghdad Cookery Book: The Book of Dishes (Kitāb al-Tabīkh)*. Prospect Books.

Peters, Erica J. 2012. *Appetites and Aspirations in Vietnam: Food and Drink in the Long Nineteenth Century*. Lanham, MD: AltaMira Press.

———. 2013. *San Francisco: A Food Biography*. Rowman & Littlefield.

Peterson, Richard A. 1992. "Understanding Audience Segmentation: From Elite and Mass to Omnivore and Univore." *Poetics* 21(4): 243–58.

———. 2005. "Problems in Comparative Research: The Example of Omnivorousness." *Poetics* 33(5/6): 257–82.

Pickersgill, B., and D. G. Debouck. 2005. "Domestication Patterns in Common Bean (*Phaseolus vulgaris L.*) and the origin of the Mesoamerican and Andean Cultivated Races." *Theoretical and Applied Genetics* 110(3): 432–44.

Pomerantz, Kenneth. 2000. *The Great Divergence: China, Europe, and the Making of the Modern World Economy*. Princeton University Press.（K・ポメランツ『大分岐――中国、ヨーロッパ、そして近代世界経済の形成』川北稔監訳、名古屋大学出版会、2015）

Porta, John Baptista. 1658. *Natural Magick*. English edition.

Potter, Andrew. 2010. *The Authenticity Hoax*. HarperCollins.

Potts, Christopher. 2011. "On the Negativity of Negation." In *Proceedings of SALT* 20: 636–59.

Prat Sabater, Marta. 2003. *Préstamos del Catalán en el Léxico Español (Lexical Borrowings from Catalan into Spanish)*. Universitat Autònoma de Barcelona. 博士号学位取得論文。

Prynne, William. 1628. *Healthes' Sicknesse. Or A Compendious and Briefe Discourse; Proving, the Drinking and Pledging of Healthes, to be Sinfull, and Utterly Unlawfull unto Christians*. 小冊子。http://quod.lib.umich. edu/e/eebo/A10184 で閲覧可能。

Quinzio, Jeri. 2009. *Of Sugar and Snow*. University of California Press.

Ramachandran, V. S., and E. M. Hubbard. 2001. "Synaesthesia: A Window into Perception, Thought and Language." *Journal of Consciousness Studies* 8: 3–34.

Rath, Eric C. 2010. *Food and Fantasy in Early Modern Japan*. University of California Press.

Recasens, Marta, Cristian Danescu-Niculescu-Mizil, and Dan Jurafsky. 2013. "Linguistic Models for Analyzing and Detecting Biased Language." *Proceedings of the 51st Meeting of the Association for Computational Linguistics*. Stroudsburg, PA: Association for Computational Linguistics.

Redon, Odile, Francoise Sabban, and Silvano Serventi. 1998. *The Medieval Kitchen: Recipes from France and Italy*, 205. University of Chicago Press.

Rey, Alain, ed. 2011. *Le Grand Robert de la Langue Française, version électronique. Deuxième edition du Dictionnaire alphabetqiue et analogique de la Langue Française de Paul Robert*.

Reynolds, Dwight. 2008. "Al-Maqqarī's Ziryab: The Making of a Myth." *Middle Eastern Literatures* 11(2): 155–68.

Ríos, Domingo, Marc Ghislain, Flor Rodríguez, and David M. Spooner. 2007. "What Is the Origin of the European Potato? Evidence from Canary Island Landraces." *Crop Science* 47(3): 1271–80.

Roden, Claudia. 1996. *The Book of Jewish Food*. New York: Knopf.

———. 2000. *The New Book of Middle Eastern Food*. New York: Knopf.

Rodinson, Maxime. 2001. "Ma'muniyya East and West." In *Medieval Arab Cookery*, 183–97. Prospect Books.

Rodinson, Maxime, A. J. Arberry, and Charles Perry. 2006. *Medieval Arab Cookery*. Prospect Books.

Roman, Kenneth. 2010. *The King of Madison Avenue: David Ogilvy and the Making of Modern Advertising*. Palgrave Macmillan.（ケネス・ローマン『デイヴィッド・オグルヴィ——広告を変えた男』山内あゆ子訳、海と月社、2012）

Roth, Cecil. 1960. "The Middle Period of Anglo-Jewish History 1290–1655, Reconsidered." *Transactions of the Jewish Historical Society of England* 19: 1–12.

Rozin, Elisabeth. 1973. *The Flavor-Principle Cookbook*. Hawthorn Books.

Rozin, Paul, Loren Berman, and Edward Royzman. 2010. "Biases in Use of Positive and Negative Words Across Twenty Languages." *Cognition & Emotion* 24: 536–48.

Rozin, Paul, Eleanor Levine, and Caryn Stoess. 1991. "Chocolate Craving and Liking."

Appetite 17: 199–212.

Rozin, Paul, and Edward B. Royzman. 2001. "Negativity Bias, Negativity Dominance, and Contagion." *Personality and Social Psychology Review* 5(4): 296–320.

Rozin, Paul, and Caryn Stoess. 1993. "Is There a General Tendency to Become Addicted?." *Addictive Behaviors* 18: 81–87.

Ruddle, Kenneth, and Naomichi Ishige. 2005. *Fermented Fish Products in East Asia*. Hong Kong: International Resources Management Institute.

———. 2010. "On the Origins, Diffusion and Cultural Context of Fermented Fish Products in Southeast Asia." In *Globalization, Food and Social Identities in the Asia Pacific Region*, edited by James Farrer. Tokyo: Sophia University Institute of Comparative Culture.

Sahagún, Bernardino de. 1954. *Florentine Codex: General History of the Things of New Spain. Book 8: Kings and Lords*. Translated by Arthur J. O. Anderson and Charles E. Dibble. Santa Fe: School of American Research.

———. 1957. *Florentine Codex: General History of the Things of New Spain. Book 4: The Soothsayers*. Translated by Arthur J. O. Anderson and Charles E. Dibble. Santa Fe: School of American Research.

Sallares, Robert. 1991. *The Ecology of the Ancient Greek World*. Cornell University Press, 323.

Santa Clara, Pedro Gutiérrez de. 1905. *Historia de las Guerras Civiles del Perú (1544–1548) y de Otros Sucesos de las Indias*. Vol. 3. Chapter 40, 520. Madrid: Victorio Suarez. http://books.google.com/books?id=b6wTAAAAYAAJ&pg=PA520.

Santanach, Joan, ed. 2008. *The Book of Sent Soví: Medieval Recipes from Catalonia*. Translated by Robin Vogelzang. Barcino-Tamesis.

Schorger, A. W. 1966. *The Wild Turkey: Its History and Domestication*. University of Oklahoma Press.

Schwartz, Arthur. 2008. *Jewish Home Cooking*. Berkeley: Ten Speed Press.

Scott, Edmund. 1606. *An Exact Discourse of the Subtilties*. London: Printed by W.W. for Walter Burre.

Scully, Terence, ed. 1988. *The Viandier of Taillevent: An Edition of All Extant Manuscripts*, 223. University of Ottawa Press.

———. 2000. *The Neapolitan Recipe Collection*. Ann Arbor: University of Michigan Press.

———, trans. 2006. *La Varenne's Cookery: The French Cook; The French Pastry Chef; The French Confectioner*. Francois Pierre, Sieur de la Varenne. Totnes: Prospect Books, 369.

Seaberg, Albin G. 1973. *Menu Design-Merchandising and Marketing*. 2nd Ed. Boston: Cahners Books International.

Serventi, Silvano, and Françoise Sabban. 2002. *Pasta: The Story of a Universal Food.* New York: Columbia University Press.（シルヴァーノ・セルヴェンティ、フランソワーズ・サバン『パスタの歴史』飯塚茂雄・小矢島聡監修、清水由貴子訳、原書房、2012）

Shaftesley, John M. 1975. "Culinary Aspects of Anglo-Jewry." In *Studies in the Cultural Life of Anglo-Jewry*, edited by Dov Noy and Issachar Ben-Ami. Jerusalem: Magnes Press.

Shesgreen, Sean. 2003. "Wet Dogs and Gushing Oranges: Winespeak for a New Millennium." *The Chronicle of Higher Education*, March 7.

Shteir, Rachel. 2004. *Striptease: The Untold History of the Girlie Show*. Oxford University Press.

Silverstein, Michael. 2003. "Indexical Order and the Dialectics of Sociolinguistic Life." *Language and Communication* 23: 193–229.

Simeti, Mary Taylor. 1991. *Pomp and Sustenance: Twenty-five Centuries of Sicilian Food*. New York: Henry Holt.

Simmel, Georg. 1904. "Fashion." *International Quarterly* 10: 130–50.

Simmons, Amelia. 1796. *American Cookery . . . A Facsimile of the Second Edition, Printed in Albany, 1796*, Karen Hess による序文。Bedford, MA: Applewood Books, 1996.

Smith, Andrew F. 1996. *Pure Ketchup*. University of South Carolina.

———. 2006. *The Turkey: An American Story*. University of Illinois Press.

Smith, Bruce D. 1997. "The Initial Domestication of Cucurbita Pepo in the Americas 10,000 Years Ago." *Science* 276(5314): 932–34.

Smith, Eliza. 1758. *The Compleat Housewife: or, Accomplished Gentlewoman's Companion*. 16th Ed. London: Printed for C. Hitch.

Smith, John, and Arthur Granville Bradley. 1910. *Travels and Works of Captain John Smith*. Vol. 1. Burt Franklin.

Smith, R.E.F., and David Christian. 1984. *Bread and Salt: A Social and Economic History of Food and Drink in Russia.* Cambridge University Press.（R・E・F・スミス、D・クリスチャン『パンと塩——ロシア食生活の社会経済史』鈴木健夫ほか訳、平凡社、1999）

Soyer, Alexis. 1855. *A Shilling Cookery for the People. London*: Routledge.

Spary, E. C. 2012. *Eating the Enlightenment: Food and the Sciences in Paris*, 1670–1760. University of Chicago Press.

Speller, Camilla F., Brian M. Kemp, Scott D. Wyatt, Cara Monroe, William D. Lipe, Ursula M. Arndt, and Dongya Y. Yang. 2010. "Ancient Mitochondrial DNA Analysis Reveals Complexity of Indigenous North American Turkey Domestication." *Proceedings of the National Academy of Sciences* 107(7): 2807–12.

Stevens, Kenneth N. 1972. "The Quantal Nature of Speech: Evidence from Articulatory-Acoustic Data." In *Human Communication: A Unified View*, edited by P. B. Denes and E. E. David Jr., 51–66. New York: McGraw Hill.

Stone, Lori D., and James W. Pennebaker. 2002. "Trauma in Real Time: Talking and Avoiding Online Conversations about the Death of Princess Diana." *Basic and Applied Social Psychology* 24(3): 173–83.

Strauss, Susan. 2005. "The Linguistic Aestheticization of Food: A Cross-Cultural Look at Food Commercials in Japan, Korea, and the United States." *Journal of Pragmatics* 37(9): 1427–55.

Stice, Eric, Kyle S. Burger, and Sonja Yokum. 2013. "Relative ability of fat and sugar tastes to activate reward, gustatory, and somatosensory regions." *American Journal of Clinical Nutrition* 98(6): 1377–1384.

Thompson, D'Arcy Wentworth. 1936. *A Glossary of Greek Birds*. Oxford University Press.

Thornton, Erin Kennedy, Kitty F. Emery, David W. Steadman, Camilla Speller, Ray Matheny, and Dongya Yang. 2012. "Earliest Mexican Turkeys (*Meleagris gallopavo*) in the Maya Region: Implications for Pre-Hispanic Animal Trade and the Timing of Turkey Domestication." *PLOS ONE* 7(8).

Torjusen, H., G. Lieblein, M. Wandel, and C. Francis. 2001. "Food System Orientation and Quality Perception Among Consumers and Producers of Organic Food in Hedmark County, Norway." *Food Quality and Preference* 12: 207–16.

Toro-Lira, Guillermo. 2010. *History of Pisco in San Francisco*. Lima, Peru: Libros GTL.

Trillin, Calvin. 1974. *American Fried: Adventures of a Happy Eater*. Doubleday.

Tusser, Thomas. 1573. *Five Hundreth Points of Good Husbandry*. London.

Ullman, Manfred. 2000. *Wörterbuch der klassischen arabischen Sprache*. Otto Harrassowitz Verlag.

Unkelbach, Christian, Klaus Fiedler, Myriam Bayer, Martin Stegmüller, and Daniel Danner. 2008. "Why Positive Information Is Processed Faster: The Density Hypothesis." *Journal of Personality and Social Psychology* 95(1): 36–49.

Van der Sijs, Nicoline. 2009. *Cookies, Coleslaw, and Stoops: The Influence of Dutch on the North American Languages*. Amsterdam University Press.

Vaux, Bert. 2003. "The Harvard Dialect Survey." http://dialect.redlog.net.

Veblen, Thorstein. 1899. *The Theory of the Leisure Class: An Economic Study in the Evolution of Institutions.* Macmillan & Company, Ltd.（ソースティン・ヴェブレン『有閑階級の理論』高哲男訳、講談社学術文庫、2015）

Vega, Juan José. 1993. "La influencia morisca y mora: tres casos específicos." In *Cultura, identidad y cocina en el Perú*, edited by Rosario Olivas Weston. Lima: Universidad San Martín de Porres.

Velzen, Anita van. 1990. *The Taste of Indonesia: Producers of Kecap and Tauco in Cirebon and Cianjur*. Bandung: Institute of Social Studies.

———. 1992. *Small Scale Food Processing Industries in West Java: Potentialities and Constraints*. Bandung: Institute of Social Studies.

Verde, Tom. 2013. "Pasta's Winding Way West." *Saudi Aramco World* 64: 1.

Waines, David. 1989. *In a Caliph's Kitchen*. Riad el Rayyes Books.

———. 2003. "'Luxury Foods' in Medieval Islamic Societies." *World Archaeology* 34(3): 571–80.

Watson, William. 2000. "Chapter 13: Iran and China." In *The Cambridge History of Iran*. Volume 3, Part 1: *The Seleucid, Parthian and Sasanian Periods*. Cambridge University Press.

Weingarten, Susan. 2010. "Medieval Hanukkah Traditions: Jewish Festive Foods in their European Contexts." *Food and History* 8(1): 41–62.

Westbury, C. 2005. "Implicit Sound Symbolism in Lexical Access: Evidence from an Interference Task." *Brain and Language* 93: 10–19.

Wilson, Bee. 2008. *Swindled.* Princeton University Press.（ビー・ウィルソン『食品偽装の歴史』高儀進訳、白水社、2009）

———. 2012. *Consider the Fork*. Basic Books.（ビー・ウィルソン『キッチンの歴史——料理道具が変えた人類の食文化』真田由美子訳、河出書房新社、2014）

Wilson, C. Anne. 1993. "Pottage and Soup as Nourishing Liquids." In *Liquid Nourishment*, edited by C. Anne Wilson, 3–19. Edinburgh University Press.

———. 2006. *Water of Life.* Prospect Books.

———. 2010. *The Book of Marmalade.* Prospect Books.

Winchester, Simon. 1998. *The Professor and the Madman: A Tale of Murder, Insanity, and the Making of the Oxford English Dictionary.* HarperCollins.（サイモン・ウィンチェスター『博士と狂人――世界最高の辞書 OED の誕生秘話』鈴木主税訳、ハヤカワ文庫、2006）

———. 2003. *The Meaning of Everything: The Story of the Oxford English Dictionary*. Oxford.（サイモン・ウィンチェスター『オックスフォード英語大辞典物語』苅部恒徳訳、研究社、2004）

———. 2008. *The Man Who Loved China: The Fantastic Story of the Eccentric Scientist Who Unlocked the Secrets of the Middle Kingdom*. Harper.

Wondrich, David. 2007. *Imbibe!: From Absinthe Cocktail to Whiskey Smash, a Salute in Stories and Drinks to "Professor" Jerry Thomas, Pioneer of the American Bar*. Penguin.

———. 2010. *Punch: The Delights (and Dangers) of the Flowing Bowl*. Penguin.

Wright, Clifford A. 1996. "Cucina Arabo-Sicula and Maccharruni." *Al-Mashaq: Studia Arabo-Islamica Mediterranea*, 9: 151–77.

———. 2007. "The History of Macaroni." http://www.cliffordawright.com. 2013 年 11 月 24 日にアクセス。

Wright, Thomas. 1857. *A Volume of Vocabularies*. Privately printed. Chapter 6, "The Treatise De Utensilibus of Alexander Neckam (of the Twelfth Century)." http://books.google.com/books?id=NXoKAAAAIAAJ で閲覧可能。

Yarshater, Ehsan. 2000. "Iranian Historical Tradition." *The Seleucid, Parthian and Sasanian Periods*. Cambridge Histories Online. Cambridge University Press.

Yentsch, Anne E. 1994. *A Chesapeake Family and Their Slaves: A Study in Historical Archaeology*, 205. Cambridge University Press.

———. 1995. "Hot, Nourishing, and Culturally Potent: The Transfer of West African Cooking Traditions to the Chesapeake." *Sage* 9 (Summer): 2.

Yorkston, Eric, and Geeta Menon. 2004. "A Sound Idea: Phonetic Effects of Brand Names on Consumer Judgments." *Journal of Consumer Research* 31: 43–51.

Zaouali, Lilia. 2007. *Medieval Cuisine of the Islamic World*. Translated by M. B. DeBevoise. University of California Press.

Ziauddeen, Hisham, I. Sadaf Farooqi, and Paul C. Fletcher. 2012. "Obesity and the Brain: How Convincing Is the Addiction Model?" *Nature Reviews Neuroscience* 13(4): 279–86.

Ziegelman, Jane. 2010. *97 Orchard: An Edible History of Five Immigrant Families in One New*

York Tenement. Harper.

Zimmer, Karl. 1964. *Affixal Negation in English and Other Languages. Word* 20:2, Monograph 5 への追補。

Zipf, George Kingsley. 1934. *The Psycho-Biology of Language*. Houghton Mifflin.

Zizumbo-Villarreal, Daniel. 1996. "History of Coconut (*Cocos nucifera L.*) in Mexico: 1539–1810." *Genetic Resources and Crop Evolution* 43(6): 505–15.

Zwicky, Ann, and Arnold Zwicky. 1980. "America's National Dish: The Style of Restaurant Menus." *American Speech* 55: 83, 87–92.

原　註

註：「オックスフォード英語辞典」（OED オンライン、2013 年 9 月、オックスフォード大学出版局）はここでは *OED* と記した。

序　章

p.11　スピードデート : McFarland, Jurafsky, and Rawlings (2013).

p.11　記事作成者の隠れた偏見 : Recasens, Danescu-Niculescu-Mizil, and Jurafsky (2013).

p.11　インターネット上で人々が互いにどの程度礼儀正しくふるまうか : Danescu-Niculescu-Mizil et al. (2013).

第 1 章　メニューの読み方

p.14　「ラ・メゾン・ド・ラ・カーサ・ハウス」または「コンチネンタル・キュイジーヌ」: Trillin (1974), Chapter1: The Travelling Man's Burden, 13.

p.15　「メニューをコンチネンタル風にすること」: Seaberg (1973).

p.15　カニ肉のカクテル : Zwicky and Zwicky (1980).

p.15　オンライン・メニュー・コレクション : コレクションから抽出した素晴らしいサンプルについては、Lesy and Stoffer (2013) を参照。

p.15　「小柄で地味な学者風の婦人」：*The New York Times*, June 3, 1906.

p.15　アスター・ハウスで開かれた婦人例会の朝食のメニュー：アスター・ハウスのメニューは、ニューヨーク公立図書館のウェブサイトで見られる。http://digitalgallery.nypl.org/nypldigital/id?ps_rbk_701.

p.15　低価格のレストランに比べて、フランス語が五倍も使われている：この結果は、一万点のメニューを分析するために私が書いたソフトウェアにもとづいている。このソフトでは、メニューの値段を用いて価格の高いレストランを区別してから、そうした店の言語学的な戦略を調べた。数ページ後に、その手法をくわしく説明する。雅俗混《マカロ》交体《ニック》なフランス語がもつ社会的な役割の詳細については、Haley (2011), 33 を参照。

p.19　とても大きなデータセットを用いた：Jurafsky et al. (2013).

p.20　言語学者のロビン・レイコフが指摘している：Lakoff (2006).

p.21　シーバワイヒの業績によって明らかにされた：Al-Nassir (1993), Carter (2004).

p.22　残りの人生を言語学の研究に費やした：Carter (2004), 10.

p.22　言語学者のジョージ・ジップが：Zipf (1934).

p.25　ツウィッキーが「興味をそそる形容詞」と名付けた：Zwicky and Zwicky (1980).

p.25　スティーヴン・レヴィットとスティーヴン・ダブナーの著書『ヤバい経済学（*Freakonomics*）』には：Levitt and Dubner (2006), Levitt and Syverson (2005).

p.28　グライスが、この疑問への回答を提示した：Grice (1989). 実際にはグライスは「合理的」ではなく「協力的」という言葉を使ったが、この用語は混乱を招く恐れがある。グライスは協力的という言葉を「助ける」という意味ではなく、同意にもとづいた特定のコミュニケーション・プロセスに参加する、という意味と定義していたからだ。

p.29　マーク・リーバーマンは：Liberman (2004).

p.31　ジェーン・ジーゲルマンが：Ziegelman (2010).

第2章　アントレ

p.34　「これらのフランス語の用語は」：Davidson (1999), 281.

p.35　「食べ物の流行を追うことができるかもしれない」：Braudel (1981), 189.

p.35　現代フランス語の定義：Rey (2011), entrée の項目より。

p.38　*Cest que fault pour faire ung banquet ou nopces après pasques*［復活祭後の宴会や結婚式で必要なもの］：Flandrin (2007), 182. *Livre fort excellent de cuysine tres-utile & profitable contenant en soy la maniere dabiller toutes viandes. Avec la maniere deservir es banquets & festins. Le tout veu & corrige oultre la premiere impression par le grant Escuyer de Cuysine du Roy* (Lyon: Olivier Arnoullet, 1555) から引用したメニュー。

p.39　牛の口のグズベリーソース：Flandrin (2007), 66–68.

p.40　鴨のラグー：Scully (2006).

p.42　『*The Compleat Housewife*（完璧な主婦）』：Smith (1758), appendix. 画像は © The British Library Board. 1037.g.9, f.415 より。

p.42　新しい外来語：*OED* の entrée の項目には、次のようなヴェラルの引用が掲載されている。「ハムのロースト。entrée には、新しいヴェストファーレンのハムかバイヨンヌのハムが供されることから」

p.42　これがメニュー *menu* である：*OED* の *menu* の項目より。

p.42　このロシア風の給仕法は一九世紀のフランスで一般的になり：Flandrin (2007), 94–95; Colquhoun (2007), 251–56.

p.43　オードブルがもっと早い段階：Flandrin (2007), 76, 101.

p.43　一九〇七年のメニューは：画像はニューヨーク公立図書館、Miss Frank E. Buttolph Menu Collection より。

p.43　新しく建てられた、今では伝説のレストラン兼売春宿「ブランコス」のもの：Edwords (1914).

p.45　人気のファン・ダンサー、サリー・ランド：Shteir (2004).

p.45　知らぬ間に効いてくる飲み物：Wondrich (2007), 73.

p.45　かつて「バンク・エクスチェンジ」と呼ばれたバーで：Toro-Lira (2010).

p.46　フィッシャーマンズ・ワーフにある「アリオトス」：ニューヨーク公立図書館、Miss Frank E. Buttolph Menu Collection より。

p.47　わずか一四ページに収まっている：Escoffier (1921), 257–456, 469–75.

p.47　『ラルース料理大事典』の現在の版：*Larousse Gastronomique* (2001).

p.47　「この単語は」: Montagné and Gottschalk (1938).

p.49　社会学者たちが「文化的雑食性（cultural omnivorousness）」と呼ぶ：Peterson (1992); (2005). Haley (2011) は、この傾向は二〇世紀初頭からすでに始まり、エリートよりも中産階級が主体となっていたと述べている。

p.50　最高の魚醤がどこで見つけられるか：Johnston and Bauman (2007).

p.50　Google の N-gram コーパス：Google の N-gram コーパスは、http://books. google.com/ngrams にある。これを解説した論文は、Michel et al. (2011)。

第3章　シクバージから天ぷらへ

p.52　中国人漁師村："Chinese Fisheries in California," *Chamber's Journal of Popular Literature, Science, and Arts*, Vol. I (January 21, 1954), 48.

p.52　クロアチアの調理法：Briscoe (2002), 65.

p.53　チリ人やペルー人の鉱夫たちは：ゴールドラッシュ時代のチリ人とペルー人の歴史については、Chan (2000) を参照。

p.53　『*Diccionario de la lengua española*』：Real Academia Española, *Diccionario de la lengua española, vigésima segunda edisión.*

p.54　広範な運河：バグダードの有名な運河は、Campopiano (2012) と Adams (1965) に記述されている。

p.54　ペルシアは世界経済の中心であり：ササン朝の詳細については、Yarshater (2000)、Eilers (2000) および Watson (2000) を参照。

p.55　ホスロー王と学者のブルズーヤ：米国議会図書館の画像、LC-USZ62-58235.

p.56　ある言い伝えでは、ホスロー一世が大勢の料理人をそれぞれの厨房に送り込み：この逸話は、ホスロー一世の時代から四〇〇年後にバグダードで伝えられた。Nasrallah (2007), chapter 49.

p.57　ナワル・ナスラッラーによる翻訳：Nasrallah (2007).

p.57　肉の酢の煮込み（シクバージ）：ここではアル＝ワッラクが記した六世紀ペルシアのホスロー一世のレシピを、Nasrallah (2007), 248–49、Laudan (2013) にもとづいて簡略化した。

p.58　酢酸には抗菌力があり：Entani et al. (1998).

p.58　これらの粘土板に書かれた肉の煮込み料理のレシピ：Bottéro (2004), 85–86; Zaouali (2007), 23.

p.58　カリフ、アル＝ムタワッキルが：Waines (2003).

p.58　『インドの不思議（*Kitāb ʻAjāʼib al-Hind*）』：Freeman-Grenville (1981).

p.59　金色の体をして真紅の目をもつ魚：Freeman-Grenville (1981), story 41: The History of Ishaq, 62–64.

p.59　『*Kanz Al-Fawa'id Fi Tanwi' Al-Mawa'id*（様々なテーブル構成のための有用な助言の宝庫）』：Marin and Waines (1993). Zaouali (2007) による翻訳。

p.59　『*Medieval Cuisine of the Islamic World*（イスラム世界の中世の料理）』：Zaouali (2007).

p.59　魚のシクバージ、一三世紀エジプト：Zaouali (2007), 98.

p.60　フランスの南西部にスカベチ *Scabeg* のレシピがあった：Lambert (2002). レシピは、一四世紀の後半にオクシタン語とラテン語で書かれた料理書、*Modus Viaticorum Preparandarum et Salsarum*（食事とソースの作り方）から引用。

p.60　シチリア語（スキッベチ *schibbeci*)、ナポリ語（スカペーチェ *scapece*）：Michel (1996), 41; D' Ancoli (1972), 97; Aprosio (2003), 405. これらの文献などから、おそらくカタルーニャ語が語源と考えられる。

p.60　一三〇〇年代前半にカタルーニャ語で書かれた料理の本：Santanach (2008), 68–69.

p.61　一方、バグダードやスペインなどイスラム教の地域では：Perry (2005).

p.61　中世のキリスト教徒には、とても厳しい食事の制限が課せられていた：Bynum (1987), 323; Albala (2011), 15–16.

p.61　メリッタ・アダムソンは：Adamson (2004), 188.

p.61　『フランスの料理人（*Le Cuisinier François*)』は：Scully (2006).

p.61　アッ＝シクバージ *al-sikbāj* というシクバージの略さない名称が：Martellotti (2001).

p.62　多数の魚介類を指す単語やその他の料理用語がスペイン語に取り入れられ：一例として Prat Sabater (2003) を参照。

p.62　「衣つき魚」：*Mu'affar*（衣つき魚）が、一三世紀にアンダルシアで書かれたアラビア語の料理書に出てくる。Perry (2004).

p.63　グティエレス・デ・サンタ・クララ：Santa Clara (1905).

p.63　ペルー人歴史家のフアン・ホセ・ヴェガ：Vega (1993), 158.

p.63　スペイン王立アカデミーの辞書：スペイン王立アカデミーの *Diccionario de la lengua española 22.ª edición* には、セビーチェ *cebiche* の語源が "Quizá del ár. hisp. *assukkabáǧ*, y este del ár. *sikbāǧ*" と記されている。

p.65　『南蛮料理書』：「南蛮」は、当時の日本でヨーロッパ人を指して使われた用語。『南蛮料理書』は、Rath (2010) の "Chapter 4: The Barbarian's Cookbook" に解説されている。

p.65　魚料理：Rath (2010), 106.

p.65　この名前は *tenporari* からきているのではないか：Rath (2010), 106.

p.66　この単語はポルトガル語の名詞 *tempero*（調味料）：Irwin (2011), 34–35 および *OED* の *tempura* の項目より。

p.66　ユダヤ人であることを隠して暮らすポルトガル人医師のマヌエル・ブルード：ユダヤ人であることを隠してイギリスで暮らしていたポルトガル人医師のマヌエル・ブルードについては、Roth (1960) を参照。ペスカド・フリートの様々な種類の起源は、イスラム勢力下のスペインで *mu'affar* と呼ばれていた魚料理であったと思われる。この料理は、一三世紀にアンダルシアで書かれたアラビア語の料理書に掲載されている。Charles Perry (2004) は、*mu'affar* という名前はもともと「衣つき魚」を意味していたと述べている。ユダヤ料理との関係についての詳細は、Marks (2010), "Peshkado Frito," 454–56 にある。

p.66　衣をつけて揚げた魚に酢をかけた冷製の料理：Glasse (1774), 378.

p.66　ユダヤ人による、サケとその他あらゆる魚の保存法：画像はスタンフォード大学図書館特別コレクション部より。

p.67　「フィールド・レーンの界隈《かいわい》は狭かったが」：チャールズ・ディケンズ『オリヴァー・ツイスト』第二六章「この章では不思議な人物が登場し（以下略）」。

p.67　「フライド・フィッシュのにおいの染み込んだ」：Endelman (2002), 152.

p.67　一八四六年に出版された『*A Jewish Manual*（ユダヤの手引き）』：Montefiore (1846).

p.68　「ユダヤ」のフライド・フィッシュはこれとは違い：モンテフィオレの "escobeche" のレシピでは、同じように衣をつけて揚げて冷ました魚を、玉ネギと香辛料を入れた酢につけるとなっている。

p.68　「これもまたイスラエルの民がよく行なっている」：Soyer (1855), 28.

p.68　アシュケナージ・ユダヤ人事業家のジョセフ・マリン：Shaftesley (1975), 393; Roden (1996), 113; Marks (2010), "Peshkado Frito," 454–56.

第４章　ケチャップ、カクテル、海賊

p.70　ドイツ料理がアメリカ料理に大きく貢献している：ドイツの食べ物がアメリカ人に与えた影響の詳細については、Ziegelman (2010) を参照。

p.71　アメリカへの福建人移民は近年増加しており：一例として Keefe (2009) を参照。

p.71　それぞれの足跡を、中国南部にある多くの川と山の旧名や：Norman and Mei (1976), Bauer Matthews (2006).

p.71　壺のなかに地元で獲れた魚と炊いた米、塩を層にして重ね：米をベースにしたこのような発酵魚食品が最初はメコン川沿いの水田で作られたという仮説が、石毛直道の多数の論文に記されている。これらのなかには、同僚のケネス・ラドルとの共著もある。Ruddle and Ishige (2010) および Ishige (1986) を参照。

p.72　「パルマハム」のように塩気はあるが柔らかい「独特な酸味」を感じた：Hilton (1993).

p.72　「漢の武帝が野蛮なイ族を海岸へと追いつめていたとき」：魚のペーストの起源についてのこの言い伝えは、五四四年に書かれた『斉民要術』〔齐民要术〕に由来する。厖大な量の詳細と英語への翻訳は、Huang (2000) 382–83 による。この 741 ページある本は、中国の食品科学と食べ物の歴史を論じた決定版であり、食べ物の生化学をテーマとした Huang Hsing-tsung のライフワークから生み出された傑作である。Huang は一九四〇年代、重慶でジョゼフ・ニーダム〔イギリスの生化学者、科学史家〕の秘書を務めていた。H. T. Huang とニーダムについては、Winchester (2008) を参照。

p.73　福建料理の赤米酒の鶏肉煮込み：Carolyn Phillip の素晴らしいブログ、*Madame Huang's Kitchen* より。

p.74　古代バビロニアにはシック *siqqu* と呼ばれる魚醬が：Curtis (1991); Bottero (2004), 61.

p.75　湾で獲れたアンチョビが塩と混ぜられていた：発酵魚食品についての非常に幅広い調査は Ruddle and Ishige (2005) を参照。

p.75　福建人の商人や船乗りも、これと同じ工場を目にしていたのかもしれない：魚醬は後に東南アジアで発明されたとする仮説を石毛が提唱している。Ishige (1993), 30 を参照。Huang (2000, 392, 297) は、魚醬が中国南部の沿岸部まで移動していったことを示す言語学的な証拠をさらに提示し、魚醬を意味する中国語のユイルウ（魚露）は新たに作られた言葉であり、古くからある中国の発酵魚食品の名前とは関係がないと指摘している。

p.75　福建語と広東語、標準中国語は：福建語は、福建省、広東省、台湾、東南アジア全域で四六〇〇万人が話す中国語の方言である閩南《ミンナン》語の下位方言。閩南《ミンナン》語の変種や下位方言には、福建語、台湾語、潮州語、厦門《アモイ》語などがある。私はここで、地方で話されている様々な種類の中国語を指すために伝統的な用語の「方言」を用いているが、先

に触れたように、実際にはそれらは言語的に異なるものである。

p.76　大海を進む中国の平底帆船：Needham (1971), 405. 画像はケンブリッジ大学出版局より。

p.76　一九世紀の宣教師が編纂した古い辞書：『オックスフォード英語辞典』のペニー・シルヴァは、辞書の生みの親であるジェームズ・マレーが一八八九年に自宅の裏庭にあった文書室でこの単語の説明を書いていたときに、初めてこの語源を突き止めたと教えてくれた。マレーが参考にしたのは一八七三年出版の古い辞書、*Dictionary of the Vernacular or Spoken Language of Amoy* である。これは一八七三年に宣教師が編纂した福建語から英語への辞書であり、そこでは ke-tchup（鮭汁と書かれている）は「漬けた魚の塩水」となっている。現代の中国語の辞書、一九九二年に出版された *Putonghua Minnanhua Fangyan Cidian*（標準中国語 - ミンナン語辞書）では、この単語（鮭と書かれている）はすたれ、漢字も今ではまったく関係のない魚を指して使われることが多いと書かれている。マレーの詳細については Winchester (1998; 2003) を勧める。

p.77　中国風のソース生産工場：Anita van Velzen の民族学研究から、一九五〇年代までは、この種の kecap はすべて中国人の一族のみが作っていたことがわかる。Velzen (1990; 1992).

p.79　ジャワ島を訪れたイギリス人商人のエドモンド・スコット：スコットの回顧録には、外国人への強烈な嫌悪感や、暴力沙汰（拷問もあり）があふれているため、どうも読みにくい。だがそれは、彼の綴りがひどすぎるせいでもある。Scott (1606). *An exact discourse of the subtilties, fashishions* [sic]*, pollicies, religion, and ceremonies of the East Indians as well Chyneses as Iauans, there abyding and dweling.* LONDON, Printed by W.W. for Walter Burre. 1606.

p.79　「混合酒の最初の皇帝」：Wondrich (2010).

p.79　「共通の飲み物」：一七〇四年にはチャールズ・ロッキアーがパンチについて、アジアに住むすべてのヨーロッパ人の「共通の飲み物」と呼んでいた。

p.80　チャールズ・ロッキアーによるアジア旅行回想録の表紙：画像はスタンフォード大学図書館特別コレクション部より。

p.81　「桶入りの醤油が日本から運ばれる」：Lockyer (1711).

p.81　ロッキアーは桶に入ったケチャップや醤油を買い：ロッキアーは、醤油やケチャッ

プで儲けたいと考えている人には誰にでも、アジアに来るときに使い回しのきく瓶をできるだけたくさんもってくるように助言していた。アン女王の時代に瓶のリサイクルを思いつくとは素晴らしい。

p.81　高価な輸入品の味をまねて：ケチャップを買う人たちは、ケチャップが元来アジアのものだと知っていた。〔サミュエル・〕ジョンソンの辞書の第六版（1785）には、catsup は「一種のインドのピクルスで、マッシュルームのピクルスはその模倣」とある。ハンナ・グラッセの料理書『*The Art of Cookery*（料理の技法）』（1774）の 309 ページにあるマッシュルーム・ケチャップのレシピでは、「外国のケチャップのような味になる」と請け合われていた。酢とアンチョビ・ソースに廃糖蜜とニンニク、タマリンドで風味をつけたウスターソースは、一八三〇年代に、薬剤師のリーとペリンがベンガルから持ち帰ったと宣伝するレシピに従って作ったものだ。

p.82　二〇年間日持ちするケチャップ《KATCH-UP》の作り方：Eales (1742).

p.82　家計簿：Hickman (1977).

p.83　トマトケチャップ：Kitchner (1817) のレシピ 443。

p.83　砂糖の量をさらに増やしたうえで酢をたくさん入れると：Smith (1996); Wilson (2008), 204–210.

p.83　ハインツはもともと：Harris (2013) を参照。Google N-gram Viewer を使って、「ketchup」の綴りが近年になって広く使われるようになったことを自分で確かめることもできる。このデータベースを使うと、イギリスとアメリカそれぞれの綴りの出現頻度を経時的に数えることができる。

p.84　そうした海禁令は何度も撤廃されていた：一例として Frank (1998), Pomerantz (2000), Allen et al. (2011) を参照。

p.85　産業革命の時代までは中国が世界経済を支配していた：Frank (1998), 171–73.

第５章　トーストに乾杯

p.89　ラキアは：もちろんそれぞれの言語では綴りも発音も違う。

p.91　トーストという単語の本来の意味は：*OED* の *toast* の項目より。

p.92　「キリスト教徒にとって罪深く、まったくもって不道徳な行為である」:Prynne (1628).

p.92　こうした祝杯はしばしば、貴婦人の健康のために挙げられ：Colquhoun (2007), 221.

p.92　この言い回しが使われたのは：Richard Steele, *The Tatler* 31 (1709): 8:「それから、注目の人をどうしてトーストと呼ぶのかと彼にきかれたので、私はこう答えた。男性が酒を飲むときにグラスにルリヂサを入れるのと同じ効果をご婦人に与えるために、機知に富んだ人が考えついた新しい名前なのだ」

p.92　「ワッセイルの杯のためのクリスマス・キャロル」：92ページの図版は、Henry Vizetelly, *Christmas with the Poets: A Collection of Songs, Carols, and Descriptive Verses*, 6th edition (London: Ward, Lock, & Tyler, 1872) より。

p.93　「その健康を願って祝杯を挙げられた美女は」：Richard Steele, *The Tatler* 71 (1709).

p.93　リンゴの栽培が盛んなイギリス西部で：ロバート・ヘリックの一六四八年の詩集『ヘスペリデス』に「木に乾杯《ワッセイル》しよう。たくさんのプラムとたくさんのナシが実るように」というくだりがある。

p.93　リンゴ酒を染み込ませたトーストを木の枝に刺して：Brears (1993).

p.93　ワッセイル：レシピは、いつもためになることを教えてくれるAlton Brownのものと、*The New York Times*, December 12, 2012に掲載された「ザ・チャーチル」のJenn DowdsおよびRosie Schaapによるものを参考にした。

p.95　トースト片をワインや水、ブロスに浸してよく食べていた。こうした料理は「ソップ *sop*」と呼ばれた：Hieatt and Butler (1985), 215: ソップとは「一般的に、パン切れをトーストしたものである」

p.95　ポタージュ *pottages* と呼ばれる鍋で煮た濃い煮込み料理：Wilson (1993), 3–19.

p.96　「朝に、ソップを入れたワインを飲むのをとても好んでいた」：チョーサー『カンタベリー物語』「郷士の話」。

p.96　「コウリョウキョウのソップ」：Hieatt and Butler (1985) のレシピ133。

p.96　「金色のソップ」：Austin (1964), 11.

p.96　ソップ *sop* という単語はおそらく：*OED* の *sop* の項目より。

p.96　今の英語の *supper*〔サパー〕や *soup*〔スープ〕になった：*OED* の *soup* と *supper* の項目より。

p.97　*waes hael*（be healthy）：*OED* の *wassail*、*hale*、*healthy* の項目を参照。

p.97　パリの新しい一流「大学」：ただし私はここで少しずるをしている。「大学」という言葉は、それから数十年後の一二〇〇年頃になってから、パリ大学を指すために一般的に使われるようになったものだからだ。Mozely (1963) および Longchamps (1960) を参照。

p.98　現代のジョージアやアルメニアのあるコーカサス地方：ワインは最初コーカサス地方で作られたとする仮説を初めて立てたのは、ロシアの植物学者、Nikolai Vavilov である。McGovern (2009), 19.

p.98　「ノア仮説」：これらの論を要約した McGovern (2003; 2009) を参照。

p.98　「箱舟は七月一七日にアララト山にとどまった。（中略）」：創世記八章から九章。

p.98　古くはホメロスの時代にも見られた：Burkert (1985), 374, note 37:「この文句はイーリアスの 9.177 と、オデュッセイアには六回出現する」

p.98　クラテルから酒を飲む前に、最初の一杯をゼウスに注ぎ：Burkert (1985), 70–72.

p.99　語根の* *g'heu*（*pour*〔注ぐ〕）：Benveniste (1969), 470–80.

p.99　紀元前二四〇〇年から二六〇〇年に作られた：http://www.britishmuseum.org/explore/highlights/highlight_objects/me/s/shell_plaque.aspx.

p.99　献酒を表わす同様の絵：Matthews (1997).

p.100　ニンカシに捧げる賛歌：Civil (1964).

p.101　シェカールも同じようにビールを意味する：Homan (2004).

p.101　抗酸化作用をもつハーブが漬けられていたようだ：McGovern et al. (2010); McGovern, Mirzoian, and Hall (2009).

p.101　〝邪視〟：Dundes (1981), Foster (1972).

p.102　ラテン語のシセラ *sicera* という単語を作り、ビールかハチミツ酒、ヤシ酒、果実の醸造酒と定義した：St. Jerome, Letter 52, *To Nepotian: Ep. 52, Ad Nepotianum de vita clericorum et monachorum*. http://www.synaxis.org/cf/volume29/ECF00005.htm.

p.102　一方フランスでは *sicera* がシードル *sidre* という発音で：*OED* の *cider* の項目より。

p.102　蒸留技術を完成させた：Wilson (2006).

p.103　中世のアランビック：図は、Louis Figuier, *Les merveilles de l'industrie. Volume 4: Industries agricoles et alimentaires* (Paris, France: Furne Jouvet, c. 1880) より。

p.103　他にも *'araq* を語源とする多くの単語が：アラビア語から、さらにはおそらくペ

ルシア語を経て取り入れられた、蒸留酒を意味するトルコ語の *Arajhi* が一三三〇年にすでに中国語の文書で言及されている。Buell and Anderson (2010), 109, 115 を参照。

p.104　紀元前七〇〇〇年から六六〇〇年の陶磁器に発見されている：McGovern (2009), 28–59.

第6章　ターキーって何のこと？

p.106　「シチメンショウの合唱団が」：Edgar Allan Poe, *The Works of Edgar Allan Poe in Eight Volumes. Vol. VI. Miscellaneous Essays, Marginalia, etc.* (Philadelphia: J. B. Lippincott, 1895), 162.〔吉田健一訳「覚書（マルジナリア）」、『ポオ全集3巻』東京創元社〕

p.107　アメリカ先住民によって家畜化された：Thornton et al. (2012); Schorger (1966); Smith (2006), 8. 別の種の野生のシチメンチョウが、これとは別に、米国南部の崖に住居を作っていた古代プエブロ人によって家畜化された。(Speller et al. 2010).

p.108　コルテスは、家禽市場が開かれたテノチティトラン（現在のメキシコシティ）の通りの様子を書き残している：Schorger (1966), 12.

p.108　五日毎に立つ市で八〇〇〇羽のシチメンチョウが売られていた：Coe (1994), 96、Motolinía, *Memorales*, (Mexico City, 1903) 332 より引用。

p.108　トウガラシやトマト、すりつぶした種で作ったシチメンチョウのモレ：Sahagún (1954), 37; Barros (2004), 20.

p.109　子どもの誕生を祝ったアステカの宴会：Sahagún (1957), 121–25.

p.109　シチメンチョウの煮込みとタマル：画像は Biblioteca Medicea Laurenziana, Florence, ms. Med. Palat. 218, c. 312v の許可を得て掲載。イタリア文化財・文化活動・観光省の承認。さらなる複製は固く禁じられている。

p.109　シチメンチョウのモレについて一六五〇年に書かれた文章：Barros (2004), 22.

p.110　初期のメキシコの文献に記されたギソスやモレのレシピ：Monteagudo (2004), Laudan and Pilcher (1999).

p.110　一八一七年の料理書まではモレの材料として記されることはなかった：一八一七年のレシピは、著者不明の *Libro de Cocina de la Gesta de Independencia*: Monteagudo (2002), 58 に掲載されている。Coe and Coe (1996), 214–16, および Monteagudo (2004), 34 も参照。

p.110　現在のレシピはさらに豪華になっており：Berdan and Anawalt (1997), 169.

p.110　僧院の尼僧が果たしていた役割：Monteagudo (2004).

p.111　リック・ベイレスのレシピにある材料リスト：Bayless (2007), 198.

p.113　数千年前に新世界で栽培されたもの：Smith (1997), Matsuoka et al. (2002), Austin (1988). 豆はメソアメリカに加え、アンデスでも独立して栽培されていたものと思われる。Pickersgill and Debouck (2005).

p.113　シチメンチョウがヨーロッパに渡ったのは：Schorger (1966), 4.

p.114　大西洋岸中部にある交易で栄えた島々（カナリア諸島やカーボベルデ諸島）でシチメンチョウを手に入れたのだろう：この他の新世界の食料品、たとえばジャガイモはアメリカ大陸から直接もたらされたのではなく、最初はカナリア諸島からこの経路をたどってヨーロッパに入ってきたことがわかっている。Ríos et al. (2007), Heywood (2012).

p.115　商人たちは町中にある広場の露天市に商品を運び入れた：Gelderblom (2004).

p.115　アントワープ取引所：図はWerner Wittersheimより。

p.116　共通価格が形成され：Kohn (2003), 55.

p.116　*galine de Turquie*（トルコの鶏）：とてつもなく裕福なフランス人資本家でレヴァント地方との交易を行なっていたジャック・クールは、マムルーク朝のスルタンに謁見させるために、一四四七年に甥のジャン・ド・ヴィラージュをアレクサンドリアに派遣した。ジャンは*gallinas turcicas*（トルコの鶏）を持ち帰った。Clément (1863), 141 (footnote).

p.116　一四〇〇年代にこの鳥を最初にヨーロッパ人に売った：プロヴァンス伯のルネ王のようなルネサンスの皇族たちが鳥を購入し、庭園や動物園で飼っていた。そして一四九一年にホロホロチョウが、フランス国王シャルル八世の姉であり摂政を務めたマルセイユのアンヌ・ド・ボージューのもとに引き取られた。Antoine (1917), 35–50を参照。

p.116　ポルトガル人の作製する世界地図や海図：Harley (1988), Kimble (1933).

p.117　オランダでも混同され：J. Reygersbergen, *Dye chronijcke van Zeelandt*, 1551: "Dese schipper . . . hadde in een nieu Landt gheweest in Africa, ghenaemt caput Viride, daer noyt eenighe schepen uyt dese Landen inne geweest hadden. . . . Dit schip brochte [1528] die

eerste Kalkoensche hoenderen in Zeelandt."

p.118　フランス人博物学者ピエール・ブロンによるシチメンチョウ（「*Cocs d'Inde*」）の絵：画像はスタンフォード大学図書館特別コレクション部より。

p.118　アルテミスが姉妹をホロホロチョウ、すなわち *Meleagrides* の姿に変え：ここまで劇的ではなく、より現実的な *meleagris* の語源が、メルカート神（「王」を意味するセム語の *melek* に由来）に関係するフェニキア語に由来する。昔、フェニキア人の船がオリーブやワインと一緒に外国の鳥を交易しながら、アルファベットを地中海に広めていたからである。しかし、これはまた別途検討するとしよう。Thompson (1936), 114 を参照。

p.118　「しっかり下ごしらえしたシチメンチョウ」：Tusser (1573).

p.119　「野生のターキー」と「われらがイギリスのターキー」が比較された：Smith and Bradley (1910), 60; Forbush and Job (1912), 489.

p.119　秋の収穫祭を引き継いだもの：Baker (2009), Chapter 1; Smith (2006), 73; Ott (2012), ix.

p.120　感謝祭は学校教育や新聞でピルグリム・ファーザーズと関連づけられ：Smith (2006), 67–82.

p.120　一六五八年の卵とバターを使ったイギリス風カボチャパイのレシピには：Brook (1658).

p.120　カボチャパイ。カボチャ１クォートをゆっくり煮て濾し：Simmons (1796), 28. とても魅力的で包括的なカボチャの歴史については、Ott (2012) を参照。

p.121　テキサス・ペカンパイ。砂糖１カップ：*Ladies Home Journal* 15, no. 8 (July 1898), 32. http://books.google.com/books?id=LKwiAQAAMAAJ&pg=PA36-IA36.

p.121　パイ生地に卵黄とクリーム、香辛料を詰めたレシピ：Newman (1964), 16; Austin (1964), 53 にある "Pasteis de leite" のレシピ。

p.122　ペカンの地図二つ：Bert Vaux および Joshua Katz: Katz (2013), Vaux (2003) の研究にもとづく。

p.123　アフリカ系アメリカ人シェフでフードライターでもあった故エドナ・ルイス：Lewis (1976), 159.

p.123　初期の奴隷が働いていた植民地に残された、土鍋の跡：Yentsch (1994; 1995).

第７章　セックス、ドラッグ、スシロール

p.125　辛い鶏のタマルを山盛りにして：Peters (2013), 32.

p.126　肯定的な店のレビューの例：匿名性をできるだけ守るために、どちらのレビューでも言葉遣いをわずかに変えた。

p.127　メニューを共同研究した：Jurafsky et al. (2014).

p.127　コンピュータ科学者のジュリアン・マコーリーとジュール・レスコベックとは：McAuley, Leskovec, and Jurafsky (2012).

p.127　ある単語が、悪いレビューよりも良いレビューにどれだけたくさん出てくるか：私たちの用いた、有益なディリクレの事前分布を用いた加重対数オッズ比（Monroe, Colaresi, and Quinn [2008]）という手法ではこの他に、英語での一般的な出現頻度を考慮に入れて分散の説明をしたり、それらの単語が偶然に出現すると予測される頻度の対照を取るなど、統計学的なしかけがいくつか使われている。

p.129　言語学者で辞書編纂者であるエリン・マッキーンは：Teddy Wayne, "Obsessed? You're Not Alone," *The New York Times*, March 22, 2013 に引用されたエリン・マッキーンの言葉。

p.129　「今時の娘たちは……大げさな言い方をしてばかりですよ」：Montgomery (1915), 95.

p.131　快楽よりも苦痛を表わす形容詞のほうが多いようだ：Rozin and Royzman (2001), 311.

p.131　嫌いな人について語るときのほうが、豊富な語彙を使う：Leising, Ostrovski, and Borkenau (2012).

p.131　嗅覚を表わす語彙が少なく：Ankerstein and Pereira (2013).

p.131　嗅覚にかんする語彙が幾分豊富な言語：嗅覚の語彙が豊富な言語のひとつが、マレー半島で話されているアスリ諸語である。Majid and Burenhult (2014).

p.132　広東語にはとくに、否定的なにおいを表わす単語が豊富にある：単語のリストと定義の出典は de Sousa (2011)。

p.132　「おそらくは、現存する世界最古の料理法についての論文」：Dunlop (2008), 106; Knoblock and Riegel (2000), 308–9.

p.133　「祖先が体感していた多様な嗅覚」：de Sousa (2011).

p.133　特定のにおいの検知をコードする遺伝子：Gilad, Przeworski, and Lancet (2004).

p.133　ソーヴィニョン・ブランの青くさいにおい：McRae et al. (2012).

p.133　硫黄のようなにおいを感じる能力：Pelchat et al. (2011).

p.133　否定的な状況をとりわけ意識する方向に偏っている：Rozin and Royzman(2001), 311.

p.134　言語学者のダグラス・バイバーは：Biber (1988; 1995).

p.135　テキサス大学心理学教授のジェームズ・ペネベーカーの先駆的な研究：Pennebaker (2011) および Pennebaker, Booth, and Francis (2007) を参照。

p.135　ペネベーカーと同僚たちは：Stone and Pennebaker (2002); Gortner and Pennebaker (2003); Cohn, Mehl, and Pennebaker (2004).

p.136　人生において悪いことは様々な形で起こり：Peeters (1971); Unkelbach et al. (2008).

p.136　ロバート・M・パーカー・Jr. のような影響力のあるワイン評論家たちが：McCoy (2005).

p.136　文学教授のショーン・シェスグリーンは：Shesgreen (2003).

p.138　ジャンクフードを欲することとドラッグ中毒とのあいだに生化学的なつながりがあるかどうか：Rozin and Stoess (1993); Rozin, Levine, and Stoess (1991); Hormes and Rozin (2010); Johnson and Kenny (2010); Ziauddeen, Farooqi, and Fletcher (2012); Stice et al. (2013).

p.138　アダム・ゴプニク：Gopnik (2011), 254.

p.139　性的な言葉の近くによく出てくる：対数オッズ比が高い。

p.141　韓国における食べ物のコマーシャルでは：Strauss (2005).

p.141　デザートとセックスのつながり：一例として Hines (1999) を参照。

p.143　クリス・ポッツが：Potts (2011), Pang and Lee (2008).

p.143　「ポリアンナ効果」：Boucher and Osgood (1969).

p.143　肯定的な単語のほうが（平均して）否定的な単語よりも出現頻度が高い：Rozin, Berman, and Royzman (2010); Augustine, Mehl, and Larsen (2011).

p.144　無標の単語は否定的（*unhappy*、*dishonest*）であるよりも肯定的（*happy*、*honest*）である場合がかなり多い：Zimmer (1964), 83.

p.145　ニュースを誰かに伝える場合：Berger and Milkman (2012).

第８章　ポテトチップと自己の性質

p.147　「地球上、もっとも奇跡的に構成された食料のひとつ」：Moss(2013).

p.152　「手作りの確実性」：Carroll and Wheaton (2009). Beverland (2006)、Beverland, Lindgreen, and Vink (2008) および Johnston and Bauman (2007).

p.154　ブルデューは有名な著書『ディスタンクシオン（*La Distinction*）』において：Bourdieu (1984).

p.155　「伝統の確実性」：“Design Notebook: Peter Buchanan-Smith and the Urban Ax,” *The New York Times*, June 30, 2010. Gilmore and Pine (2007) および Potter (2010).

p.155　一皿分のケチャップを注文して：Roman (2010), 6.

p.156　「生卵四七個を私の頭めがけて投げつけてきて」：Ogilvy (1963), 35–38.

p.156　「たいそうな言葉を使うな」：Ogilvy (1963), 141.

p.157　「その人が何者であるかだけでなく、何者になりたいか」：Peters (2012), xiv.

p.157　労働者たちがよく使う語尾「-in'」：Labov (1966).

p.157　上の階層に属する有権者の興味をひこうとする：Lisa Miller, “Divided We Eat,” *Newsweek*, November 22, 2010. http://www.newsweek.com/what-food-says-about-class-america-69951 . html; Torjusen et al. (2001).

p.158　二人は家族や伝統、人との関係を重視する性質を「相互協調的自己観」と名付けた：Markus and Conner (2013).

第９章　サラダ、サルサ、騎士道の小麦粉《フラワー》

p.159　もてなしを意味するロシア語：Smith and Christian (1984).

p.160　何千年にもわたり存続した塩税《えんぜい》：Kurlansky (2002).

p.160　シリアで発見された紀元前九五〇〇年から九〇〇〇年の砥石《といし》：大英博物館所蔵の、シリアのアブ・フレイラから発見された石臼のひとつ。http://www.britishmuseum.org/explore/highlights/highlight_objects/pe/q/quern_stone_for_making_flour.aspx.

p.161　アングロサクソン語の *hlaf-dige*（loaf-kneader）：*OED* の *lord* と *lady* の項目より。

p.162　そのための布は：David (1977).

p.162　「顔はパインデマインのように白く」：チョーサー『カンタベリー物語』「トーパス郷の話」。

p.163　*payn per-dew*：Hieatt (1988), 79.

p.164　「皆が私から受け取るのは最高の部分であり、私には滓《かす》しか残らない」：シェイクスピア『コリオレイナス』１幕１場。

p.165　黒パンは貧しい人々からさえ軽んじられるようになっていた：David (1977), 48–49. Worshipful Company of Bakers のウェブサイト、http://www.bakers.co.uk/A-Brief-History.aspx も参照。

p.166　サミドゥ *samidu*（高い品質の挽き割り粉）：*samidu* と *semidalis* の正確な定義はまだ明らかになっていない。学者のあいだでは、どちらも細かく挽いた小麦粉を指すのか、反対に密度が高く滋養分が多いという点で品質の高い小麦粉を指すのかで意見が分かれている。一例として Sallares (1991), 323 を参照。

p.166　イエール料理タブレット：Bottéro (2004).

p.166　イディッシュ語の単語ゼムル *zeml*：Marks (2010), 632.

p.166　「ア・ラ・ムニエル」：*OED* の *meunière* の項目より。

p.167　プロヴァンス語のサラーダ *salada* に語源をもつ：*OED* の *salad* の項目より。

p.167　Salat（c. 1390）：Hieatt and Butler (1985), 115 の『*Forme of Cury*（料理の方法）』より。

p.168　「［キャベツを］切って洗い」：Cato (1934).

p.168　クッキー *cookie*、クルーラー *cruller*、パンケーキ *pancake*、ワッフル *waffle*、ブランデー *brandy* など：Van der Sijs (2009).

p.169　「風味がとても良く、想像以上においしい」：Benson (1987), 609.

p.169　四世紀に多数の作者によってラテン語で書かれたレシピ書『アピキウスの料理帖（*Apicius*）』：Grocock and Grainger (2006).

p.170　研究者のチャールズ・ペリーは：Perry (1987), 501.

p.171　フランスのソールス・ヴェール *saulce vert* は：Scully (1988), 223.

p.171　『*Le Menagier de Paris*（パリの家事）』：Greco and Rose (2009), 322.

p.171　エスコフィエのフランス風ソース・ヴェールは：Escoffier (1921), 31.

p.172　グリーン・ゴッデス・ドレッシング：Phillip Roemer, サンフランシスコのパレス

・ホテル。

p.172　八〇〇年以上も前の一一九〇年に：Wright (1857), 102.

p.173　昔はケルト人が住み、今ではドイツの一部となっているヴェストファーレンで作られるハム：マルティアリスは、現在のドイツのヴェストファーレンにあるハムの生産で有名な地域からそう遠くないフランドル地方に住んでいた、メナッピ族の作るハムに言及している。

p.173　後期ラテン語のサルシーキア *salsīcia* が、フランス語を経由して英語になったもの：Dalby (1996), 181.

p.173　古英語の *corn* という単語はもともと何かの「小さなかけら」や「粒」を指す：*OED* の *corn* の項目より。

p.174　タラの塩漬けは中世の必需食であり：Kurlansky (1997).

p.174　スープとシチュー（中略）をガラス瓶に入れて保存する方法を本にした：この本の題名は *L'art de Conserver, Pendant Plusieurs Années, Toutes les Substances Animales et Végétales* で、http://gallicadossiers.bnf.fr/Anthologie/notices/01500.htm で参照できる。

p.175　パストラミ：*OED* の *pastrami* の項目によれば、この単語はオスマン・トルコ語の *basdirma*（押した、詰め込んだ物）に由来するルーマニア語の *pastramă*（押した保存肉）からきている。Dalby (1996), 201 を参照。

p.175　「冷蔵の時代ではベーコンは本来の目的を果たしていない」：Wilson (2012), 216.

p.175　ふすまと胚芽を完全に取り除く金属製のローラーミル：David (1977), 31.

第10章　マカルーン、マカロン、マカロニ

p.176　マカロンのデリバリー：http://www.lartisanmacaron.com/#!from-our-kitchen-to-yours を参照。

p.177　ササン朝ペルシアの王を介してラウジーナージを知った：中期ペルシア語では *lauzēnag* と呼ばれていた。MacKenzie (1971), 53 を参照。*lauzinagun* については、Ullmann (2000), 1758 を参照。

p.177　「最高で最上」のペーストリー：*Husrav i Kavātān U Rētak Ē: The Pahlavi Text "King Husrav and His Boy."* 写本、翻訳、豊富な注釈とともに出版されている。ドイツ、ハイデルベルク大学の「博士号」学位取得のための論文の英語版。Jamshedji Maneckji

Unvala による付録と完全な用語解説付き。Paul Geuthner, 1921. http://catalog.hathitrust.org/Record/001357845 にて参照できる。

p.178　チャールズ・ペリーによるレシピ（要約）の翻訳：Perry (2005).

p.178　ラウジーナージのレシピのなかには：Nasrallah (2007), 411.

p.178　ルッジェーロ二世。パレルモのマルトラナ教会にあるモザイク絵：画像は Matthias Süßen による。

p.179　ルッジェーロ一世とルッジェーロ二世によるシチリア統治：Johns (2002), Houben (2002).

p.179　マルツァパーネ（中略）という名称はアラビア語のマウタバン *mauthaban* に由来する：Ballerini (2005), 87, footnote 10.

p.179　マジパン。アーモンドの皮を丁寧にむいてつぶす：Ballerini (2005), 87.

p.180　カリシオーニの語源は、ストッキングもしくはレギンスを指す単語：*caliscioni* という単語は中世ラテン語の *calisone* に由来し、一一七〇年にパドヴァで使用されたことが確認されている。Battisti と Alessio の *Dizionario Etimologico Italiano* 1, 695 ページに、小麦粉とアーモンドで作った甘い物と記されている。

p.180　カリシオーニの作り方：Ballerini (2005), 88.

p.181　一四世紀の商人フランチェスコ・ダティーニは：Simeti (1991), 227.

p.181　ギリシア人は練り粉を揚げて何層にも重ねたラガヌム *laganum* と呼ばれる料理を食べていた：Perry (1981); Serventi and Sabban (2000), 14–15.

p.181　乾燥パスタが実際に存在したのは地中海東部であり：Perry (1981).

p.181　五世紀に編集されたエルサレム・タルムード：Talmud Yerushalmi, Beitza I:9 and Challah I:4.

p.181　乾麺を指すアラビア語、イトリヤ *itriyah*：Perry (1981).

p.181　シチリアでのことだった：パスタがアラブ人によって発明されてヨーロッパに広まったという歴史については、Serventi and Sabban (2000), 14–15, Wright (2007), および Verde (2013) を参照。

p.182　ルッジェーロ二世に地理学者として仕えたモロッコ出身のムハンマド・アル＝イドリースィー：Perry (1981).

p.182　一一世紀のフランス人学者ラシ：Silvano and Sabban (2002), 30–31.

p.182　現代イディッシュ語のフレムゼル *chremsel*：*chremslach*（*chremsel* の複数形）の現代のレシピについては Schwartz (2008), 178 を参照。

p.183　予言者のノストラダムス：Redon, Sabban, and Serventi (1998), 205; de Nostredame (1555), 202.

p.183　カルツォーネ *calzone*：このレシピのラヴィオリ風バージョンもあり、その一部は同じくイタリアから北へと移住したユダヤ人の書いたものだ。たとえば一四世紀に、ドイツはローテンブルクの R. Moses Parnas が *Sefer haParnas* に、現在ではイディッシュ語でクレプラフ *kreplakh* と呼ばれるダンプリング〔小麦粉を丸めてゆでたもの〕を指して、「クレプリン *kreplins* と呼ばれるカルシノス *calsinos*」と書いている。Weingarten (2010), 55 を参照。

p.183　マッカルーニという単語がアラビア語からきたのか：アラビア語の二つの語源説については、Wright (1996) および Nasrallah (2013), 268 を参照。

p.183　あるいはギリシア語のマカリア *makaria* が語源なのか：*OED* の *macaroni* と *macaroon* の項目より。

p.184　「雅俗混交体《マカロニック・ヴァース》」という用語の起源：*OED* の *macaronic* の項目には、一五一七年の *Liber Macaronices* という雅俗混交体の詩の題名は「小麦粉とバターとチーズで作った粗末な田舎料理」である macaroni にちなんで付けたとテオフィロ・フォレンゴが述べた、とある。

p.184　シチリアのマッケローネは：Ballerini (2005), 70.

p.184　『ガルガンチュアとパンタグリュエル』のなかでラブレーが豪奢な菓子の数々を列挙している：第 4 の書、59 章。長いリストには、「揚げ物《ベニエ》、ミックス・パイが 16 種類、ゴーフル、クレープ、マルメロのペースト、フィッシュ・チーズ《カイユボット》、泡雪タマゴ《ネージュ・ド・クレーム》、スモモのコンポート、ゼリー、イポクラスの赤とロゼ、アンジュー菓子《ププラン》、マカロン、タルト 20 種類、クリーム、キャンデー 100 色」が含まれる〔宮下志朗訳、ちくま文庫より引用〕。

p.184　『*Martha Washington's Booke of Cookery*（マーサ・ワシントンの料理の書）』：Hess (1996).

p.185　これはおそらく一六〇〇年代初期に書かれた：Hess (1996), 462 は、この文書は一六五〇年代かそれよりいくらか早くに書かれたが、いずれにしてもそれ以前の文書を

正しく複写したものであると結論づけている。

p.185　マカルーンの作り方：Hess (1996), 341.

p.186　この変遷の分岐点：Albala (2007), 57.

p.186　マカロンの作り方：Scully (2006), 369.

p.187　フードライターのシンディ・マイヤーズが言うところの：Meyers (2009).

p.187　ナンシー風のマカロン：画像は Albert Seigneurie, *Dictionnaire Encyclopédique de l'epicerie et des industries amexes*（Paris：L'épicier, 1898）より。

p.187　『ラルース料理大事典』に描写されるようなもの：*Larousse Gastronomique* (2001), 706.

p.188　名前の混乱は英語でも一八三四年まで続き：たとえば S. Williams が書いた一八三四年の "The Parterê of Poetry and Historical Romance" 227 ページには、「マカルーン」の意味で *macaronies* とある。

p.188　ココナツの消費が大幅に増えた：Zizumbo-Villarreal (1996), Dixon(1985). Lydia M. Child の *The American Frugal Housewife* の一八三三年版（第一二版）には "Cocoa-Nut Cakes" のレシピがある。無料のオンラインソース、http://www.gutenberg.org/ebooks/13493 で参照できる。

p.188　ココア - ナッツ・ケーキの別のレシピを書いた紙の裏に：エミリー・ディキンスン・ミュージアム。http://www.emilydickinsonmuseum.org/cooking.

p.188　ディキンスンのレシピは：フードライターの Tori Avey が自身のブログ *The History Kitchen* で、その作り方を上手に説明している。

p.188　ココア - ナッツ・ケーキ：ディキンスンのレシピの写真から書き起こしたもの。出典はブログ *The History Kitchen*、画像は Poet's House c/o President and Fellows of Harvard College より。

p.189　エミリー・ディキンスン：画像は、アマースト大学アーカイブおよび特別コレクションのエミリー・ディキンスン・コレクションより。

p.189　アンブロシア：たとえば、Mary Newton Foote Henderson の *Practical Cooking and Dinner Giving* (New York: Harper & Brothers, 1877) の 286 ページに、アンブロシアのレシピがある。

p.189　ココナツ・マカルーンのレシピも、一八三〇年頃というかなり早い時期に初めて

登場した：私が見つけたなかでもっとも古い正式のレシピは、Leslie (1840) の "Cocoa-nut Maccaroons" だ。しかし、彼女がそれ以前の一八三〇年に出した著書 *Seventy-five Receipts for Pastry, Cakes, and Sweetmeats* に、"Cocoa-nut cakes" という名のマカルーンのレシピもある。この本にはカップケーキのまさに最初のレシピと思われるものも載っている。

p.189　ストレイツやマニシェヴィッツなどのマッツォー製造業者：Aron Streit, Inc. の Alan Adler との個人的なやりとり。

p.190　エスター・レヴィの『*Jewish Cookery Book*（ユダヤ人の料理書）』：Levy (1871), 78.

p.190　パリの菓子職人ピエール・デフォンテーヌ：ラデュレのウェブサイトにフォンテーヌの考案であると明記してある。www.laduree.com. ジェルベ一家については、Frédéric Levent による記事において言及されている。"Pour l'Honneur Retrouvé du Macaron Gerbet," *L'Echo Républicain*, August 24, 2010. http://web.archive.org/web/20100825182837/http://www.lechorepublicain.fr/pour-l-honneurretrouve-du-macaron-gerbet-,697.html.

p.192　「マカロニ男」：画像はイエール大学ウォルポール図書館より。

p.192　おそらくペルシア人たちはアラム語を話す近隣諸国からアーモンド・ペーストリーを手に入れたのではないか：Perry (2005), 99; Nasrallah (2013), 59.

p.193　社会学者のゲオルク・ジンメルとソーンスタイン・ヴェブレンの説：Veblen (1899), Simmel (1904). Laudan (2013), 55 も参照。

p.193　庶民のもとへと転がり落ちていく：Goody (1982)、Mintz (1985) および Anderson (2005) も参照。

第11章　シャーベット、花火、ミント・ジュレップ

p.195　アイスクリームはもともと、花火を制作するために考案された化学反応に少し手を加えて誕生した：アイスクリームと氷菓の歴史についての最高の二冊の本が、David (1995) と Quinzio (2009) である。

p.196　ある日の日替わりフレーバー：画像はジャネット・ユーと「ミスター・アンド・ミセス・ミセレイニアス」より。

p.197　〝グランヴィル伯爵夫人のレシピ集〟に収録されている：David (1979), 27.

p.197　オレンジの花の雪：David (1979), 28. Francois Pierre La Varenne, *Nouveau Confiturier*, later edition ca. 1696 より。

p.198　そうして一七〇〇年には、パンプキンやチョコレート、レモンといった他のフレーバーのアイスクリームも：Quinzio (2009), 15.

p.198　中世のカイロで書かれた料理書：Lewicka (2011), 276, 461.

p.198　一三世紀にアンダルシアで記された料理書の写本：Miranda (1966), 300: Pasta de Membrillo. チャールズ・ペリーによる英語の翻訳が、http://www.daviddfriedman.com/Medieval/Cookbooks/Andalusian/andalusian10.htm#Heading521 で参照できる。

p.199　マーマレードの作り方：Simmons (1796), 40.

p.199　オレンジ・マーマレードの作り方：Wilson (2010), 145.

p.200　ルバーブ・シロップ。肝臓の詰まりを取り除き：Chipman and Lev (2006).

p.200　中世ペルシアでは：Batmanglij (2011), 503.

p.201　聖書でも言及されている：David (1995), xi.

p.201　クローディア・ローデンは（中略）シャルバットについて懐かしく語っている：Roden (2000), 484.

p.201　ライム・シャルバット：Batmanglij (2011), 509 からのレシピ。Mage Publishers, www.mage.com より。

p.202　一五五三年にフランス人博物学者のピエール・ブロンが：http://books.google.com/books?id=VYcsgAYyIZcC&q=cherbet. 不思議なことにブロンは、*cherbet* と *sorbet* の二つの単語を使っており、フランス人旅行家のニコレーも *sorbet* を使っていた。なぜ二つともが使われていたのか（もしかして、イスタンブールにいた複数の民族が、それぞれ異なる発音をしていたのか？）、また、なぜ「sorbet」のほうがロマンス語で広まったのかは明らかになっていない。

p.202　喉を渇かした道行く人々が：Belon (1553), 418.

p.202　一七世紀にペルシアとオスマン帝国を旅したフランス人、ジャン・シャルダン：Chardin (1673–1677).

p.203　母親になったばかりの女性に飲ませる、ラフサ・シェルベット *lohusa şerbet*：Isin (2003), 80.

p.203　「レモンとバラとスミレの香りがするトルコで作られたシャーベット」：David (1995), 156.

p.203　清涼飲料製造販売業者組合：Spary (2012), 103.

p.203　それより以前にアラブ人が、レモンそのものと甘味をつけたレモン果汁を：レモンという単語は、アラビア語の *laymun* とペルシア語の *līmūn* からきている。甘みをつけたレモン果汁は、中世エジプトでは日常的に取引される商品だった。

p.203　おいしいレモネードの作り方：Audiger (1692), 291. 翻訳は Quinzio (2009), 20 から。

p.204　硝酸カリウムはアラビア語で「中国の雪」と呼ばれた：Butler and Feelisch (2008).

p.204　医師のイブン・アビ・ウサイビア：Partington (1960), 311. al-Hassan (2001), 113.

p.205　アクバル大帝：画像は © The British Library Board. Add.r.1039 より。

p.206　「火薬として使うときは爆発の熱を生じる硝石」：『アニ・ア・アクバル』（アクバル大帝法典）は、アクバル大帝の統治期間の行政調査をまとめたものである。英語の翻訳が、http://persian.packhum.org/persian/main?url=pf%3Ffile=00702051%26ct=47 で参照できる。

p.206　冷やし瓶と手桶：Bayerische Staatsbibliothek München, Signatur: 4 Oecon. 1550.

p.207　グラスのなかのワインを凍らせる：Porta (1658), Book 14, Chapter 11.

p.208　ロバート・ボイルが「雪と塩の混合物」について：Boyle (1665), 111.

p.209　ラズベリー・シュラブ（一八三四年）：*Thomsonian Botanic Watchman*, Vol. 1, No. 1 (1834), 63.

p.209　食品医薬品局（ＦＤＡ）がシャーベットに含まれる乳脂肪分を非常に低い値に定めており：http://www.accessdata.fda.gov/scripts/cdrh/cfdocs/cfcfr/CFRSearch.cfm?fr=135.140.

p.210　メイヒューいわく「起泡性の飲み物」：Mayhew (1851).

p.211　「コーラ」は（中略）コラナッツに由来する：Kiple and Ornelas (2000), 684–92; Lovejoy (1980).

第12章　太って見えるのは名前のせい？　なぜアイスクリームとクラッカーの商品名は違うのか

p.215　ロマン・ヤコブソン：Jakobson and Waugh (2002).

p.216　リチャード・クリンクが（中略）架空のブランド商品のペアを作り：Klink (2000).

p.217　ニューヨーク大学のエリック・ヨークストンとギータ・メノンは：Yorkston and Menon (2004).

p.218　ダイエット関連のウェブサイトに載っているクラッカー五九二種：URL は、http://www.calorieking.com/foods/calories-in-crackers-crispbreads-rice-cakes_c-Y2lkPTk1.html?bid=-1&sid=37084.

p.218　アイスクリームの商品名にはより多くの後舌母音がある：実験の詳細を記す。強勢のある音節のみを数え、CMU Pronouncing Dictionary of English にあるすべての強勢の置かれた音節を数えて算出した、予測される母音の計測数を用いて各々の計測数を正規化した。母音 æ は、前舌母音のなかでもっとも舌の位置が低く後方にあることから æ を後舌母音とみなして再度分析を行なったが、同じ結果を得た。最後にすべての前舌母音とすべての後舌母音を対比して調べる他に、ヨークストンとメノンが行なったように、ひとつの前舌母音 i と、ひとつの後舌母音 ɑ の計測数だけを比較してみた。ここでもまた、アイスクリームでは後舌母音が、クラッカーでは前舌母音が使われる傾向があるとわかった。

p.219　言語学からひらめきを得ている：レキシコン・ブランディング社の言語学部長の Will Leben は、ブランディングにおける言語学的な問題について優れたブログ、blog.lexiconbranding.com/tag/will-leben を書いている。

p.219　「周波数信号」：Ohala (1994).

p.219　ユージーン・モートン：Morton (1977).

p.220　乳児や子どもと関連が深い：Eckert (2010), Geenberg (ms), Fernald et al. (1989), Jurafsky (1996).

p.222　ぎざぎざの形には：ブーバ／キキのペアについては、心理学者のラマチャンドランとハバードが、九五パーセントの人がブーバをより丸みのある図と関連づけることを発見した。スウェーデン語：Ahlner and Zlatev (2010). スワヒリ語：Davis (1961). ナミビアのヘレロ語：Bremner et al. (2013). タミル語：Ramachandran and Hubbard (2001). 子ども：Maurer, Pathman, and Mondloch (2006).

p.223　最近では多数の言語学者が：D'Onofrio (2013), Ahlner and Zlatev (2010), Westbury

(2005), Nielsen and Rendall (2011).

p.225　ナミビアの遊牧民族は：Bremner et al. (2013).

第13章　なぜ中華料理にはデザートがないのか

p.227　フランスで、食事が片づけられた後に食べるものという意味で初めて使われた：*Le Grand Robert de la Langue Française* の *dessert* の項目より。

p.228　様々な名前で呼ばれたこれらのデザートには：「issue」や「voidee」といった名称、あるいは単に料理の出てくる順番。

p.228　一二八五年頃にイギリスで開かれた祝宴：*Treatise of Walter of Bibbesorth*, Hieatt and Butler (1985), 3 に翻訳、引用されている。

p.228　ドラジェはギリシア語のトラゲマタ *tragemata* に由来する：*OED* の *dragée* の項目より。

p.228　「第二の食卓」が整えられた：Dalby (1996), 23. アテナイオスの *The Deipnosophists*, Book 14, §§ 46–85 のヤングによる翻訳も参照〔『食卓の賢人たち』柳沼重剛訳、京都大学学術出版会〕。

p.228　紀元前五世紀にヘロドトスが：Macaulay (1890), Book 1 (Clio), §133.

p.229　料理の新しい波が訪れた：Waines (1989), 8.

p.229　甘いものは重い食べ物の消化を助けるという考え方：Nasrallah (2007), 43.

p.229　「鶏肉のロースト、ロースト肉、ハチミツをかけた米」：Lewicka (2011), 56; Perry (2001), 491.

p.230　麝香風味の「シロップをたっぷりたらした」フリッター：Haddawy and Mahdi (1995), 290.

p.230　これらの料理をバグダードから西方へともたらしたとされる人物：Makki and Corriente (2001), 202–6.

p.230　ジルヤーブが「発明」したものだと人々は信じていた：Makki and Corriente (2001), 202–6.

p.230　ジルヤーブはこうした伝説において：Reynolds (2008).

p.231　計七品のコースで供すること：Miranda (1966), 120. チャールズ・ペリーの英訳が、http://www.daviddfriedman.com/Medieval/Cookbooks/Andalusian/andalusian3.

htm#Heading125で参照できる。

p.231　ロベルト・デ・ノラの『*Libro de Cozina*（料理の本）』：Nola (1525), 37.

p.231　マウマニー *mawmannee*：Robinson (2001).

p.232　鶏肉のソップ：*A Propre Newe Booke of Cokerye*. c. 1557. John Kynge and Thomas Marche, Crede Lane, London.

p.232　ジャン＝ルイ・フランドランは、（中略）砂糖が使われるものに丹念に注釈を付け：Flandrin (2007).

p.233　イギリス英語には〝食事の後の少量の食べ物〟という意味が残っていた：これは、『オックスフォード英語辞典』の一八九五年版に初めて記された定義からわかる。

a. ディナーもしくはサパーの後に供される、果物や砂糖菓子など。「宴会の最後の料理」。

b.「米国では、パイやプディング、その他の甘い料理もこれに含まれる」現在ではイギリスでの用法にもこれが見られる。

p.234　ウィリアム・マクレイがそのメニューを日記に記録していた：Baker (1897), 192.

p.234　「ケチャップ入りのハンバーガー」：Gopnik (2011), 269.

p.234　歴史家のケン・アルバーラが「先祖返り」と呼ぶ：Albala (2007), 57.

p.234　「日常が失ったものは祝日に残る」：Mintz (1985), 87.

p.237　反対に中華料理では、デザートは食事に含まれない：中華料理の構造の詳細については、Anderson (1988) および Chang (1977) を参照すること。料理の構造についての一般的な概念の詳細については、Anderson (2005) を参照。

p.239　言語学者の故ケネス・スティーヴンズは（論文「Quantal Theory of Speech〔発話の量子的理論〕」において）：Stevens (1972).

p.240　アジアからの気前のよい旅行者：たとえば、ブログ「EatingAsia」のRobyn Eckhardtには、グラメラカをきらしていたときに持ち帰ってきてもらったことがあり、今でも感謝している。

p.240　ゴールドラッシュの時代：自然発酵のパン種は、「ブーダン」などサンフランシスコでもっとも歴史の古いパン屋で使われていたが、そうしたパンは単に「フランスパン」と呼ばれていた。一九〇〇年以降にようやく、「サワードウ」という言葉がサンフランシスコのフランスパンやイタリアパンと結びつけられるようになった。この

言葉はおそらく、アラスカのクロンダイク・ゴールドラッシュで使われたものが入ってきたのだろう（Peters 2013, Carl Nolte, p.c.）。〔「サワードウ」は、アラスカの探鉱者がサワードウを携帯してパンを焼いていたことから、「開拓者」「探鉱者」を指すこともある。〕

p.240　サンフランシスコの住民たちはこれらの代わりに廃糖蜜を何にでも使い：Peters (2013), 6; Kamiya (2013), 175.

p.241　エリザベス・ロジンが「風味の原則《フレーバー・プリンシプル》」と名付けた：Rozin (1973).

p.241　インディアナ大学のY・Y・アーンと同僚らは：Ahn et al. (2011), Drahl (2012).

p.242　かつて中国では：Fiskesjö(1999).

p.242　クロード・レヴィ＝ストロースは：Lévi-Strauss (1969).

ペルシア王《おう》は「天《てん》ぷら」がお好《す》き?
味と語源でたどる食の人類史
2015年9月20日　初版印刷
2015年9月25日　初版発行

*

著　者　ダン・ジュラフスキー
訳　者　小野木明恵《おのきあきえ》
発行者　早　川　　浩

*

印刷所　株式会社精興社
製本所　大口製本印刷株式会社

*

発行所　株式会社　早川書房
東京都千代田区神田多町2−2
電話　03-3252-3111（大代表）
振替　00160-3-47799
http://www.hayakawa-online.co.jp
定価はカバーに表示してあります
ISBN978-4-15-209564-0　C0020
Printed and bound in Japan
乱丁・落丁本は小社制作部宛お送り下さい。
送料小社負担にてお取りかえいたします。